조선후기
무예사
연구

최
형
국 崔炯國 Choi, hyeong guk

한국전통무예연구소장. 수원시립공연단 무예24기시범단 상임연출. 중앙대 대학원 역사학과에서 박사학위를 받았으며, 조선시대 군사사와 무예사에 관한 글쓰기와 함께 말을 타고 검을 휘두르며 실제로 『무예도보통지』에 수록된 '무예24기'를 20년 넘게 지금도 수련하고 있는 '무인'이기도 하다. 최근에는 무예를 통해 사유할 수 있는 무예 인문학과 몸 철학에 관심을 가지고 있다. 저서로는 『병서, 조선을 말하다』, 『무예 인문학』, 『조선의 무인은 어떻게 싸웠을까?』, 『정조의 무예사상과 장용영』, 『조선무사』 등 다수의 책과 논문이 있다. 연출한 작품으로는 〈2018 수원화성문화제 폐막연―'야조夜操'〉, 〈수원 화성행궁 무예24기 상설시범―'장용영, 진군의 북을 울려라'〉, 〈넌버벌 타악극―'무사&굿'〉 등이 있다.

홈페이지 http://muye24ki.com(한국전통무예연구소)

조선후기
무예사
연구

최형국

민속원

책머리에

武藝, 망각의 기억 속에서 건져 올린 몸의 문화

무예는 자기 몸과의 '전투적 소통'이다. 적의 목숨을 취하는 일
은 곧, 자신의 목숨을 담보로 하는 것이다. 나의 생명이 귀한 만큼
비록 적이지만 그의 생명도 소중하기에 서로 목숨을 건 싸움에서
는 단 한걸음의 양보도 존재하지 않기 때문이다. 이는 태초에 인류
가 탄생 할 때부터 만들어진 그야말로 본능에 가까운 움직임인 것
이다. 비록 전자전이나 기계전이라고 불리는 현대 전쟁에도 최종
적인 인간의 두뇌와 손발을 이용하여 명령을 내리기에 그 숙명은
바뀔 수 없다. 따라서 '지극한 소통'을 통해서 자신의 의지와 몸의
흐름이 일치될 때 비로소 무예의 본질적 가치에 도달할 수 있게 된
다. 만약 그 소통이 조금이라도 잘못되면 그 순간 적의 주먹이나

창칼이 내 몸을 관통하게 되는 것이다.

역사적으로 무예에 대한 기억은 전쟁과 함께 한다. 전쟁의 기억은 국가의 입장에서 기존의 안정적인 체제 유지를 위하여 강력한 '신화 만들기'나 '영웅 만들기'를 통해 극복해야 하는 대상이었다. 멀리 보면 고구려의 을지문덕 장군이 펼친 살수대첩이나 임진왜란하면 떠오르는 위대한 장수인 이순신 장군에 대한 쉼 없는 역사 만들기가 대표적인 사례이다. 을지문덕이나 이순신은 우리의 역사 속에서 가장 강력한 힘과 리더쉽을 보여준 대표적인 사례이지만, 그들에 대한 너무나 집중적이고 영웅적인 관심은 그 주변부 혹은 외부에서 그와 함께 전쟁에 참전한 모든 이름 없는 사람들에 대한 기억의 망각을 불러 오기에 충분하다. 근현대의 우리 역사학계에서 가장 많은 관점으로 제시하고 있는 '국난극복사'적 화두 또한 그러한 배경에서 출발한 것으로 볼 수 있다.

그러나 전쟁의 실질적인 기억 중 대부분은 명장이나 영웅의 탄생보다는 군사들과 백성들의 상처가 주를 이룬다. 그런 치유할 수 없는 상처는 살수대첩, 명량대첩에서 혹은 그 이외의 전투에서 이 땅과 생명을 지키기 위해 죽어간 군사와 백성들의 전우나 가족을 통해서 각인되었지만, 인간의 기억이라는 물리적인 한계를 넘어 수 없기에 망각되었던 것이다. 그것이 기록을 남기지 못한 자들의 슬픔이며, 기록을 통제하는 사람들의 강력한 권력인 것이다.

특히 무예는 그 시대를 지켰던 군사들과 백성들의 가장 과학적이면서도 필수적인 요소였지만, 역시 역사라는 망각의 수레바퀴 속에서 선 굵은 영웅과 명장 그리고 대첩이라는 뼈대만을 남기고 흔적도 없이 사라져간 사람들과 함께 소멸해 버렸다. 실제로 을지문덕이나 이순신장군이 휘두른 창검이나 화살 한발보다는 역사에서 단 한줄 이름조차 남기지 못한 군사들이나 백성들이 익힌 무예가 그 전쟁의 실질적인 바탕이었음에도 어느 누구도 그것에는 작은 관심조차 두지 않으려 했다. 오로지 명장들의 전술과 그들이 펼친 리더쉽의 의미성을 조금이라도 더 현대에 맞게 재구성하려고 애쓰는 오늘의 현실이 가끔은 애처로워 보이기까지 한다.

이런 이유로 당대를 다시금 확인하기 위해 만들어진 극사실적 역사 다큐멘터리에도 덩어리가 큰 의미성이나 역사적 배경은 쉽게 시놉시스로 만들어지지만, 실제 촬영현장에서 가장 필요한 군사나 백성들의 의식주을 비롯한 실생활 모습이나 그들이 익힌 무예와 전투의 실상은 창조적 상상력에 의해 급조되기 일쑤다. 문제는 그렇게 급조된 역사적 사실을 빙자한 창작 역사 다큐멘터리들이 마치 진실인양 확대 재생산된다는 것이다. 대표적으로 그런 역사 다큐멘터리들이 초중고 학생들의 수업 보조교재로 활용되어 가장 확실한 역사로 인식되는 상황까지 진화를 거듭하고 있으니 더욱 큰 걱정이기도 하다.

이처럼 전쟁과 무예를 둘러싼 '영웅 만들기' 혹은 '만들어진 역사'의 기억 너머에는 우리가 지금까지 듣지도 보지도 못했던 아주 낯설고 때로는 결코 인정하기조차 힘든 역사적 진실들이 숨어 있다. 그런데 그 작은 역사적 진실들은 너무나도 파편화되어 있다. 역사 이래로 기록은 승자와 강자를 중심으로 남겨져 왔기에 그 이외의 것은 마치 양념처럼 방대한 사료의 이곳저곳에 흩뿌려져 있다. 당대의 전쟁을 이해하기 위해서는 전술을 이해해야 하고 그 전술을 제대로 풀어내기 위해서는 군사들 하나하나가 익힌 무예를 이해해야 하며, 궁극적으로는 그 무예를 익힌 군사들의 몸까지 깊이 있게 들여다봐야 온전하게 역사적 진실과 마주할 수 있게 된다.

이 책은 조선후기에 군사들이 익혔던 주요 무예들에 대한 내용들을 역사적 시각을 중심으로 하나씩 풀어내었다. 이를 통해 임진왜란과 병자호란이라는 전대미문의 양란을 거치며 이 땅을 지키기 위해 군사들과 백성들이 익힌 무예가 어떤 방식으로 정착되었고 수련되었는지, 그리고 그 이면에는 어떤 진실이 숨어 있는지 조심스럽게 짚어보고자 한다.

가장 먼저 다룬 무예는 우리 민족을 상징하는 무예인 활쏘기를 중심으로 「弓術, 조선을 지킨 마지막 무예」라는 장으로 조선후기 활쏘기 수련방식과 그 실제를 살펴본 글이다. 대표적으로 조선후기 백과사전적 책인『임원경제지』의 사결射訣을 중심으로 다른 여러 활쏘기 관련 사료와 비교분석을 하였다. 활쏘기는 우리의 역사 속에서 가장 오랜 동안 정착되어 온 국방무예이자 심신단련법이었다. 고대부터 활은 우리 민족을 상징하는 코드였으며, 전통시대 수많은 전쟁 속에서 이 땅을 지켜낸 최종병기였다.

『임원경제지』의 저자인 서유구는 대표적인 경화세족 출신으로 가학家學으로 전해진 농업에 대한 관심을 통해 향촌생활에 필요한 여러 가지 일들을 어릴 적부터 접할 수 있었다. 『임원경제지』 중 사결에는 당대 활쏘기의 수련방식과 활과 화살을 제조하는 것에 이르기까지 활쏘기와 관련한 다양한 정보를 수록하고 있다. 특히 서유구 자신이 활쏘기를 젊을 때부터 익혔고, 활쏘기 역시 가학으로 여겨질 만큼 집안의 거의 모든 사내들이 익혔기에 보다 실용적인 부분을 중심으로 체계화시킬 수 있었다.

이러한 사결의 내용 중 실제 활쏘기 수련시 나타나는 다양한 몸문화적인 측면을 요즘의 활쏘기와 비교 분석하며 정리하였다. 특히 『사법비전공하』와 『조선의 궁술』에 실린 내용들과 비교를 통하여 당대 활쏘기 수련의 특성을 실기사적으로 풀어 보았다.

두 번째로 다룬 무예는 신체를 활용하여 익힌 무예의 기초로 볼 수 있는 「拳法, 조선군사의 기본 맨손무예」라는 장으로 조선후기 권법의 군사무예 정착에 대한 문화사적 고찰을 한 것이다. 조선후기 군영에 보급된 권법은 민간에서 수련되었던 수박이나 택견과는 다른 형태로 중국의 맨손무예가 보급되었다. 이는 임진왜란이라는 특수한 상황을 극복하기 위해 명의 남병이 사용했던 당파나 낭선 등과 같은 독특한 무기들을 활용하면서 보다 기초적인 신체 훈련이 필요했기 때문이다. 그러나 무예 역시 문화적 특성으로 인해 조선군에 쉽게 전파하기 어려웠다. 이를 위하여 임란 중 새롭게 편성한 훈련도감의 아동대를 비롯한 특수 직역에 권법을 실험적으로 보급하였으며, 자연스럽게 놀이문화의 일환으로 일반 백성들에게 권법이 전파되는 방식도 함께 고려되었다.

임란 이후에는 『무예제보번역속집武藝諸譜飜譯續集』이나 『권보拳譜』 등 병서를 통하여 보다 체계적으로 정착시키려 하였다. 당시 무예에 대한 인식은 음식문화 중 중국의 젓가락 문화나 조선의 숟가락 문화와 같이 생활양식의 일부로 받아들여졌으며, 문화적으로 권법을 안착시키기 위하여 다양한 노력이 진행되었다. 이는 당시 전해진 권법의 형태가 우리의 전통적인 몸짓과는 다른 형태였기에 문화적 거부감이 생길 가능성이 많았기 때문이다. 특히 권법을 바탕으로 다양한 명군의 무기술을 익혀야 하는 상황에서 권법의 문화적 보급은 국가의 안위와 직결되는 문제였다. 따라서 무예를 실기적 기술체계나 군사 전술사적 입장에서 분석하는 것뿐만 아니라 문화사적 관점으로 접근하는 것도 무예의 본질과 전파과정을 이해하는데 상당한 의미를 갖는다고 하겠다.

세 번째로 살펴본 무예는 일본의 검법에 대한 내용으로 「倭劍, 적국의 무예를 배워 조선을 지킨 무예」라는 장으로 조선후기 군영에 보급된 왜검법과 그것을 바탕으로 새롭게 조선화시킨 검교전법 변화를 역사적 시각으로 살펴보았다. 임란 과정에서 명의 병서兵書인 『기효신서紀效新書』를 바탕으로 만들어진 것이 『무예제보武藝諸譜』의 여섯 가지 기예이며, 광해군대에는 이를 보완하기 위하여 『무예제보번역속집』이라는 이름으로 왜검倭劍을 비롯한 나머지 기예들이 군영軍營에 보급되기에 이른다.

그런데 『무예제보번역속집』에 실린 왜검은 임란 과정 중 항왜병降倭兵에 의해 직접 조선에 보급된 검법이라 그 자세에 있어서 상대의 뒷목 혹은 발뒤꿈치까지 공격하는 실질적인 공격의 흐름을 갖게 되었다. 특히 숙종대 군교軍校 김체건金體乾이 왜관倭館에 직접 들어가서 배워와 보급된 왜검은 사도세자思悼世子의 대리청정 시절 『무예신보』라는 무예서에 수록되어 다시금 빛을 보게 된다. 이후 『무예도보통지』에 실린 무예24기 중 왜검은 개인 투로형의 4종류와 서로 칼을 맞대고 수련하는 교전의 형태로 정착되어 조선 군사들에게 보급되었다. 그러나 『무예도보통지』에 실린 왜검교전의 경우는 『무예제보번역속집』에 실린 것과 기예적 측면에서 상당부분 차이가 나며 이는 당시 시대적 상황에 따라 변화한 것으로 볼 수 있을 것이다.

다시 말해 16세기 후반과 18세기 후반의 왜검교전 즉,『무예제보번역속집』과『무예도보통지』에 실린 왜검교전은 기본적인 검 겨루기 방식의 형태는 비슷하지만 그 사용하는 기법에 있어서는 거의 연관성을 찾을 수 없을 정도로 각기 다른 모습을 보이고 있다. 이는 16세기 후반의 경우 시급하게 일본군의 단병접전을 막아내기 위하여 항왜병降倭兵들에 의해 왜검법이 전파되어 조선 군영에 보급되었으며, 18세기 후반에는 군교 김체건에 의해 왜검법이 전파되었고 이 과정에서 왜검 투로를 바탕으로 조선화 된 왜검교전이 창작되었던 것이다.

네 번째로 살펴본 무예는 창에서 칼로 진화해 새로운 형태의 군사 몸문화를 이끈 「挾刀, 무기의 진화와 함께 탄생한 무예」라는 장으로 조선후기 대도류 무예의 정착과 발전에 대하여 살펴본 글이다. 무기는 인간이 사용하는 전쟁용 도구의 일종으로 당대 전투의 변화양상이나 특성을 담아내야만 실제 전투에서 효용성이 발휘된다. 그런데 무기의 변화는 단순히 무기 자체에서 그치는 것이 아니라 군사들의 신체에도 상당한 영향을 끼치게 되었다. 따라서 무기와 무예의 변화는 당대의 가장 정교한 신체문화를 그대로 반영하고 있다고 해도 과언이 아닐 것이다.

본 글에서는 이러한 변화 중 대도류大刀類 형태의 무기인 협도挾刀를 중심에 두고 살펴보았다. 협도라는 무기의 변화는 단순히 무기의 형태적 변화로 그치는 것이 아니라, 오랜 세월 전장의 환경 변화를 통해 매우 의도적이면서도 대칭적인 신체문화의 변화를 이끌어 냈다. 조선전기부터 이어져 내려온 장도長刀와 협도곤夾刀棍의 특성을 그대로 살리면서 변화된 전장의 환경을 고려하여 칼의 성격을 더한 범용 무기로 발전하였으며, 조선후기 새롭게 인식된 근대적 신체관인 좌우 대칭형 움직임을 보여주고 있는 단병접전 무예로 볼 수 있을 것이다.

마지막으로 살펴본 무예는 기병들이 익혔던 무예로「馬上鞭棍, 기병의 돌격전을 위한 최고의 무예」라는 장으로 조선후기 기병전술 변화와 마상편곤의 관계성에 대하여 미시사적으로 살펴본 글이다. 조선은 임진왜란을 거치면서 사회, 문화, 정치 등 거의 사회전반에 걸쳐 엄청난 변화를 겪어야 했다. 이는 군사체제에서도 예외가 아니듯 기존의 기병중심의 오위진법五衛陣法을 벗어나 일본군에 효과적으로 대처할 수 있는 단병접전短兵接戰의 기예가 가미된 포수砲手, 사수射手, 살수殺手라는 삼수병三手兵체제가 채택된 것이다. 그러나 이러한 군사체제 변화를 통해 7년 전쟁이라는 임진왜란은 넘어 갈 수 있었으나, 또 다시 북방세력에 대한 방어는 약화될 수밖에 없었다. 특히 병자호란 때에는 청 기병의 빠른 돌파력에 의해 조선의 국왕이 남한산성에 갇혀 고립무원의 상황에 처하였고, 마침내는 청淸 태종 앞에 무릎을 꿇고 머리를 조아리는 최악의 상태까지 갈 수밖에 없었다.

이후 이괄의 난 때에는 반란군의 선봉부대가 마상편곤을 휘두르며 도성까지 빠르게 진군하여 인조仁祖는 또 다시 궁궐을 버리고 탈출할 수밖에 없었다. 이렇게 기병에 대한 빠른 돌파력이 임란을 겪으면서 완성된 보병 중심의 전법戰法에 다시금 기병전법을 추가 혹은 확장하는 방식으로의 변화를 야기하게 된다. 이러한 변화의 중심에 조선후기 기병의 필수 지참 무기로 인정받았던 마상편곤이 자리 잡고 있다. 다시 말해 마상편곤의 도입과 확대를 통해 조선후기 기병전술의 전체 양상을 읽어 낼 수 있다는 것이다.

역사 속의 전쟁과 무예를 어떻게 기억하고 재해석할 것인가에 대한 문제는 단순히 사료라는 문자적 자료만으로는 불가능하다. 우리의 기억을 문자라는 그릇에 담는 순간부터 기본적인 절단은 시작되고 누군가 그 문자를 읽고 인식하는 순간부터 변형과 왜곡은 시작된다.

지난 2014년 7월에 개봉하여 통합 관객 수 1700만이라는 영원히 깨지지 않을 듯한 신기록을 새운 영화 〈명량〉에서 실감나게 그려진 판옥선이 왜선과 부딪히는 충각전술은 없었다. 또한 판옥선 위에서 이순신 장군이 칼을 휘두르며 펼친 피와 살이 튀기는 살벌한 전투는 임진왜란 당시에는 없었다. 조선수군의 핵심전술은 멀리서 지자총통을 비롯한 각종 화약무기로 원거리에서 적선을 요격하고 활과 화살로 정밀하게 적의 심장을 꿰뚫는 것이었다.

심지어 당시의 기록을 보면 왜군들이 돌격해 오면 조선군은 칼집에서 칼도 뽑지 못하고, 창을 겨누지도 못하고 두동강 난 사례들이 즐비하다. 그래서 단병접전용 무예들이 임란과정에 급속하게 보급된 것이다. 그것이 전쟁이고 무예다. 빠르게 즉각적으로 반응하지 않으면 목숨을 빼앗기고 종국에는 국가를 잃기에 전술과 무예의 변화는 요즘의 휴대폰의 진화와 비견될 정도로 빠를 수밖에 없었다.

그래서 전통시대에 무예를 담은 책인 병서가 진정한 실학서이며, 실용서인 것이다. 만약 그 무예 수련시 종교적 성격의 믿음을 강요하거나 상상 속에서만 존재하는 허풍이 등장하면 그것은 무예가 아니라 몸을 망가뜨리는 쓸데없는 움직임으로 변질될 것이다.

우리의 인생에서 완성체는 없다. 군자君子나 성인聖人을 꿈꾸지만 어느 누구도 그 단계에 있다고 자부하지는 못한다. 역시 완벽하거나 무적의 무예는 없다. 영원한 미완성의 상태가 인생이듯 무예도 그 과정만이 존재한다. 오직 그 단계와 단계 그리고 순간과 순간 사이에서 가장 인간적인 몸짓으로 최선을 다하는 모습이 진정 아름다운 것이다. 그 수련의 과정 속에서 자연스럽게 변화를 인지하고 스스로 조화롭게 변화를 만들어 가는 것이 무예 수련인 것이다. 무예에 대한 이론연구 또한 마찬가지다.

그러나 그 수련과 공부는 똑같은 반복이 아니다. 어제 떠오른 태양과 오늘 떠오른 태양은 이미 다른 시간 속에서 소멸과 생성을 한 또 다른 존재다. 어제와 다른 오늘의 '나', 그리고 오늘의 '나'를 넘어서는 내일의 '나'를 꿈꾸기에 우리의 삶은 언제나 새로운 것이다. 그 새로운 '나'를 치열하게 만들어 가는 것이 무예를 통한 몸 공부다. 그런 이유로 무예는 몸으로 아로새기는 기억이며, 역사이며, 인간의 본질이다.

내 생애 최고의 축복 아내 '바람돌이 혜원'
사랑스런 아이들 '탱그리 윤서'와
'콩콩이 기환'에게 주는 아홉 번째 선물

2019년 2월
봄을 그리워하며 화성華城의 뒤안길
한국전통무예연구소에서
최형국 씀

목차
Contents

1장

弓術
조선을 지킨 마지막 무예

1. 활쏘기는 조선시대에 어떤 의미였는가?

활쏘기는 조선의 군사전술을 대표할만한 무예였다. 조선군의 전술이 산성에 웅거하거나 진법陣法을 구축할 때에도 원거리의 적을 활쏘기를 통하여 먼저 요격한 후 근접전을 치르는 방식이었기에 궁수弓手는 부대 편제에서도 가장 많은 비중을 차지하였다. 조선초기에 새롭게 무관武官 등용을 위하여 정착된 무과시험에서도 활쏘기는 핵심과목이었다.

예를 들면 지방에서 치러지는 무과를 위한 향시鄕試의 초시과목에는 이론시험은 없는 대신 목전木箭, 철전鐵箭, 편전片箭, 기사騎射, 기창騎槍, 격구擊毬 등 모두 6과목의 실기시험을 합격해야만 복

태조 동개
이성계가 사용한 활과 화살을 넣는 장비의 모습이다. 순우리말인 동개를 한자로 '통개簡蓋'로도 표기하였는데, 가죽을 이용하여 만들었다. 기병들이 활용하기 편하도록 허리춤에 묶어 사용하였다. (국립중앙박물관 소장 유리원판)

시覆試를 볼 수 있는 자격이 주어졌다.[1] 이중 목전·철전·편전은 보병들이 익히던 보사步射에 해당하고, 기사騎射는 말달리며 활쏘기를 하는 것이기에 기병들이 익혔던 마사馬射였다. 이처럼 무과시험에서 활쏘기는 보사步射와 마사馬射를 아울러 무관으로서 가장 먼저 익혀야할 필수 무예였다.

임진왜란을 거치면서 조총을 비롯한 화약무기가 전장에 대거 투입된 이후에도 활쏘기는 여전히 조선군의 주력 전술이었다. 임란 중 설치된 훈련도감의 부대편제는 총銃과 포砲를 다루는 포수砲手, 창검槍劍을 비롯한 단병접전 무기를 운용하는 살수殺手, 마지막으로 활을 쏘는 사수射手로 구성되었다. 이중 포수와 살수는 임란을 극복하기 위하여 새롭게 추가한 병종이었지만, 사수의 경우는 전통적인 병종으로 그대로 활용된 모습을 확인할 수 있다.

특히 단병접전을 위한 살수殺手의 경우도 기본적으로 궁대와 시복을 비롯한 동개를 패용하고 원거리 사격에 보조인원으로 활용되었기에 활쏘기는 보병의 과반이 넘는 숫자가 배워야할 필수 무예로 인정받았다. 이러한 이유로 한중일 동양 삼국이 맞붙은 전장인 임진왜란의 전술평가에서 조선은 활, 중국은 창, 일본은 조총이 가장 뛰어나다는 인식이 각인되었다.[2]

활쏘기는 군사들의 전술활용을 위한 무예훈련 뿐만 아니라, 유학자들이 기본적으로 익혀야할 육예六藝 중 하나로 예와 덕을 기르

---

1) 최형국, 「조선시대 騎射 시험방식의 변화와 그 실제」, 『中央史論』 24집, 중앙사학연구소, 2006, 36~39쪽.

2) 『武藝圖譜通志』 卷4, 棍棒 條 (案) "壬辰之難 三國精銳盡萃一時 中國之長槍 我國之片箭 倭之鳥銃 始有名"; 李晬光, 『芝峰類說』 雜技 篇.

는 수단으로도 활용되었다.[3] 오례五禮 중 하나인 군례軍禮의 대사례
大射禮 의식은 국왕이 신하들과 함께 활쏘기를 하며 붕당간의 갈등
을 봉합하거나 군신간의 충심을 확인하는 의례로 안착될 만큼 매
우 중요한 의식이었다.[4] 또한 지방에서는 향사례鄕射禮라고 하여
향촌사회의 교화 내지 결속의 수단으로 활쏘기가 자리 잡아 중앙
은 물론이고 지방까지 활쏘기를 통한 다양한 정치행위들이 전개되
었다.[5]

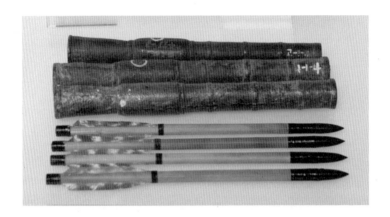

세총통細銃筒
조선 태종대부터는 단순한 활쏘기뿐만 아니라 개인 화약병기가 전술에 운용되었다. 『진도지법』에서는
화통火㷁이라고 하여, 개인 화약병기수가 궁수보다 먼저 발사하여 적을 원거리에서 제압하도록 하였
다. 화약을 이용하여 아주 짧은 화살을 발사한다. (육군박물관 소장)

---

3) 심승구, 「조선시대 무과에 나타난 궁술과 그 특성」, 『학예지』 7집, 육군박물관, 2000, 83~84쪽.
4) 강신엽, 「朝鮮時代 大射禮의 施行과 그 運營 - 『大射禮義軌』를 중심으로」, 『조선시대사학보』
    16집, 조선시대사학회, 2001, 1~8쪽; 신병주, 「영조대 대사례의 실시와 『대사례의궤』」, 『한국
    학보』 28권, 일지사, 2002, 63~75쪽.
5) 鄕射禮는 鄕飮酒禮와 더불어 향촌사회의 풍속을 교화시키기 위하여 정착된 의례이다. 『世宗
    實錄』 「五禮儀」 중 鄕射儀, 鄕飮酒儀가 실려 있을 정도로 국가에서 지방의 지배력을 공고히
    하기 위하여 의도적으로 정착시킨 의례에 해당한다.

이처럼 활쏘기는 무예 훈련과 의례 활용을 통해 조선시대 전반에 걸쳐 가장 보편적으로 행해졌던 몸 문화였다. 특히 18세기의 활쏘기 방식은 전통시대의 마지막 원형적인 모습을 보여주고 있다. 이는 19세기로 접어들면서 전장에 대구경 화포 중심의 전술 개발 및 다연발 총의 개발과 더불어 외세의 영향으로 인해 사법의 변화와 궁수弓手의 소멸 현상이 현저하게 나타났기 때문이다.[6]

또한 조선시대 활쏘기의 실기적 모습을 담고 있는 병서인『사법비전공하射法秘傳攻瑕』를 비롯하여 의례적인 모습을 담고 있는『대사례의궤大射禮儀軌』와『임원경제지林園經濟志』의 「향례지鄕禮志」 향사례鄕射禮 · 「유예지遊藝志」 사결射訣 등이 남아 있어 당시의 모습을 온전하게 확인할 수 있다.[7]

이중 풍석楓石 서유구徐有榘[8]가 쓴『임원경제지林園經濟志』에 수

---

6)   최형국, 「19세기 화약무기 발달과 騎兵의 변화」,『軍史』82호, 군사편찬연구소, 2012.

7)   현재 전통시대 활쏘기에 대한 연구는 문헌적 연구를 중심으로 이뤄졌다. 대표적으로 국립민속박물관이『한국무예사료총서』연속 간행물의 일부로 해제가 진행되고 있는 상황이다. 그 연속간행물 속에『射法秘傳攻瑕』(14권),『朝鮮의 弓術』(15권), 조선시대 대사례와 향사례(16권) 등이 발간되어 전통시대 활쏘기의 모습을 보다 쉽게 접근할 수 있게 되었다.『사법비전공하』의 경우는 正祖代 평양감영에서 군사들의 활쏘기 훈련을 위하여 펴낸 책이고,『조선의 궁술』은 일제강점기인 1929년에 서울지역의 활쏘는 사람들이 모여 만든 '조선궁술연구회'를 중심으로 李重華가 쓴 것이다.『사법비전공하』는 중국의 병서인『무경칠서휘해』의 내용을 상당부분 요약한 부분이 많고,『조선의 궁술』은 궁술의 쇠퇴기였던 일제 강점기 서울지역의 민간 인사들을 중심으로 책이 만들어졌기에 전통 활쏘기를 모두 담고 있다고 하기에는 한계가 있다. 다만 활쏘기의 핵심 요결은 서로 닮은 부분이 많아 본문에서 이 3개의 사료를 간략히 비교하고자 한다.

8)   徐有榘(1764~1845)는 본관은 達城이고, 자는 準平, 호는 楓石이다. 조선후기의 문신으로 관찰사, 이조판서, 우참찬을 거쳐 대제학에 이르렀다. 고조부인 徐文裕가 예조판서를 역임했고, 증조부인 徐宗玉이 이조판서, 조부인 徐命膺이 대제학을 지냈다. 종조부 徐命善이 영의정을 역임했던 명문가문의 출신이다. 1790년 문과에 급제한 후 관직을 두루 거쳤다. 이후 1806년 仲父 徐瀅修가 유배된 것을 계기로 정계에서 물러나『林園經濟志』를 저술하게 된다. 당시 향촌에 은거하며 주변에서 일어난 일과 각종 문헌자료를 정리하여 1827년(순조 27)에 이 책을 완성하게 되었다. 책 명에서도 알 수 있듯이 '林園'은 전원생활 즉 농촌생활을 의미하여 향촌 사회에서 사대부가 자족적인 생활을 영위할 수 있는 다양한 백과사전적 지식을 모아 놓은 책

록된 사결射訣에는 당시 활쏘기를 수련하는 방식을 비롯하여 사법 射法을 고치는 방법과 활쏘기와 관련된 기구의 사용법까지 담고 있어 가장 체계적인 사료로 인정받고 있다. 특히 서유구는 단순히 문헌위주 이론서의 형태로 활쏘기 방식을 정리한 것이 아니라, 실제 자신이 활을 배우는 과정에서 활쏘기에 대한 다양한 정보를 모아 체험적인 부분에 중점을 두고 글을 전개하였기에 실기사적인 의미가 크다고 할 수 있다.[9]

지금까지 활쏘기에 대한 대부분의 연구는 몸 문화의 연장선에서 살펴보아야 함에도 불구하고 활에 대한 기본적인 이해와 실기적인 경험 없이 사료 연구에만 매몰되어 왔다. 이런 문제로 인하여 농업사를 연구하는 학자가 이랑과 고랑을 구분하지 못하여 원사료의 잘못된 이해를 통해 물이 흘러가는 고랑에 작물들을 재배하는 방법을 연구하는 식의 근원적 오류가 발생했던 것이다.[10]

이다. 이 책에 대한 선행연구는 다음과 같다. 안대회, 「林園經濟志를 통해 본 徐有矩의 利用厚生學」, 『韓國實學研究』, 민창문화사, 2006; 염정섭, 「『林園經濟志』의 구성과 내용」, 『농업사연구』 제8권, 한국농업사학회, 2009; 조창록, 「『임원경제지』의 찬술 배경과 類書로서의 특징」, 『진단학보』 제108호, 진단학회, 2009; 심경호, 「『임원경제지』의 문명사적 가치」, 『쌀삶문명연구』 2권, 쌀·삶문명연구원, 2009 등이 있다. 그리고 활쏘기의 경우 조창록, 「조선시대 대사례와 향사례 - 활쏘기의 의식과 실제」, 『한국무예사료총서 XVI』, 국립민속박물관, 2009, 이 있는데, 이 연구는 주로 원문 번역에 초점을 두고 진행하여 활쏘기 수련과 관련된 실기사적인 연구는 소략한 상태다.

9) 『楓石全集』 卷2, 「鶴西學射記」.
10) 이러한 대표적인 오류가 『朝鮮王朝實錄』 번역에서도 자주 등장한다. 보통 현재 활쏘기를 구분할 때 左弓과 右弓으로 나눈다. 활을 잡는 손을 기준으로 오른손으로 활을 잡으면 左弓, 왼손으로 활을 잡으면 右弓이라 부르는 것이다. 이는 실제로 화살을 당기는 깍지손이 반대손이기에 붙여진 명칭이다. 그런데 해석을 보면 좌궁은 왼손으로 활을 잡고, 우궁은 오른손으로 활을 잡는 것으로 설명되어있다. 여기에 左射와 右射라는 표현이 함께 등장하는데, 左射는 左執弓者로 右弓을 말하며, 右射는 右執弓者로 左弓을 의미한다. 심지어 좌궁과 우궁에 따라 무과시험에서 騎射시 표적의 위치가 달리 배치되어 있음에도 이에 대한 해석이 불분명하게 되어 있다.

따라서 본 글은『임원경제지林園經濟志』「유예지遊藝志」에 수록
된 사결射訣을 실제 수련을 바탕으로 한 몸 문화의 관점에서 분석
하여 18세기 활쏘기 수련방식과 그 무예사적 의미를 살펴보고자
한다. 또한『사법비전공하射法秘傳攻瑕』와『조선의 궁술』중 사법요
결射法要訣에 해당하는 부분을 서로 비교하여 전통 활쏘기의 보편
적 특성을 살펴보고자 한다.

2.『임원경제지』저술 배경과 활쏘기에 대한 인식

『임원경제지』는 향촌에 내려와 자연과 벗 삼아 살아가는 사대
부의 삶을 안정적으로 유지하기 위한 다양한 내용이 담겨 있다. 그
중 가장 핵심이 되는 농사일, 화훼와 수목을 재배하는 일, 향약鄕藥
을 활용한 구급처방을 비롯하여 향촌 사회의 의례 및 여가활동 등
경제활동부터 의례에 이르기까지 다른 누군가가 쉽게 찾아 볼 수
있도록 백과전서의 형식으로 만들어졌다.[11]

모두 16부部로 항목을 분류하여 각각의 항목에 따라 세부 내용
을 나눠 정리하였는데, 활쏘기 수련과 관련된 사결射訣은 그 중 13
부의「유예지遊藝志」에 독서법讀書法, 산법算法, 서벌書筏, 화전畵筌,
방중악보房中樂譜와 함께 실려 있다.

---

11) 신영주,「『이운지』를 통해 본 조선 후기 사대부가의 생활 모습」,『한문학보』13집, 우리한문학
회, 2005, 388~399쪽.

『임원경제지林園經濟志』『유예지遊藝志』 사결

풍석楓石 서유구徐有榘가 쓴 『임원경제지林園經濟志』는 향촌에 내려와 자연과 벗 삼아 살아가는 사대부의
삶을 안정적으로 유지하기 위한 다양한 내용이 담겨 있다. 그 중 가장 핵심이 되는 농사일, 화훼와
수목을 재배하는 일, 향약鄕藥을 활용한 구급처방을 비롯하여 향촌 사회의 의례 및 여가활동 등 경제활
동부터 의례에 이르기까지 다른 누군가가 쉽게 찾아 볼 수 있도록 백과전서의 형식으로 만들어졌다.
모두 16부로 항목을 분류하여 각각의 항목에 따라 세부 내용을 나눠 정리하였는데, 활쏘기 수련과
관련된 사결射訣은 그 중 13부의 「유예지遊藝志」에 실려 있다. (임원경제연구소 제공)

서유구가 향촌사회 생활에 필요한 농업이나 의례 등을 다양하게 연구할 수 있었던 가장 큰 배경에는 경화세족京華勢族으로 자리잡은 가문의 영향이었다. 대표적으로 조부인 서명응徐命膺[12]의 경우는 대제학大提學을 거쳐 상신相臣의 반열에 오르고 봉조하奉朝賀까지 지낸 관력이 높은 인물이었지만, 농업農業이 모든 것의 근본이라는 의미로『본사本史』라는 농업서를 직접 썼고, 천문학과 수리학에 능통한 이용후생적인 학문기풍을 확립하였다.

또한 그의 아버지인 서호수徐浩修[13]의 경우도 농업서인『해동농서海東農書』와 하늘의 별자리를 연구한 천문서인『신법중성기新法中星記』등 다양한 저술활동을 전개한 북학파로 대표될 정도로 실학과 관련된 업적이 많았으며, 규장각奎章閣의 각종 편찬사업에 중추적 역할을 담당하였다.

특히 조부인 서명응이『본사本史』를 저술할 때 손자인 서유구에게 글공부를 가르치며 그 책의 일부를 직접 작성토록 하기도 하였다.[14] 다음의 사료는 서명응이 서유구에게 농사의 중요성을 깨우치게 하기 위해 서문격으로 쓴「발본사跋本史」의 마지막 문장이다.

---

[12] 徐命膺(1716~1787)은 영조 30년(1754)에 증광문과에 병과로 급제해 부제학·이조판서를 거친 뒤, 청나라 연경에 사행하여 다녀왔을 정도로 관력이 좋았다. 특히 정조가 동궁에 있을 때 賓客으로 초치되어 학문 수련에 큰 영향을 끼쳤다. 정조 즉위 직후 규장각이 세워졌을 때 提學에 첫 번째로 임명되었으며, 죽을 때까지 규장각 운영에 핵심적인 역할을 담당하였다.

[13] 徐浩修(1736~1799) 영조 32년에(1756)에 생원(生員)이 되었고, 1764년 七夕製에 장원했으며 이어 다음 해 식년문과에 다시 장원을 하였다. 1770년에는 영의정 洪鳳漢과 함께『東國文獻備考』의 편찬에 참여하였다. 이후 1776년 정조가 즉위하자 都承旨에 임명되어 왕의 측근이 되었다. 특히 정조의 문집인『弘齋全書』의 기초가 된『御製春邸錄』의 간행을 주관하였으며, 두 번의 燕行使臣으로 발탁되어 청나라의 다양한 서적과 문물을 도입하는데 결정적인 역할을 담당하였다.

[14] 조창록,「서유구의 학문관과『임원경제지』의 글쓰기 방법」,『쌀삶문명 연구』2권, 쌀·삶문명 연구원, 2009, 95~96쪽.

하물며 『본사』를 저술함은 대개 세상의 어리석은 백성들로 하여금 책의 한 항목을 한 번 펼쳐 보면 씨를 뿌리고 나무 심는 법을 환히 깨달아서 현장에 실제로 쓰이고자 한 것이다. 그런데 만약 어렵고 난삽한 말을 써서 글을 읽는 사람들로 하여금 재갈을 물린 듯 해석하기 어렵게 만든다면, 후세에 글을 잘 모르는 사람이 이것을 장독을 덮게 될까 두려운 것이 된다.[15]

위의 사료에서 확인할 수 있듯이, '이 농서를 쓴 목적은 오로지 나무 심고 가꾸는 법을 환히 알 수 있도록 하는데 있으므로, 어렵고 난삽한 말을 써서는 안된다'라고 하며 실용성을 주안점으로 삼아 책을 편찬한 것을 알 수 있다. 이러한 조부의 가르침으로 인해 서유구 또한 현장에서 실제 적용 가능한 실학적인 방식의 농서를 고민하게 되었다.

서유구의 경우는 젊은 시절 지방의 관리생활을 하면서 농업과 관련한 다양한 현장 경험을 쌓을 수 있었다. 그의 나이 35세에 순창군수로 있을 때 농사를 권장하고 농서農書를 구하기 위하여 정조正祖가 반포한 「권농정구농서윤음勸農政求農書綸音」을 접하고,[16] 당대에 개혁해야할 농업정책과 농업과 관련한 실용적인 내용을 담은 「순창군수응지소淳昌郡守應旨疏」라는 상소를 올리게 된다.[17] 서유구

---

15) 『楓石全集』楓石鼓篋集 卷第六, 雜著,「跋本史」, "況本史之作, 蓋欲使天下之愚夫愚婦, 一開卷之頃, 需然通曉, 其種植樹蓺之法, 以施之實用, 今爲艱深幽澁之語, 使讀者如鉗在口, 則吾恐後世無文者, 將以是覆醬瓿."(『本史』「跋本史」)
16) 『弘齋全書』卷二十九, 綸音四,「勸農政求農書綸音」.
17) 『楓石全集』金華知非集 卷第一, 上疏,「淳昌郡守應旨疏」.

는 이 상소에서 각도各道 단위로 농학자를 한 사람씩 두어 각기 그 지방의 농업 기술을 조사, 연구하는 것을 기본정책으로 추진해야 한다고 하였다.

특히 조선 팔도는 각 지역마다 현장의 기후나 생활풍속이나 농업기술 등이 다르기에 현지의 농부에게 각 지역의 풍토, 생산 작물, 파종시기, 경험을 세세히 정리하여 중앙으로 보고하게 한 후 이를 규장각奎章閣에서 수합하여 지역에 맞는 농서를 편찬하자고 제안하였다.[18] 당시 서유구 이외에도 당대 농업에 관심을 두고 있던 여러 관리들이 다양한 농업개혁과 농업 신기술을 담은 상소를 올려 농정農政의 중요성을 다시금 되새김질 하는 계기가 되었다.[19]

이후 규장각 검서관으로 등용되어 국가적 편찬 사업에 참여하면서 청나라의 서적을 비롯하여 다양한 고서를 열람할 수 있게 되었다. 이 과정에서 초계문신들의 과강課講을 비롯한 답안지를 모아 다양한 서적을 편찬하였고, 향례鄕禮에 근간을 이루는 향음주례, 향사례, 향약 등을 종합한 『향례합편鄕禮合編』과 당대 문란해진 문풍文風을 진작시키기 위하여 만든 『육영성휘育英姓彙』 등의 편찬 업무를 책임지면서 다양한 지식과 정보를 갈무리할 수 있었다.[20]

그리고 『향례합편鄕禮合編』의 경우는 서유구가 편찬을 책임진 대표적인 책으로 권1에는 향음주례, 권2는 향사례와 향약, 권3은 사관례士冠禮와 사혼례士婚禮를 담고 있어 당대 향촌사회에서 행해

---

18) 김문식, 「서유구의 생애와 학문」, 『풍석 서유구 탄생 250주년 기념 학술대회: 풍석 학술대회 발표자료집』, 임원경제연구소, 2014, 27~28쪽.
19) 『正祖實錄』 卷50, 正祖 22年 11月 30日, 己丑條.
20) 『正祖實錄』 卷46, 正祖 21年 6月 2日, 辛未條.

졌던 모든 의례를 집대성한 것이었다. 또한 단순히 목록만으로 정리하는 것이 아니라 향촌사회의 지배층이 해당 의례의 기원과 의미까지 확인할 수 있도록 각 의례마다 『의례儀禮』, 『예기禮記』, 『가례家禮』 등 중국의 여러 예학서와 『국조오례의國朝五禮儀』 등 우리나라 예학서의 원문과 주注·소疏를 함께 싣고 백성들이 보고 실행하기에 편하도록 쉽게 풀이하고 있다.

위와 같이 서유구가 『임원경제지』에 담고자한 모든 내용들은 가문으로 내려오는 가학家學의 연장선이었으며 규장각 각신으로 재임 중 편찬에 참여한 다양한 향촌 의례들을 집대성한 것으로 볼 수 있다. 그 중 향촌사회의 의례와 여가활동에 해당하는 활쏘기는 향촌사회에서 빼놓지 않고 수련해야 할 선비의 기본 수련 덕목이었으며, 이와 관련한 의례인 향사례 역시 향음주례와 함께 향례의 근본으로 생각했기 때문이다. 당시 활쏘기가 선비의 공부 중 기본 덕목으로 채택된 이유는 다음의 사료를 통해서 확인할 수 있다.

공손추는 가르치고 배우는 일에 순서가 있음을 몰랐기 때문에 道란 높고 멀어서 행하기 어려운 것으로 여겼으므로, 맹자가 활쏘기를 예로 들어서 비유하여 말했던 것입니다. 대저 활을 쏘는 자는 안으로 마음이 안정되고 밖으로 자세가 바르게 만들어 활과 살을 잡음이 확고하고 정확해야만 쏘면 반드시 명중합니다. 쏘아서 맞지 않더라도 자기보다 나은 자를 탓하지 않고 자기 자신을 반성합니다. 학문을 하는 방법도 역시 이와 같습니다. 마음을 바루고 몸을 닦아야만 그 하는 말이나 행동이 모두 中正함을 얻습니다. 행하여 보아서 중정함을 얻지 못하면 다시 자신을 반성하여 보는 것이 진실로 학문하는 要訣인바, 활쏘는 일과 아무런 차이가 없습니다. …(중략)… 활쏘기를 익히면 몸의 자세가 바르게 되고 학문을 배우면 마음의 자세가 바르게 되는데, 마음의 자세를 바르게 하는 도리는 달아나는 마음을 거두어들이는 공부에 있는바, 매우 어렵다.[21)]

위의 이야기는 고종高宗과 강관講官 조성교趙性敎가 경연에서 유학 공부와 활쏘기 수련의 유사점에 대해 나눈 내용 중 일부이다. 활을 쏘는 사람은 안으로는 마음이 안정되고 밖으로는 자세가 바르게 되어야만 활과 화살을 잡고 정확하게 보낼 수 있는데, 바로 학문하는 자세가 이러한 몸과 마음의 바른 상태를 유지해야 한다는 것을 활쏘기에 빗대어 설명하고 있다. 또한 '반구저기反求諸己'라 하여 쏘아서 맞지 않으면 남을 탓하는 것이 아니라 자신의 부족함을 반성하는 계기로 삼하야 한다는 등의 학문하는 사람의 기본적인 마음가짐에 관한 이야기를 담아내고 있다.[22)]

이런 이유로 활쏘기는 독서와 함께 향촌사회에 은거하며 산림에 묻혀 사는 사대부들에게는 가장 좋은 여가활용법이 될 수 있었다. 활쏘기 이외에도 「유예지遊藝志」에 실린 주자의 독서법을 중심으로 글 읽기의 방법과 순서에 대하여 소개한 독서법讀書法, 기초

---

21) 『承政院日記』高宗 7年 11月 30日 辛酉條. "公孫丑不知教學之有序, 故以道爲高遠難行, 而孟子以射喩之, 夫射者, 內志正, 外體直, 持弓矢審固, 然後發必有中, 發而不中, 不怨勝己者, 反求諸己, 爲學之要, 亦類是, 正心修身, 然後發之, 言行無不得中, 行有不得, 反求諸身, 此誠爲學之要, 而與射者無異也. …(中略)… 射則正己, 學則正心, 正心之道, 在收放心之工, 甚難矣."
22) 『孟子』「公孫丑」, "仁者如射, 射者正己而後發, 發而不中, 不怨勝己者, 反求諸己而已矣."

수학에 해당하는 산법算法, 글씨의 다양한 서법에 대해서 소개한 서벌書筏, 그림에 대한 이해를 돕기 한 화전畵筌, 실내에서 듣기 좋은 음악을 수록한 방중악보房中樂譜 등은 향촌사회 생활을 무력하게 보내지 않게 하기 위한 실질적인 내용을 담고 있다. 또한 활쏘기는 다른 여가 활용법과는 다르게 직접 몸을 수련하며 사대에 올라서 활을 내고, 자신이 쏜 화살을 찾으러 일정한 거리를 움직여야 하기에 체력강화법의 일환으로도 활용되었다.

특히 서유구가 관직생활을 시작했던 때는 정조正祖가 문무겸전론을 바탕으로 무풍武風 확산을 주도하여 기존 문무벌文武閥과의 단절을 통해 새시대의 새로운 인재를 찾고자 하는 인적쇄신의 기간이었다.[23] 이때 핵심적으로 등장하는 것이 바로 활쏘기였다. 활쏘기를 중심으로 당대를 읽어보면 다음과 같다. 정조는 무관武官뿐만 아니라 모든 당상관 이상의 문관文官들까지도 활쏘기를 강제로 교육시키려 하였다.

정조正祖 자신 또한 단순히 입으로만 '무武'의 정신을 외치는 것이 아니라, 쉼 없이 활쏘기 수련을 거듭하여 거의 신의 경지에 달할 정도의 실력을 갖추게 되었다. 정조는 활쏘기에 대하여 "활쏘기는 육례六藝 가운데 하나이고, 또한 자기를 바로잡는 공부를 징험徵驗할 수 있는 것인데, 자기를 바로잡는 공부는 반드시 마음을 바로잡는 것에서 시작된다. 만사萬事와 만물萬物이 어찌 하나의 '심心'자에서 만들어지는 것이 아니겠는가. 나는 일찍이 이것으로 스스

---

23) 崔炳國,「正祖의 文武兼全論과 兵書 간행: 認識과 意味를 中心으로」,『역사민속학』 39호, 역사민속학회, 2012, 101~120쪽.

로를 면려하였다"[24]라고 이야기할 정도로 활쏘기를 모든 공부의 기본으로 생각하였다.

예를 들어 기록을 살펴보면, 정조正祖는 50발을 쏴서 49발을 명중시킨 날이 모두 10번이나 되고, 100발을 쏴서 98발을 맞추기도 했다. 또한 50발을 쏴서 48번, 47번, 46번, 41번을 맞춘 경우도 있었으며, 심지어 장혁掌革 이라고 부르는 손바닥크기의 과녁이나 곤방棍棒, 접선摺扇, 단선團扇 등 아주 작은 과녁에 5발을 쏴서 모두 맞춘 경우도 있는 등 정조의 활쏘기 실력은 뛰어났다.[25] 다음의 사료는 정조의 활쏘기에 대한 내력을 잘 보여주고 있다.

"활쏘기의 묘미는 정신을 집중하는 데 있다. 그러므로 표적이 작을수록 정신이 專一해져서 비로소 작은 이 한 마리가 수레바퀴와 같이 크게 보이는 경지를 알 것이니, 이것이 진실로 三昧法이다." 하였다. 射藝는 곧 우리 집안의 법도이니, 다만 내가 천성으로 활쏘기를 좋아할 뿐 아니라 매번 노력하지 않을 수 없음을 생각하여 더욱 노력하였다. 御極한 뒤 근 20년 동안 일찍이 長畫에 활을 쏜 적이 없었는데, 금년에 마침 聖祖 太祖의 탄신으로 인하여 北道의 두 本宮에 祭品을 봉진할 적에, 크신 功業에 감흥이 일어나 이날 다시 사예를 시험하여 40여 발을 명중시키고 며칠 지나지 않아 모든 화살을 다 명중시켜 마치 귀신이 도운 듯한

---

24) 『弘齋全書』卷176, 日得錄16, 訓語 3. "上御春塘臺 敎曰 射者六藝之一也 亦可以驗正己之工而正己之工 必自正心始 萬事萬物 何莫非一心字做去耶 予嘗以此自勉."
25) 나영일, 「武人 朴齊家」, 『동양고전연구』 23집, 동양고전학회, 2005, 107~108쪽.

감이 있었으니 진실로 우연이 아니다.[26]

위의 사료에서처럼, 정조는 본인의 뛰어난 활쏘기 실력이 선대
先代부터 이어진 법도를 받고, 스스로 수련을 게을리 않은 노력의
결과물로 생각하고 있음을 알 수 있다.[27] 이러한 정조의 뛰어난 활
솜씨는 문무겸전론文武兼全論의 실질적인 바탕이 되었으며, 이를 통
해 문신文臣들에 대한 압박을 가하는 것이 가능하였다.[28]

또한 무신武臣들의 경우도 정조가 시사試射에 직접 참여하며 기
강을 확립하였으며,[29] 오군문五軍門에서는 당상관堂上官 경우 나이
50세가 되어야 사강射講에서 면제되었고, 환갑을 넘어서야 활쏘기
시험을 면제받을 수 있었다.[30]

반면 당하관堂下官의 경우는 나이에 관여치 않고 시사試射를 계
속하게 하여 활쏘기를 통한 무풍확산을 지속하여 나갔다. 그리고
이름 있는 무반武班가문의 자손이라 할지라도 잡기雜技로 관직에
입문한 경우 장수직將帥職에 오르지 못하도록 법률을 새롭게 제정

---

26) 『弘齋全書』卷176, 日得錄16, 訓語 3, "射之妙以神會之 故的逾小而神逾專 始知一鈇車輪 儘
是三昧法 射藝卽我家法 非特予性喜射 每念其不敢不勉而加勉焉 御極以後近二十年 未嘗射
長晝 今年適因聖祖誕辰 封祭品於北道兩本宮 起感於洪功大業 是日復試射藝 獲四十餘矢 不
數日而獲全矢 有若神相之者然 良亦不偶."

27) 壯勇營知觳官廳 御射古風記를 보면 이러한 正祖의 뛰어난 활쏘기 실력은 하늘이 내린 예능
(天縱之藝)로 칭송받을 만큼 뛰어났으며, 이로 인해 금위무사들은 물론 문신들에게도 좋은 귀
감이 되었음을 확인할 수 있다.(『雅亭遺稿』 3卷, 文 記 壯勇營知觳官廳 御射古風記)

28) 특히 文事에만 능한 문신을 軍營에 잡아 두고 하루에 20巡(총 100발) 중 한 순에 1발을 맞혀
야 풀어주도록 하여 실질적인 압박으로서 충분했다고 판단된다. 또한 후술하겠지만, 『武藝圖
譜通志』 편찬의 핵심인 李德懋와 朴齊家 역시 대표적인 文臣이지만, 이 兵書를 완성하면서
실제 무예를 익히도록 하여 단순히 이론으로써 그치는 '武'가 아니라 실전에 활용할 수 있는
'武'의 가치를 스스로 배울 수 있도록 하였다.

29) 『正祖實錄』卷11, 正祖 5年 2月 辛酉條.

30) 『大典通編』「兵典」試取, 射講.

34 | 조선후기 무예사 연구

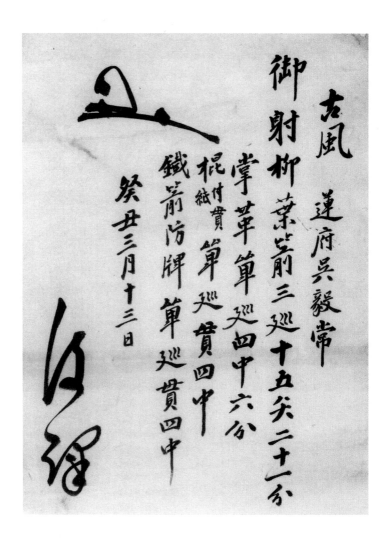

御射柳葉箭前三巡十五矢二十一分
掌革箭單巡四中六分
棍付貫單巡貫四中
紙付貫單巡貫四中
鐵箭防牌單巡貫四中

古風　蓮府吳毅常

癸丑三月十三日

『어사고풍첩御射古風帖』

고풍은 국왕이 활쏘기를 할 때 수행한 신하들에게 물품을 내리는 것을 말하는데, 이 고풍첩은 1793년 3월 13일 정조가 춘당대에서 직접 활을 쏜 후, 주변에 있던 무신들의 활쏘기를 시험하고 장용영 장관 오의상에게 내려 준 것이다. 문서 상단에 정조의 서명인 수결手決이 들어 있다. (국립중앙도서관 소장)

하여 벌열閥閱에 관계없는 무관들의 실질적인 사기진작에 많은 도움을 주었다.[31]

이러한 과정 속에서 서유구도 규장각 각신으로 근무 하는 동안 쉼 없이 활쏘기를 시험보아야만 했다. 다음의 사료는 무관뿐만 아니라 규장각의 문신들도 활쏘기를 한 내용이다.

옛 성왕은 항상 활을 쏘았는데, 이 활쏘기는 셀 수 없이 많았다. 우리 성상 7년 계묘(1783)년 겨울에 승지와 사관, 각신 및 호위 무신들과 함께 춘당대에서 연회와 더불어 활쏘기를 진행하였다. 먼저 司射가 활쏘기를 알리고, 射弓이 활쏘기와 관련된 여러 기물을 설치하고 거리를 재어 과녁을 펼쳤다. 음악을 연주하는 악공들은 악기를 설치하고 때가되면 종을 쳤다. 임금께서 어좌에 오르시면 경대부와 선비들이 활을 쏠 수 있도록 모두 소매를 걸어 올리며 깍지와 팔찌를 차고, 활을 집어 옆구리에 끼며 화살을 장전했다. 두 손을 맞잡아 읍을 하고 나뉘어 서는데, 좌우의 활쏘기 의례를 담당하는 사사와 함께 나란히 여섯 명씩 짝을 이뤘다. 신하 서유린은 동쪽에, 신하 이한풍은 서쪽에 섰다. 이들이 성상을 모시고 제 일조가 되었다. 신하 정민시, 서유방은 동쪽, 신하 임률, 변성화는 서쪽에 서서 두 번째 짝이 되었다. 신하 박우원, 심풍지는 동쪽, 신하 이연필, 이문혁은 서쪽에 서서 세 번째 짝이 되었다. 신하 조상진, 이시수는 동쪽에 섰고, 신하 김희, 이신경은

---

31) 『大典通編』「兵典」京官職.

서쪽에 서서 네 번째 짝이 되었다. 신하 서룡보, 조홍진은 동쪽
에, 신하 권침, 서영보는 서쪽에 서서 다섯 번째 짝이 되었다.
신하 이곤수, 서형수, 윤행임은 동쪽에 섰고, 신하 이영수, 이광익
은 여섯 번째 짝이 되었다.[32]

위의 기록을 보면 연사례燕射禮라고 하여 국왕과 함께 신하들이
궁궐의 후원 등에서 활쏘기와 연회를 함께 하는 내용을 담고 있다.
이날의 활쏘기 진행자격인 사사射司는 서유구의 부친인 서호수徐浩
修가 담당하였으며,[33] 그와 같은 가문인 서유린, 서유방, 서용보, 서
영보, 서형수 등이 대거 참석한 것을 확인할 수 있다. 특히 서유린
은 당시 내의원內醫院 제조提調였고, 서유방과 서룡보는 규장각신奎
章閣臣이었으며, 서영보는 별군직別軍職, 서형수는 사관史官이었기에
문무관을 아울러 다양한 신하들이 정조와 함께 활쏘기를 하였다.
이렇듯 문관임에도 불구하고 서씨徐氏 가문의 상당수가 활쏘기
연회에 참석했을 정도로 활쏘기 실력이 뛰어났음을 확인할 수 있
다. 특히 서유구의 경우도 젊은 시절부터 활쏘기를 익혔는데, 그의
집궁례執弓禮에 해당하는 첫 활쏘기 이야기는 다음의 사료를 통해
서 확인된다.

---

32) 『明皐全集』卷之八 記「燕射記」, "…(前略)… 此古聖王之常有事於射, 而事之不可不數者也,
我聖上七年癸卯冬, 與承史閣臣及邇列武臣, 行燕射于春塘臺, 先是, 司射戒射, 司宮設位, 量
人張侯, 樂人宿懸, 至期鳴鍾, 上出御座, 卿大夫士皆祖決拾 執弓挾乘矢, 拱揖以分, 左右司射,
遂比六耦, 臣有隣在東, 臣漢豐在西, 侍上爲第一耦焉, 臣民始, 臣有防在東, 臣漼, 臣聖和在
西, 爲第二耦焉, 臣祐源, 臣豐之在東, 臣延弼, 臣文赫在西, 爲第三耦焉, 臣尙鑌, 臣時秀在東,
臣燨, 臣身敬在西, 爲第四耦焉, 臣龍輔, 臣興鑌在東, 臣綝, 臣英輔在西, 爲第五耦焉, 臣崑秀,
臣瀅修臣臣任, 在東, 臣永秀, 臣光益在西, 爲第六耦焉. …(後略)…"
33) 『正祖實錄』卷16, 正祖 7年 12月 10日, 丁卯條.

그에게 일러 말하길, "산의 서쪽은 평평한 밭두둑이 넓고 평탄하니 과녁을 세우고 활을 쏠만한 곳입니다. 어찌 활쏘기를 하며 즐기지 않으십니까?"하니, 서자(서유구)가 말하길, "좋습니다."라고 하였다. 드디어 과녁을 펼치고 손에는 깍지(決)와 팔찌(拾)를 차고 화살 네 대(乘矢)를 꽂고 나갔다. 그런데 서자는 활을 잡아 본적이 없었다. 화살을 시위에 걸어 가득 당기지도 못했는데도 이미 손이 후들후들 떨리더니 갑자기 활을 쏘았지만 빙 돌아 움직이더니 몇 걸음 날아가지도 못하고 떨어지고야 말았다. 평소 활쏘기를 익힌 탄소가 가르쳐 주며 말하기를 "이는 시위에 문제가 있는 것이다. 활을 가득 당기고자 할 때에는 구부려야 하고, 시위에서 힘을 풀고자 하면 겨눠야 한다. 구부리지 않으면 가득 당기지 못하는 것이 당연하고, 시위에서 힘을 뺄 때 겨누지 않으면 도달하지 못한다. 그래서 화살이 멀리 날아가지 않는 것이다."그 말대로 했더니, 화살은 멀리 날아갔지만 과녁의 좌우로 일정하지 않게 마구 떨어지는 것이었다. 탄소가 말하기를, "이것은 줌손(줌통)의 문제다. 줌통을 잡을 때에 팔을 뻗지 않았기 때문이다. 팔을 뻗지 않으니 단단히 굳혀지지 않는 것이다. 단단하게 굳히지 않으니 흔들리는 것이다. 그래서 화살이 맞지 않는 것이다."그 말대로 했더니 화살은 과녁을 향해 날아가기는 했지만, 과녁을 넘거나 못 미치지는 것이었다. 탄소가 말하기를, "이는 너의 몸에 문제가 있다. 머리를 너무 세우지도 말며 구부리지도 말아야 한다. 머리를 치켜 세우면 과녁의 중심에 보낼 수 없고, 너무 구부리면 빠르게 활을 쏠 수 없다."그 말대로 했더니, 두발을 맞혔다. …(중략)… 나는 道德으로 활과 화살을 삼고, 仁

義로 표적을 삼고자한다. 그래서 모든 일에 집중하여 일하는 것
은 곧 형태가 없는 활쏘기인 것이다.[34]

위의 글을 보면 서유구가 처음으로 활을 배우는 장면을 확인할
수 있다. 친구인 탄소와 함께 고향인 경기도 파주 임진강 근처의
작은 산인 백학산白鶴山의 서쪽 기슭에서 들판을 향해 활을 쏘는 장
면을 담고 있다. 처음으로 활을 잡은 서유구는 가득 당기지도 못했
는데 팔을 덜덜 떨거나, 팔을 완전히 뻗어 자세를 굳히지도 못하거
나, 목에 잔뜩 힘을 주고 머리를 뒤로 제껴 몸을 부자연스럽게 하
는 등 초보자가 할 수 있는 다양한 실수를 거듭하고 마침내 과녁에
화살을 적중시키는 모습이 들어 있다.

특히 마지막 문장에서는 '도덕道德을 활과 화살처럼 여기고, 인
의仁義를 과녁처럼 생각하는 삶의 철학'을 활쏘기 수련을 통해 확
립한 것을 알 수 있다.[35] 이처럼 서유구에게 활쏘기는 단순히 무예
의 한 종목이나 여가생활을 즐기기 위한 소일거리를 넘어서 사대부
로서 가져야할 기본 덕목을 새길 수 있는 삶의 중심축이었으며, 『임
원경제지』를 관통하고 있는 기본적인 집필 의도라고 볼 수 있다.

---

34) 『楓石全集』楓石鼓篋集 卷第二 記「鶴西學射記」, "告之日山之西 平疇曠夷 可侯而射 盍射以
爲樂 徐子曰諾 遂張侯 祖決拾 搢乘矢以出 蓋徐子未嘗操弓者也 嚆末旣 手顚掉 輒舍矢 紆而
趨 不數武落 彈素素習弓 敎之日 是病于弦 宛之欲滿 釋之欲挍 宛不滿則需 釋不挍則茶 故矢
不遠 如其言 矢遠而邪 左右侯而落無常 彈素曰 是病于桥 執柎不挺臂也 不挺臂則不固 不固
則易搖 故不中 如其言 矢向侯 而或過之或不及 彈素曰 是病于子之身 毋已昂 毋已俯 已昂則
莫能以愿中 已俯則莫能以速中 如其言 獲二矢焉. …(中略)… 吾願道德以爲弓矢 仁義以爲侯
的 而從事于無形之射"
35) 조창록, 앞의 책, 국립민속박물관, 2009, 35~36쪽.

『북관유적도첩北關遺蹟圖帖』「야전부시도夜戰賦詩圖」
세조 때 여진족을 물리친 함경도 도체찰사 신숙주의 이야기를 담은 기록화다. 조선은 개국 때부터 북방의 여진족에 대하여 회유책과 강경책을 번갈아 사용하며 그들을 통제하려 했다. 그림에서 확인할 수 있듯이, 보병들이 서서 쏘는 보사步射와 기병들이 말을 달리며 쏘는 기사騎射는 조선을 대표하는 군사무예였다. (고려대학교 박물관 소장)

3. 『임원경제지』에 나타난 활쏘기의 실제와 무예사적 의미

『임원경제지』의 사결射訣 편에는 총 다섯 가지의 항목으로 중국의 사법射法에 대하여 정리한 책을 인용하였는데,『중훈몽법中訓蒙法』·『무경회해武經匯解』·『왕씨사경王氏射經』·『몽계필담夢溪筆談』 등 활쏘기 수련과 직접적으로 관련된 내용을 싣고 있다. 특히 서유구 자신이 일찍이 활쏘는 법을 배웠고, 가학으로 활쏘기를 연습했기에 이 책에 수록된 사결 부분은 당대 활쏘기 수련법의 내용을 잘 담아내고 있다고 할 수 있을 것이다.

먼저 첫 번째 장인 '초학연습初學演習'에서는 활쏘기를 처음 배우는 사람들이 익혀야 하는 기본적인 몸 갖춤법과 훈련법을 담고 있다. 두 번째 장인 '임장해식臨場楷式'에서는 사대射臺에 올라 시위에 화살을 거는 법을 시작으로 하여 과녁에 겨냥하는 법까지 집궁執弓에서 발시發矢 및 활 거둠 등 활쏘기를 할 때 움직이는 모습을 순차적으로 분석하였다. 또한 마지막에는 핵심이 되는 부분을 14가지의 짧은 구결로 정리하여 암기할 수 있도록 하였다.

세 번째 장에는 '자병疵病'이라고 하여 활쏘기의 방식 중 문제가 되는 부분을 일종의 질병처럼 생각하고 의사가 진단하듯 그 원인을 분석하였다. 네 번째 장에는 '풍기風氣'라고 하여 활을 쏠 때 가장 먼저 살펴야 하는 바람과 온도를 중심으로 변화하는 겨눔법과 활 관리 등을 중심으로 정리하였다.

마지막으로 다섯 번째에는 '기구器具'라고 하여 활과 화살을 만드는 법과 뒤틀림 없이 보관 및 관리하는 여러 가지 방법을 구체적으로 설명하였다. 활쏘는 사람이 활과 화살을 만드는 법까지 직접 배울 필요까지는 없지만, 그것이 어떻게 만들어지고 재료가 무엇인가를 알아야 만이 보다 정교하게 활을 관리하고 쏠 수 있기 때문에 기구편으로 따로 정리한 것이다.

『임원경제지』에 수록된 활쏘기 수련의 실제를 현재 사정射亭에서 활을 내는 방법과 연관지어 살펴보면 다음과 같다.[36]

첫 번째 장인 '학사총법學射總法'에서 처음으로 이야기 한 것은 바로 자신의 힘에 맞지 않은 장력이 센 활은 피해야 한다는 것이다.[37] 이는 활쏘기를 수련할 때 초심자가 가장 먼저 고민해야 하는 부분으로 내가 어떤 활을 사용해야 하는 것인가에 대한 답이다. 요즘에도 주변의 눈을 의식해서 마치 센활을 쏴야 만 힘이 좋고 능력이 있는 것처럼 보여 자신의 힘을 넘어서는 활을 사용하는 사람들이 많다.

또한 세월이 흘러감에 따라 나이가 들면 자연스럽게 신체의 근육량이 부족해져서 활 또한 자연스럽게 약한 활로 바꿔야 하는데, 이를 무시하고 젊었을 때에 사용한 활을 고집해서 활을 쏘는 자세인 '궁체弓體' 자체가 망가지는 경우도 많다.[38]

---

36) 활을 쏘는 것을 사정에서는 '활을 낸다' 혹은 '화살을 보낸다'라는 표현을 쓴다. 이는 단순히 화살을 과녁에 맞추기 위해 활을 쏘는 것이 아니라, 활을 쏘기 위하여 마음을 다스리고 몸을 가다듬는 지극히 정신적인 부분의 수련에 중심을 두고 만들어진 말이다. 필자 역시 1995년부터 활을 잡기는 했지만, 본격적으로 활쏘기를 연구하고 수련하는 것은 2003년 즈음부터다. 수원의 사정인 연무정에서 기본 활쏘기를 배웠으며, 현재는 연구실내에 작은 솔포를 설치하고 활을 내고 있다.

37) 『林園經濟志』「遊藝志」射訣,"學射總法 初學最忌弓不服手."

38) 활쏘기 자세를 말할 때 보통은 '弓體'라는 표현을 쓴다. 이것은 사대에 올라 자리를 잡고 화살을 시위에 걸어 활을 당겨 쏘고, 이후 마침의 자세 전체를 이르는 말이다. 보통 센 활을 사용하면 과녁까지 비행각도를 낮게 해도 적중률이 높아진다. 그러나 자신의 능력을 벗어난 센활을 사용하는 것은 안정적인 궁체를 파괴하는 지름길이기도 하다. 예를 들면, 활의 장력이 세기에 만작의 형태로 잡아당기기 위해서 억지힘을 사용하는데, 여기서 어깨의 비틀림 현상이나

다음으로 활의 중심인 줌통을 잡는 손인 줌손의 경우는 우궁右弓의 경우 '왼손 중지와 무명지 및 새끼손가락으로 줌통을 쥐고 반드시 활을 수직으로 세운 후에 엄지를 가볍게 중지 위에 올려놓고 다음 검지와 엄지로 게 집게발 같은 모습을 만든다'[39]고 하였다.[40]

줌손
전통 활을 당길 때 활의 중심부인 줌통을 잡는데, 이때 자연스럽게 활을 당길 수 있도록 '흘려쥠' 형태로 잡는다. 일반적으로 주먹을 쥐 듯 '막쥠'형태를 취할 경우 엄지와 검지 쪽에 힘이 들어가 어깨가 과도하게 경직되는 현상이 발생한다.

깍지손의 비정상적인 떼임으로 인해 速射로 변할 가능성이 높아지게 된다. 또한 깍지손 팔꿈치에 질병 중 하나인 엘보가 생길 수 도 있다. 그리고 만작시 화살 깃이 보통은 자신의 입꼬리에 붙여 정확도를 높이는데, 센활을 사용하다보면 점점 더 깍지손이 아래쪽으로 내려가 입꼬리에서 턱을 지나 가슴결까지 내려와 활을 쏘는 경우도 많다. 이는 자신의 능력을 벗어난 센활을 사용하면서 만들어진 疵病 중 하나로 볼 수 있다.

39) 『林園經濟志』「遊藝志」射訣, "(學射總法) 先習容止 將左手中名小三指 溺定弓弝 弓要直竪 大指活中指之上 食指虛中 對合大指 形如蟹鉗."

40) 활을 쏠 때에는 왼손잡이냐 오른손잡이냐에 따라 左弓과 右弓으로 나뉜다. 이는 각주11)을 참고 바란다.

이러한 줌손의 모습은 자연스럽게 하삼지下三指가 아랫방향으로 흘려 잡게 되어 손바닥의 보다 많은 면적이 줌통에 닿아 안정적으로 활을 밀어 낼 수 있게 하는 자세가 된다.[41] 또한 상지上指인 엄지와 검지에 힘이 들어 갈 경우 윗 힘을 쓰게 되어 활을 잡고 있는 손의 어깨가 비정상적으로 위로 치솟게 된다.[42] 이를 방지하기 위하여 엄지와 검지는 집게발처럼 만들어 가볍게 붙이도록 한 것이다.

위와 같이 활을 잡은 후에 기본자세를 만들게 된다. 그 자세를 보면 '활을 당길 때에는 두발을 부정부팔不丁不八의 형태로 서는데, 왼 무릎이 과녁을 마주보게 하여 약간 앞을 향하고 오른 발은 힘을 주어 바로 세우게 된다. 이후 양 발에 균등하게 힘을 쓰면 흔들림이 없어지고 몸을 곧게 하여 앞을 향한 듯이 하고서, 아래턱은 왼 어깨를 마주한다.'[43]고 하였다.[44]

보사步射, 즉 서서 쏘는 활쏘기의 자세 중 발모양은 보통 '비정비팔非丁非八'이라고 말한다. 두 발의 모양이 고무래 정丁자처럼 서

---

41) 이렇게 활의 줌통을 잡는 모양을 계란을 쥐듯이 잡는다 하여 '持弓如握卵'이라고도 한다.
42) 활쏘기 초심자의 경우 가장 많이 발생하는 문제가 활을 당길 때 줌손에 억지로 힘을 주게 되어 어깨가 위로 치솟는 현상이 자주 발생한다. 또한 이 과정에서 '중구미를 엎는다'라고 하여 팔꿈치를 시계방향으로 돌려 어깨뼈와 맞물리게 해야만 단단하게 고정시킬 수 있게 된다. 이 때 '중구미'는 팔의 중간에 구부러지는 부분을 말하는 것으로 '중굽이'에서 파생된 말로 판단된다. 『조선의 궁술』에서는 肘, 臂節과 동일한 부분이라 설명하기도 하였다. 왼팔꿈치가 뒤짚어지지 않는 경우를 '붕어죽'이라고 말하며 발시와 동시에 발꿈치가 접혀져 시위가 손목 위쪽을 치게 될 가능성이 높다.
43) 『林園經濟志』「遊藝志」射訣, "(學射總法) 次將兩足 立爲不丁不八之勢 左膝對的 稍曲向前 右足着力直立 兩足用力均与 自不搖動 身勢須直 略似向前 兩目視的 若不轉睛 下頦 互對左肩."
44) 필자의 경우는 보다 정확하게 왼발 새끼발가락이 과녁을 응시하도록 자세를 갖추어야 한다고 설명하기도 한다.

로 직각을 이뤄서도 안 되고, 여덟 팔八자처럼 안장다리로 발끝을 안으로 모으는 것도 안 된다는 자세를 설명한 것이다. 『무비지武備志』에서는 이를 '정자불성丁字不成, 팔자불취八字不就'라고도 하였다. 이는 사선으로 몸을 약간 비틀어 서되, 앞발인 왼발의 무릎이 과녁을 향하게 해야 한다는 말과 동일한 자세를 설명한 것이다.

만약 몸을 반듯하게 정면에 두고 활을 쏠 경우 활을 가득 당길 때 허리부분에 문제가 생기며, 반대로 완전히 측면으로 돌아 쏠 경우는 허리 비틀림의 힘을 제대로 화살에 전달할 수가 없다.[45]

또한 이때 아래턱은 왼 어깨와 마주한다고 하였는데, 이는 왼쪽 어깨인 죽머리[46]에 아래턱을 가볍게 묻는 것을 말한다. 만약 죽머리에 아래턱을 붙이지 않을 경우에는 만작 후 시위를 놓았을 때, 시위가 자신의 오른쪽 뺨을 치고 나가게 된다.

이렇게 되면 아픔도 아픔이지만, 시위의 장력이 화살에 정확하게 전달되지 못해 화살이 멀리 나가지 못하게 된다. 다음의 그림은 활쏘기에 등장하는 신체 부위의 표현을 이해하기 쉽도록 그림으로 설명한 것이다.

---

[45] 활쏘기는 단순히 어깨 힘으로 쏘는 것이 아니라, 발가락부터 머리꼭대기까지 신체의 모든 부위의 힘을 한데 모아 응집시켜 발시를 해야만 화살이 힘차게 앞으로 나아갈 수 있다. 이때 일정정도 허리가 비틀려야만 단전의 힘을 모으는데 편하고, 활을 가득 당기는 滿酌에도 효과적이다.

[46] 죽머리는 활을 잡은 쪽의 어깨를 말하는 순우리말이다.

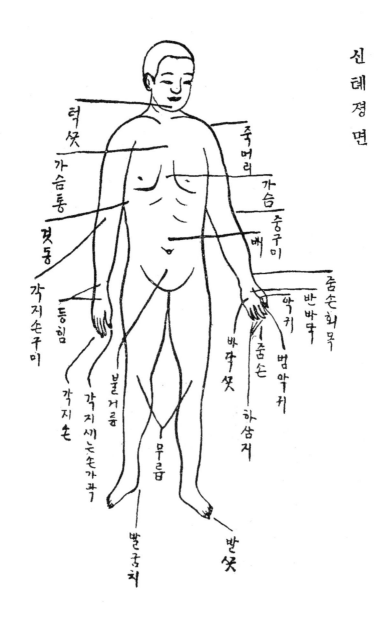

신
톄
졍
면

턱
끗

가슴통

가슴

죽머리

중구미

배

것동

각지손구미

등힘

각지손

각지세는손가끅

불거름

무릎

줌손회목

반바닥

악귀

범아귀

줌손

바쥬끗

하삼지

발금치

반끗

『조선의 궁술』 중 활쏘기와 관련한 「신체정면」의 그림

앞의 그림에서 확인할 수 있듯이, 활을 잡은 손의 어깨를 '죽머리'라 하고, 중간의 팔꿈치 관절 부위를 중구미, 활을 잡은 손을 줌손이라 부르는 것을 알 수 있다. 이후 줌손으로 활을 잡고 깍지 손가락 중 식지·중지·무명지 세 손가락을 시위 중앙에 건 후 두 팔을 함께 들고 활을 벌리는 연습을 한다.

이때에는 '줌손을 과녁을 향해 내미는 것과 동시에 깍지손도 서서히 뒤로 벌려서 두 팔이 일직선이 되게 펴는데, 뒤 팔을 구부려 깍지손이 오른쪽 어깨 곁에 닿을 때쯤에는 줌손이 과녁을 향한 채 정지하게 활을 벌려준다.

깍지
전통방식의 활쏘기를 할 때, 엄지손가락에 끼워 강한 시위를 당길 때 손가락을 보호하기 위한 도구이다. 왼쪽은 암깍지, 오른쪽은 숫깍지의 모습이다. 보통 암깍지는 정교하게 표적을 겨냥할 때 사용하고, 숫깍지는 보다 힘 있게 시위를 당길 때 사용한다.

위와 같은 형태로 자세를 잡고 정신을 집중해서 자세를 굳혔다가 다시 팔에 힘을 풀고 시위를 늦춘다.'[47]라고 하였다.[48] 활을 잡은 줌손은 밀고 뒷손인 깍지손은 당긴다라고 하여 '밀고 당기기'라 표현하기도 한다. 그리고 비유적으로 줌손은 '태산泰山을 밀듯 하고, 깍지 손은 호랑이 꼬리를 당긴다'라고 하여 '전추태산前推泰山 후악호미後握虎尾'라고 부르기도 한다.[49]

특히 줌손의 경우는 활이 없는 상태에서 기둥에 손바닥을 펴서 밀어 중구미를 엎는 연습을 해야 하는데, '왼손으로는 기둥 위를 밀되 앞 어깨와 나란하게 하고 뒷 팔꿈치를 세워 앞 주먹과 나란하도록 하라'[50]는 말로 활을 쥐고 있는 팔을 단단하게 고정시키는 훈련을 더하기도 하였다.[51]

또한 중구미를 엎은 모습을 보고 '줌손과 시위를 당기는 손가락, 왼 팔뚝과 팔꿈치는 평평하기가 수면과 같아서, 팔꿈치에 물잔을 올려놓을 수 있는 것처럼 해야 한다'[52]고 설명하였다. 이러한 밀

---

47) 『林園經濟志』「遊藝志」 射訣, "(學射總法) 前手將出 必須對的 其勢要同右手漸次 伸開兩手 平如一線 右手曲至右肩之旁 貼左肩稍 則前手己指的定矣 模仿式樣 審固片晷 隨手鬆回."

48) 시위에 화살을 걸지 않고 당기는 것을 빈 활이라고 부르는데, 이 동작은 초보자가 엄지와 새끼손가락을 제외한 나머지 손가락을 이용하여 머리위로 크게 들었다가 앞손은 과녁을 향하게 하고 뒷손은 오른쪽 어깨까지 끌어당기는 滿酌의 형태까지 자세를 연습하는 것을 말한다.

49) 지난 2011년에 개봉하여 큰 반향을 일으킨 영화 〈최종병기 활〉에서 주인공의 활에 새겨진 '前推泰山 發如虎尾' 중 뒷 문장인 발여호미를 '시위는 호랑이 꼬리처럼 말아 쏘라'라고 해석하고 있다. 그러나 발여호미라는 말은 전통시대에는 아예 존재하지 않은 문장이었으며, 근래에 새롭게 만들어진 것으로 판단된다. 문장의 의미를 '호랑이 꼬리처럼 말아라'라는 것 역시 특정 자세를 강조하기 위해 확대해석한 것으로 보인다.('발여호미'라는 기록은 정갑표, 『弓道』, 성일문화사, 1975에 처음으로 등장한다.) 발여호미는 깍지 손에서 시위를 떼는 행위를 좀 더 부각시킨 후악호미의 변형된 문장으로 볼 수 있다.

50) 『林園經濟志』「遊藝志」 射訣, "(練臂法) 學者 將欲引弓 須先操練手臂 時常對柱挺直 使之堅固 以左手托在柱上 與前肩齊 以後肘聳起 與前拳齊."

51) 이러한 활을 쥔 팔을 강화시키는 것은 중구미를 엎는 것에서 출발한다.

52) 『林園經濟志』「遊藝志」 射訣, "(臨場楷式) 其持 弓手與控指 及左膞肘 平如水准 令其肘 可措

고 당기기를 수련할 때에는 아홉 번 반복하고 한번 쉬어 자세를 만들고 최소 한 달이나 두세 달을 반복하여 신법身法을 안정화시켜야 한다고 하였다.

이상의 자세 연습은 모두 화살을 장전하지 않고 활쏘는 자세를 갖추기 위하여 빈 활을 당기는 연습을 말하는 것이다. 이후 화살을 메기고, 화살을 과녁에 보내는 실제 발시 훈련을 진행하게 된다. 시위에 화살과 만나는 부분인 오늬를 끼울 때에는 촉부터 훑어 올리듯 엄지와 식지 사이를 통과시키고 엄지 · 식지 · 중지 세 손가락으로 오늬를 잡아 화살에 부드럽게 메긴다.[53]

이때 중요한 것이 오늬부분을 잡는 손의 문제인데 '깍지 낀 엄지로 시위를 당기는데 이때 검지 끝마디를 엄지 끝마디 위에 걸치고 깍지와 함께 화살 오늬를 감싸되 너무 억세거나 너무 허술하게 감싸면 안 된다'[54]라고 하였다.[55] 시위에 깍지를 걸때 너무 강하게 깊이 걸면 깍지 떼임시에 부드럽게 나가지 못해 화살이 좌우로 빗나가게 되며, 너무 얇게 걸 경우에는 가득 당기기도 힘들뿐더러 당기는 도중 갑자기 화살을 놓치는 경우가 생길 수 도 있다. 특히 이

杯水."

53) 일반적으로 화살을 시위에 걸때에는 반드시 이 과정을 거쳐야하는데, 일종의 안전요소 확인으로 볼 수 있다. 엄지와 식지로 화살을 이동시키는데, 엄지가 중지 위로 향하기 때문에 실상은 식지와 중지사이로 화살이 움직이게 된다. 화살은 강하게 만들어졌지만, 과녁에 부딪히는 충격으로 인해 몸체에 금이 가거나 깨질 수 있다. 만약 조금이라도 깨진 화살을 시위에 걸어 쐈을 경우에는 발시와 동시 화살이 부러지면서 줌손에 큰 상처를 입을 수 있다. 이 동작을 몇 번 반복하면서 화살의 이상 유무를 살펴야 한다.

54) 『林園經濟志』「遊藝志」射訣, "(學射總法) 以大指機控弦 以食指交搭大指之上 同指機筈住 箭扣 不可太緊 亦不可太鬆."

55) 이러한 형태의 깍지조임 방식은 암깍지에서 나타나는 방식으로 숫깍지의 경우는 엄지손가락에 끼워진 깍지 자체를 압박하게 된다. 따라서 본서에서 활쏘기를 수련할 때 사용한 깍지는 암깍지임을 확인할 수 있다.

암깍지걸이(위)

우리나라의 전통 활쏘기 방식은 엄지손가락에 깍지라는 보조도구를 끼워 시위를 당기는 방식이다. 보통 사극에서는 검지와 중지를 이용하여 화살을 당기는데, 이것은 지중해식 방식으로 고증에 맞지 않은 방식이다. 현재 사진에 등장하는 방식은 암깍지를 사용한 형태이다.

숫깍지걸이(아래)

숫깍지는 암깍지와는 다르게 시위를 건 엄지손가락을 다른 손가락으로 누르는 방식이 아니라 깍지의 길게 튀어나온 부분을 잡아 눌러 당긴다. 따라서 암깍지보다 좀 더 시위를 많이 당길 수 있다. 쌀알 한 개 정도만큼이라도 더 당길 수 있다면 화살의 파괴력은 더 강력해진다. 따라서 전통시대에 숫깍지는 전투용으로 주로 활용되었다.

러한 엄지걸이형 깍지 방식은 가장 보편적인 한국전통 사법 중 하나로 서양의 지중해식 방식인 검지와 중지 사이에 오늬를 끼워 당기는 방식과 구별되기도 한다.[56]

이렇게 화살의 오늬를 끼우는 훈련까지 마치면 근거리인 20궁弓(약 21m)에서 시작하여 차츰 거리를 넓혀 35궁弓(약 37m)까지 과녁을 변경해 가며 수련한다.[57] 이 수련 과정에서는 '앞 손이 과녁을 향하게 하여서는 한번 단단히 쥐어 뻗고, 깍지손은 어깨 높이에서 뒤로 곧게 빼내서 펴준다'[58]라고 하였다.

이때 줌통을 쥔 손가락이 풀리거나 줌손과 깍지손의 힘의 균형이 무너지면 화살이 나갈 때 시위가 팔뚝이나 옷소매를 치거나 화살이 요동치며 나가는 등 폐단을 면치 못할 것이다 라고 하여 발시 순간 자세의 중요성을 강조하였다.

또한 발시와 동시 펼쳐지는 깍지손 자세를 현재 사법에서는 '온깍지' 방식의 사법이라 말하기도 하는데, 발시와 동시 깍지손을 뒤로 힘차게 뻗어 주는 방식을 말하는 것이다. 이러한 온깍지 방식을 더 자세히 설명하기 위해 '오른 손으로 시위를 당겼다가 쏘기를 마치면 손을 뒤로 뒤집어 펼치는데, 어깨·팔뚝·손목은 한결같이 곧

---

56) 현재 TV사극이나 관련 역사물에서 가장 자주 등장하는 고증오류가 엄지걸이형 사법이 아닌 지중해식 사법이다. 심지어 가장 사실적이고 교육적인 다큐멘터리에서까지 이러한 문제가 발생하고 있다. 이는 역사 다큐멘터리 제작진 역시 사극을 제작하던 연출진이 그대로 투입되기에 발생한 일이다. 이러한 사극에서의 고증 한계점과 대안에 대해서는 다음의 논문을 참고한다. 최형국, 「TV 역사물의 考證 한계와 그 대안: KBS 다큐멘터리 〈의궤 8일간의 축제〉의 무예사·군사사 고증을 중심으로」, 『사학연구』 114호, 한국사학회, 2014.

57) 여기서 말하는 땅의 거리를 나타내는 '弓'은 1궁이 5尺을 말한다. 1척은 周尺으로 환산하여 21cm정도이다.

58) 『林園經濟志』「遊藝志」 射訣, "(學射總法) 以前手指的 緊搦一挺 後手平肩一撤 則伸於後."

게 펴고, 손바닥을 위로하여 손금을 드러내되, 손가락은 다 펴지 않는다'[59]라고 하였다.

최근에는 '반깍지' 혹은 '게발깍지'라고 하여 뒤로 뿌리듯 펴지 않고, 오른쪽 어깨 끝에 깍지손을 멈추는 사법도 흔히 사용한다.[60] 또한 활쏘기는 발시 순간에 가장 핵심적인 움직임이 나타나기에 만작滿酌에서 굳히는 그 순간의 줌손은 '별撇'하고, 깍지손은 '절唪'하는 것이 중요하다고 하였다.[61] 여기서 줌손의 '별'은 서예에서 삐침을 오른쪽 상단에서 왼쪽 하단으로 힘을 주어 사선으로 내려 긋듯 비트는 것을 말하고, '절'은 말 그대로 시위를 끊어 내듯 힘을 쓴다는 것을 의미한다.[62]

그리고 초심자의 근거리 훈련에서 핵심은 '매우 부드러운 활과 아주 긴 화살을 쓰는 것이 중요하다'[63]라고 하여 자세를 안정적으로 익히는 것에 주력하고 있다. 또한 부드러운 활로 자세를 갖춘 후 점차 강한 활로 바꾸는데, 늘 자기 힘으로 통제 가능한 것이어야지 힘에 부쳐서는 안된다 라고 강조하였다. 여기서 말하는 부드러운 활은 소위 '연궁軟弓'을 말하는 것으로 자신의 힘을 벗어난 강

---

59) 『林園經濟志』「遊藝志」射訣, "(臨場楷式) 右手摘弦盡勢 翻手向後 要肩臂與腕 一般平直 仰掌現掌紋 指不得開露."
60) 『조선의 궁술』에서는 게발깍지를 활병의 하나로 설명하고 있다. 반깍지는 깍지 손끝이 오른쪽 어깨에 붙는 것을 말하며, 게발깍지는 완전히 온깍지 형태로 펼치는 것도 아니고, 반깍지처럼 어깨에 붙이는 것도 아닌 애매하게 어깨뒤로 깍지손을 구부려 세우는 동작을 말한다. 또한 깍지손을 뒤로 힘껏 내지 못하고, 버리기만 하는 것을 '봉뒤'라고 부르기도 했다.
61) 『林園經濟志』「遊藝志」射訣, "(學射總法) 貴在前手撇 後手唪."
62) 이 '별'과 '절'의 의미는 서로 구분된 것이 아니라, 줌손은 시계방향으로 비틀고, 깍지손은 반시계방향으로 비틀고 있다가 목표가 들어오면 순간 시위로부터 깍지손을 떼어내는 연속적인 움직임으로 봐야한다.
63) 『林園經濟志』「遊藝志」射訣, "(學射總法) 凡初學入門之始 貴用極軟之弓極長之箭".

궁强弓을 쏠 경우 자세를 잡는데 무리가 많아 억지 자세를 만들 수 있기 때문이다.

그리고 아주 긴 화살을 써야 한다는 이유는 사람마다 팔의 길이가 다르기에 사용하는 화살의 길이도 다른데, 만약 너무 짧은 화살을 사용할 경우 충분히 당기지 못하여 어깨와 몸을 곧게 펴지 못하기 때문이다. 또한 자신의 팔 길이보다 짧은 화살일 경우 '월촉越鏃'이라 하여 화살이 줌손 안으로 파고들어 발시와 동시 활의 안쪽 면을 때리는 사고가 발생하기도 한다.[64]

이렇게 근거리 활쏘기 훈련을 마치면 사대射臺에 올라 원거리의 표적을 향해 활을 쏘게 된다. 사대에 오른 후에는 역시 비정비팔의 자세로 발모양을 만들고 앞서 익혔던 자세로 시위에 화살을 먹인다. 줌손을 부드럽게 들어 올렸다가 내리면서 '전추태산'과 '후악호미'를 하게 된다. 이때 '활이 벌어지자마자 바로 발시하면 안되며 줌손을 먼저 곧게 뻗어 버텨 놓고서 비로소 깍지손으로 활을 당겨서도 안되고, 활을 쏘기 전에 먼저 판에 도장 찍어낸 듯이 자세를 잡아 놓아도 안된다'[65]라고 하였다.

이는 활을 머리 위로 물동이를 이듯이 올렸다가 내리는 것이 아니라, 바로 과녁을 향해 활을 쥔 줌손을 뻗어 내어 굳혀버리고, 그 상태에서 깍지손 만을 이용하여 당기는 전형적인 양궁사법을 말하는 것이다. 이렇게 앞손을 먼저 뻗어 고정시키고 활을 쏘게 되면

---

64) 보통 월촉이 발생하면 화살이 부러져 줌손의 손아귀 안쪽을 꿰뚫는 사고가 발생한다. 요즘 사정에서도 자주 발생하는 사고로 초심자가 활을 배울 때 가장 유념해야 할 부분이다.
65) 『林園經濟志』「遊藝志」射訣, "(學射總法) 不可弓甫開圓便爾輕易發矢 不可將前拳預先伸直拄定 始用後手扯弓 又不可未射之先糚成架式 與印板相似."

정확도는 일정정도 높아질지는 모르지만 좌우 어깨와 손의 균형이 어긋나 센활일 경우에는 어깨나 팔에 활병이 올 가능성이 많다.

목표물을 조준하는 방법에 있어서는 과녁의 거리에 따라 줌통을 중심으로 고정시켰다. 예를 들면, '60보步(약 72m) 거리의 과녁을 쏠 때에는 줌손이 과녁의 중심을 마주보게 하고 쏘고, 70보(약 84m) 거리의 과녁을 쏠 때에는 줌손을 과녁의 목 부분을 마주 보게 하고 쏜다. 80보(약 96m) 거리의 과녁을 쏠 때에는 줌손을 과녁의 상단에 올려놓고 쏜다. 160보(약 192m) 이상을 쏘는 경우에는 줌손이 과녁 위로 1장丈 위를 마주하도록 하여 줌손 아래로 과녁을 겨냥해야 정확히 겨눌 수 있다[66]고 하였다.

이는 현재 대한민국 궁도弓道에서 과녁까지의 거리를 145m로 규정하고 있어 약 120보步 정도의 거리를 쏘기에 보통은 줌손을 과녁의 좌측상단 중심에 두고 쏘는 경우가 일반적이다.[67]

이상과 같이 초심자가 활쏘기를 익힐 때 지켜야할 사항을 적당한 활 선택하기부터 목표물에 조준선을 맞추는 것까지 순차적으로 풀이해 놓고 있다. 특히 마지막에는 '사법십사요射法十四要'라고 해서 핵심되는 사항을 암기하기 쉽도록 명언처럼 만들어 뒤에 붙였다. 이를 좀 더 확연하게 구분하기 위하여 정조대正祖代 평양감영平

---

66) 『林園經濟志』「遊藝志」 射訣, "(遠近取的法) 如射六十步則拳對把子中心 七十步則拳對把子 頸項 八十步則拳對把子頭上 一百六十步則拳高把子一丈 或拳下審把 亦可務指親切."
67) 현재 대한궁도협회에서 제정한 145m의 과녁거리는 고정 사거리로 대한민국 모든 활터(射停) 과 공인대회에서 활용하고 있다. 이는 英祖代 반포된 『續大典』에서 추가된 활쏘기 과목인 柳葉箭의 시험거리가 120步이기에 공인 거리규격을 145m로 확정한 것으로 판단된다. 그러나 목표물의 거리에 따라 조준법이 달라지기에 다양한 활쏘기를 위해서라도 고정거리를 없애고 다양한 목표물 거리에 대한 고민이 필요한 시점이다. 이에 대한 논의는 결론에 좀 더 다루기로 한다.

철전 연속 사진

철전鐵箭은 육량전六兩箭이라고 불릴만큼 크고 무거운 화살을 쏘는 법을 말한다. 조선시대 무관의 등용시험인 무과시험에서 활용한 특수한 활쏘기 방식으로 제자리에서 활을 당길 수 없어 앞으로 도약하며 화살을 발사한다. 이를 위하여 독특하게 활장갑이라는 보조도구를 활용해야 했다.

壤監營에서 군사 보급용으로 간행된 『사법비전공하射法秘傳攻瑕』와 1929년 일제강점기 조선궁술연구회를 중심으로 이중화李重華가 펴낸 『조선朝鮮의 궁술弓術』의 요결과 비교해보면 다음 표와 같다.

[표 1] 『임원경제지』·『사법비전공하』·『조선의 궁술』의 射法 要訣 비교

연번\내용	『임원경제지』 要訣	『사법비전공하』 要訣	『조선의 궁술』 활쏘는 법	비고
1	弓要軟	弓要軟	활은 되도록 힘에 무른 듯한 것을 쏘아야 한다	활의 세기
2	箭要長	箭要長	-	화살의 길이＊화살이 꼭 길어야 한다는 것이 아니라, 사람마다 팔의 길이가 다르니 이를 잘 맞추라는 말임.
3	胸前宜吸	胸前宜吸	가슴통은 다 비어 虛해야 하며, 만일 힘이 들어가 튀어나오거나 틀어지면 안된다.	앞 가슴의 움직임
4	脚力要方	脚立要方	불거름이 팽팽하도록 두 다리에 힘을 단단히 주고 곧게 선다. '非丁非八'로 벌려 서야 한다.[68]	다리 모양과 힘쓰기
5	持弓如握卵	持弓如握卵	下三指를 흘려줌	줌손의 모양
6	搭箭如懸衡	搭箭如懸衡	-	화살을 시위에 끼우는 위치와 방식
7	弓弰要側	弓弰要側	-	줌손이 시계방향으로 기울여진 자세
8	手要平	手要平衡	-	줌손과 깍지손의 평형 자세
9	前膀要轉[69]	前膀要轉	중구미를 반드시 엎어야 한다	줌손의 팔을 시계방향으로 돌리는 자세
10	骨節要伸	骨節要伸	불거름이 팽팽하도록 두 다리에 힘을 단단히 주고 곧게 선다.	인체의 관절을 펴는 자세

11	前肩要藏	前肩要藏	죽머리는 바짝 붙여서 턱과 가까운 것이 좋다.	활을 쥔 앞 어깨가 위로 솟지 않도록 내리는 자세
12	後肩要擠[70]	後肩要擠	줌손과 깍지손을 등힘으로 밀어 짜서 끈다.	깍지를 당기는 어깨가 움츠러지지 않고, 뒤로 펴듯 미는 자세
13	–	引滿要審	–	활을 가득 당겼을 때 겨누라는 의미
14	–	審而要固	–	활을 겨눌 때 힘을 굳혀라는 의미
15	出前要輕	出前要輕	앞을 버티면서 뒤를 힘있게 당겨(시위가) 저절로 벗어지도록 한다.	발시 순간 가볍게 시위를 떠나야 한다는 의미
16	放箭要速[71]	放箭要速	앞을 버티면서 뒤를 힘있게 당겨(시위가) 저절로 벗어지도록 한다.	발시는 신속해야 한다는 의미

[표 1]에서 확인할 수 있듯이, 『임원경제지』와 『사법비전공하』의 요결 부분은 거의 일치한다. 이는 두 책의 요결에 참고한 사료가 모두 중국의 사법서射法書인 『무경칠서휘해』이기 때문이다.[72] 또

---

68) '脚力要方' 혹은 '脚立要方'에 대한 설명을 보면, '반듯하다는 것(方)'은 네모반듯한 것이 아니다. 앞다리를 너무 내디디면 앞 허벅지에 힘을 쓸 수 없고, 뒷다리를 너무 뒤로 디디디면 뒷허리에 힘을 쓸 수 없다고 하였다. 『조선의 궁술』에서는 불거름, 즉 방광인 하단전에 힘을 모으기 위해서 두 다리에 힘을 단단히 주고 곧게 선다라고 하였다. 따라서 결론은 비정비팔로 서되 평온하고 굳건하게 서는 것을 말한다.

69) 내용설명 상 '前膀要轉'의 膀은 팔뚝을 의미하는 '膊'의 오기일 가능성이 높다. 방광 즉 아랫배 쪽을 비트는 것이 아니라 분명히 팔을 비트는 것으로 설명하고 있다. ("轉者 直也 膀不轉 則臂不直 臂不直則筋骨不伸")

70) '후견요제'는 깍지손 어깨의 움직임을 말하는 것으로, 앞의 '전견요장'의 '藏'과 대비되도록 '擠(밀다)로 쓴 것이다. 따라서 움직임 상 뒷어깨는 시위를 당기고 있기 때문에 '등힘으로 밀어 짜서 끈다'라는 표현과 일치한다. 만약 등힘으로 끌지 못하면 뒷어깨가 몸 앞으로 빠져나오면서 억지 팔힘으로만 끌게 된다.

71) '放箭要速'의 설명에는 '깍지손이 발시하는 것을 줌손이 모르게 한다'라는 내용이 등장한다. 따라서 『조선의 궁술』에서 당기다가 시위가 저절로 벗어지도록 한다는 것과 일맥상통한다.

72) 『임원경제지』에서는 굳힘과 발시 부분 두 가지가 빠졌으며, 나머지는 거의 동일하다.

한『조선朝鮮의 궁술弓術』도 상당부분 요결의 내용과 일맥상통하는 것이 대부분이다.

다음 장에는 '자병疵病'이라고 하여, 활쏘기를 수련할 때 나타나는 잘못된 습관에 대해서 다뤘다. 대표적으로 초심자들에게 발생할 수 있는 문제점으로 활을 잡고 있는 줌손의 문제, 시위를 당기는 깍지손의 문제로 구분하여 하나 하나 원인을 분석하고 이에 대한 대안을 설명해 놓았다.[73] 이를『조선의 궁술』과 비교하면 다음 [표 2]와 같다.

[표 2]『임원경제지』·『조선의 궁술』의 射法 중 疵病 비교

내용 연번	『임원경제지』	『조선의 궁술』	설 명
1	줌 손:張(장)-벌리기	시위가 줌팔을 치는 경우, 줌손을 제켜 쥐기 때문	화살이 나갈 때 바깥쪽으로 줌통을 한번 트는 것. (반시계)
2	줌 손:挑(도)-휘어지기	줌손이 꺾이면 팽팽한 일직선의 힘을 낼 수 없음	손목이 꺾이며 줌손을 내리꽂는 것
3	줌 손:卓(탁)-치받기	웃아귀를 아래로 내림	화살이 나갈 때에 아래로 한번 멈칫하는 것.
4	줌 손:嫩(눈)-연약함	중구미가 젖혀진 죽을 '붕어죽'이라함	줌손이 안으로 구부러지는 것(손목에 힘이 없고, 앞 팔뚝이 펴지지 못함)
5	줌 손:老(노)-무력함	하삼지가 풀림	줌손의 뼈마디에 힘이 없어 버티지 못함

---

73) 『임원경제지』와『사법비전공하』의 疵病은 일치한다. 단지『사법비전공하』의 경우 예시되는 항목을 추가로 달았다. 그리고『조선의 궁술』역시 각 상황에 따라 좋지 않은 습관을 해결하는 방법을 담고 있다. 예를 들면 발사할 때 시위가 뺨을 치거나 귀를 치는 수도 있는데, 그러한 때에는 턱을 죽머리 가까이 묻으면 된다고 설명하였다.(『조선의 궁술』)

74) '後三指'는 시위를 당길 때 깍지를 누르고 있는 깍지손의 엄지·검지·중지를 말하고, '下三指'는 활을 쥔 줌손의 중지, 무명지, 소지를 말한다.

6	줌 손:彎(만)-구부러짐	죽머리(어깨)는 바짝 붙여서 턱과 가까운 것이 좋다	어깨와 눈이 앞으로 나오지 않거나, 어깻죽지를 비틀지 못하거나, 줌손을 곧게 펴지 못함
7	줌 손:剩(잉)-남김	중구미가 젖혀지지도 않고 엎어지지도 않은 죽을 '앉은죽'이라함	(앞 팔을 펴지 못해) 화살을 완전히 당기지 못하고 촉을 줌통밖에 남김
8	깍지손:突(돌)-갑작스럽다	깍지손을 뒤로 내지 못하고 버리기만 하는 것을 '봉뒤'라고 함	시위를 깍지에 너무 깊이 걸고, 힘쓰기를 급하게 하여 뒤 팔꿈치를 누지 못해 위로 들리면서 갑작스레 발시
9	깍지손:逼(핍)-짓누르다	팔꿈치를 훔쳐끼고 손회목으로만 당기는 것을 '채죽뒤'라고 함	깍지손이 팔꿈치와 평형으로 만들어지지 못하고, 後三指[74]을 너무 단단하게 잡아 가슴 앞을 누름
10	깍지손:揪(추)-묶이다	발시할 때 심위가 줌팔을 치는 경우 깍지 손은 무르고 줌손을 세게 민 것	후삼지에 힘이 없어 힘차게 시위를 놓지 못함
11	깍지손:鬆(송)-느슨하다	중구미[75]와 등힘으로 당기면서 화살을 힘차게 보내야 함	깍지손 뿐만 아니라, 뒷손과 손목 마디마디가 느슨하고 굽는 것, 팽팽함 없이 발시되는 것(등힘이 없음)
12	깍지손:吐(토)-게우다	화살이 만작이 되어 발사하는 순간에는 조금씩 잡아 당기면서 발사해야 함	당겨진 깍지 손이 도로 나가서 화살이 조금 앞으로 나간 상태에서 발시

위와 같이 활쏘기를 수련할 때 발생할 수 있는 다양한 잘못된 습관에 대해 설명하고 이를 해결하는 방안까지 설명해 놓았다. 특히 『임원경제지』에 수록된 대부분의 자병과 이를 고치는 방법들이 『조선의 궁술』에서도 유사하게 나오고 있음을 알 수 있다.

---

75) 여기서 말하는 중구미는 줌손의 중구미가 아닌 깍지손의 중구미를 말한다.

지금까지『임원경제지』의 사결射訣에 등장하는 활쏘기 실기에 대한 내용을 간략히 살펴보았다. 이에 대한 무예사적 의미를 살펴보면, 먼저 본서에 등장하는 활쏘기가 단순히 이론으로 정립된 것이 아니라 저자인 서유구徐有榘가 실제로 활쏘기를 다년간 수련한 상태에서 사법이론들을 정리한 것이기에 보다 실기적 내용에 대한 고민을 정예화시킨 것이라고 볼 수 있다. 따라서 다양한 사료를 인용하여 활쏘기 수련에 대한 방법과 문제점을 고치는 내용을 다양하게 수록한 것으로 보인다.

　특히 18세기의 경우 궁궐에서는 대사례大射禮와 연사례燕射禮 및 각종 시사試射 등 다양한 활쏘기 의례와 시험이 펼쳐졌고, 향촌에서도 향사례鄕射禮 및 무과시험 준비나 사냥준비 등 다양한 활쏘기 훈련이 전개되는 상황이었기에『임원경제지』에 실린 사결射訣에는 당대의 활쏘기 수련에 대한 실제적 모습을 가장 많이 담고 있다고 할 수 있을 것이다.

　두 번째로 초심자부터 활쏘기를 어느 정도 익힌 숙련자는 물론이고 활과 화살을 제작하는 장인匠人 등 다양한 사람이 활용할 수 있도록 활과 관련된 전반적인 내용을 담아 놓았다는 것이다. 예를 들면, 풍기風氣편에서는 바람을 읽거나 태양의 열기로 인해 대류현상이 발생할 때 활을 정확하게 쏘는 법이 있고, 기구器具편에서는 활에 들어가는 재료와 화살을 만드는 방법까지 소상하게 밝혀놓고 있다.

　이를 통해 활을 만드는 장인이 아닌 수련자들도 활의 구성형태와 화살의 제작방식을 이해할 수 있어 보다 깊이 있는 활쏘기 수련을 가능하게 한 것으로 보인다. 또한 일정한 거리를 변화시키며 고정된 표적이 아닌 다양한 거리의 목표물에 화살을 보내는 수련법이 잘 정리되어 실제 군사훈련에서도 이를 참고하여 활쏘기 훈련을 했을 가능성이 높다.

셋째, 활쏘기가 단순히 팔과 어깨의 힘만을 이용하여 수련하는 것이 아니라, 머리끝에서부터 발끝까지 전신을 활용하여 수련해야 한다는 내용을 잘 담아내고 있다. 따라서 단순히 상체 힘을 키우는 훈련뿐만 아니라, 안정적으로 하체를 강화하는 수련법도 병행해야만 명중률이 높은 활쏘기가 가능하다는 것을 보여주고 있다.

넷째, 『사법비전공하』와 『조선의 궁술』에 실린 활쏘기와 관련된 실기적 내용의 대부분이 『임원경제지』의 사결에 실려 있기에 18세기 활쏘기 자세 및 훈련법의 표범으로 삼을 수 있다는 것이다. 이를 통해 19세기 초반에 완성된 『조선의 궁술』과 비교사적 고찰을 더해 나간다면 신체문화 변화의 흐름을 어느 정도 파악할 수 있다는 것이다.

4. 활은 조선을 대표하는 몸문화

활쏘기는 우리의 역사 속에서 가장 오랜 동안 정착되어 온 국방무예이자 심신단련법이었다. 고대부터 활은 우리 민족을 상징하는 코드였으며, 전통시대 수많은 전쟁 속에서 이 땅을 지켜낸 최종병기였다. 지금까지 『임원경제지』의 사결을 중심으로 18세기 활쏘기에 대한 실기사적 고찰과 몸 문화적 특성을 살펴보았다. 이를 간략히 정리해 보면 다음과 같다.

기사騎射(위)

말을 달리며 활을 쏘는 법을 기사騎射라고 하는데, 해당 사진은 필자가 화살을 발시한 후 뒷손이 펼쳐진 모습이다. 깍지 손이 자연스럽게 뒤로 펼쳐지는 것을 온깍지방식이라고도 부르며, 바로 다음 자세로 동개에 실린 화살을 걸어 재장전하기 쉬운 방식이다. 특히 조선후기의 경우 보다 실전성을 높이기 위해 추인芻人(짚인형)으로 바꿔 무과 시험장에서도 활용하여 '기추騎芻'라는 이름으로 변화하기도 하였다.

배사법背射法(아래)

기사의 방식 중 뒤를 돌아보며 쏘는 방식으로 배사법이라고 부르며, 서양에서는 파르티안샷이라고도 한다. 거짓으로 후퇴하며 물러나다가 쫓아오는 적의 정면으로 공격하는 방식의 활쏘기이다. 이 밖에도 앞을 향해서 쏘는 전사, 옆을 향하여 쏘는 측사 등 다양 방식의 기사 방법이 있다.

『임원경제지』의 저자인 서유구는 대표적인 경화세족 출신으로 가학家學으로 전해진 농업에 대한 관심을 통해 향촌생활에 필요한 여러 가지 일들을 어릴 적부터 접할 수 있었다. 또한 관직에 오른 후에는 순창군수를 비롯한 향촌사회의 일을 직접 살필 수 있는 관력이 있었는가 하면, 각신閣臣으로 있을 때에는 수많은 서적들을 규장각이라는 거대한 지식집합소를 관리했기에 백과사전적 공부를 진행할 수 있었다.

그리고 『향례합편鄕禮合編』 등 다양한 서적들의 편찬을 담당하면서 의례를 비롯한 전통지식을 물론이고, 청나라에서 수입한 새로운 실학서實學書들을 정리하는 과정에서 지식의 체계적인 관리와 정보의 중요성을 인식하여 『임원경제지』를 저술하게 되었다.

『임원경제지』 중 사결에는 당대 활쏘기의 수련방식과 활과 화살을 제조하는 것에 이르기까지 활쏘기와 관련한 다양한 정보를 수록하고 있다. 특히 서유구 자신이 활쏘기를 젊을 때부터 익혔고, 활쏘기 역시 가학家學으로 여겨질 만큼 집안의 거의 모든 사내들이 익혔기에 보다 실용적인 부분을 중심으로 체계화시킬 수 있었다.

사결의 내용을 보면, 먼저 첫 번째 장인 '초학연습初學演習'에서는 활쏘기를 처음 배우는 사람들이 익혀야 하는 기본적인 몸 갖춤법과 훈련법을 담고 있다. 두 번째 장인 '임장해식臨場楷式'에서는 사대射臺에 올라 시위에 화살을 거는 법을 시작으로 하여 과녁에 겨냥하는 법까지 집궁執弓에서 발시發矢 및 활 거둠 등 활쏘기를 할 때 움직이는 모습을 순차적으로 분석하였다. 세 번째 장에는 '자병疵病'이라고 하여 활쏘기의 방식 중 문제가 되는 부분을 일종의 질병처럼 생각하고 의사가 진단하듯 그 원인을 분석하였다. 네 번째

장에는 '풍기風氣'라고 하여 활을 쏠 때 가장 먼저 살펴야 하는 바람과 온도를 중심으로 변화하는 겨눔법과 활 관리 등을 중심으로 정리하였다. 마지막으로 다섯 번째에는 '기구器具'라고 하여 활과 화살을 만드는 법과 뒤틀림 없이 보관 및 관리하는 여러 가지 방법을 구체적으로 설명하였다.

이러한 사결의 내용 중 실제 활쏘기 수련시 나타나는 다양한 몸문화적인 측면을 요즘의 활쏘기와 비교 분석하며 정리하였다. 특히 『사법비전공하』와 『조선의 궁술』에 실린 내용들과 비교를 통하여 당대 활쏘기 수련의 특성을 실기사적으로 풀어 보았다. 이를 통해 『임원경제지』의 사결에 실린 활쏘기의 모습이 당대의 몸문화를 가장 잘 반영하고 있음을 확인할 수 있었다.

18세기만 하더라도 중앙에서는 대사례나 연사례를 비롯한 의례적 활쏘기와 다양한 시사試射가 활발하게 이뤄졌고, 향촌에서는 향사례나 무과훈련을 위해서 활쏘기를 쉽게 찾아볼 수 있을 정도로 당대의 활문화는 전성기였다고 할 수 있다. 따라서 『임원경제지』에 실린 활문화를 잘 복원하고 계승시킬 수 있다면 앞으로 보다 발전적인 활문화 보급에 도움이 될 수 있으리라 판단된다.

첨언하자면, 현재 대한궁도협회를 중심으로 전국의 각 사정射亭에서는 지금도 매일같이 활쏘기를 진행하고 있는데 몇 가지 제언을 더하고자 한다. 현재 공인 혹은 공식대회를 비롯하여 전국의 사정에서는 오로지 145m의 과녁거리만을 고정시켜 습사를 진행하고 있다. 그러나 활쏘기는 과녁과의 거리에 따라 다양한 사법이 가능하기에 이를 다양화 시킬 필요가 있다.

『임원경제지』에서도 이미 초보를 벗어난 수련자들도 과녁의 거리에 따라 다양한 표적겨눔법을 설명하고 있을 정도다. 예를 들면, 근거리인 30m와 50m의 과녁을 통해 정밀 조준사격을 더하거나, 80m와 100m를 중심으로 곡사가 아닌 직사방식의 조준법을 함께 훈련하고 대회에 적용하는 것이 좋을 것이다. 활쏘기는 의례에서 그치는 것이 아니라, 전투에서 활용한 무예적 속성이 있기에 다양한 표적의 거리는 현재 사정의 무예적 기풍을 살리는 데에 상당한 도움을 줄 것이라 판단된다.

또한 멈춰 있는 표적을 고집할 것이 아니라, 이동표적도 하루빨리 각 사정과 대회에 도입해야할 필요성이 있다. 현재 사정의 경우 145m가 넘는 공간에 아무것도 없는 평지상태가 대부분이기에 그 사이에 좌우로 표적을 이동시키는 도르래나 레일표적을 설치하여 보다 능동적인 사법을 현장에 보급시켜야 할 것이다. 현재 전국의 사정에는 평균연령이 거의 60이 넘는 경우가 대부분이다. 이를 통해 보다 젊은 층들이 활쏘기에 관심을 갖고 다가설 수 있도록 먼저 관련 콘텐츠를 다양화 시킬 필요가 있다.

그리고 현재 궁도협회 주관의 공식대회에서는 반드시 상하의에 하얀색 서양식 카라셔츠와 일자형 바지를 입어야만 대회출전이 가능한데, 이를 과감히 탈피하고 철릭이나 구군복을 비롯한 전통복장을 개량하여 요즘의 활쏘기에 맞게 보급시킬 필요가 있다.

서유구가 『임원경제지』를 저술할 때 조선은 법고창신法古創新을 말하며 새로운 학문적 기풍을 열던 실학의 시대였다. 현재의 활쏘기 또한 옛것을 본받아 새로운 것을 창조해야만 변화하는 시대의 흐름에 부응할 수 있을 것이다. 활쏘기는 과거 이 땅의 역사를 지켜낸 선조들의 전통무예였으며, 미래 대한민국의 몸문화 정체성을 재확립시킬 수 있는 훌륭한 몸문화유산이다.

편전片箭(애기살)
조선의 비밀병기로 불려진 편전(애기살) 쏘기. 편전은 애기살 혹은 동자전이라고 불릴 정도로
20~30Cm 내외의 짧은 화살을 쏘는 것을 말한다. 활의 크기에 비해 화살이 너무 짧아 '통아'라고
불리는 보조용 덧살에 편전을 넣어 발사한다. 시위를 당긴 후 발사하면 편전은 날아가고, 통아는
깍지손목에 끼워져 뒤로 빠지고 재장전하는 방식이다. 현재 대한궁도협회에서 공식적으로 수련하고
있는 145미터의 단일한 표적 거리뿐만 아니라, 다양한 거리와 크기의 표적 및 편전片箭과 같은 다양한
전통활쏘기 방식의 도입이 필요한 때이다.

2장

拳法
조선군사의 기본 맨손무예

1. 권법은 전통적인 몸문화를 어떻게 반영했는가?

조선은 임진왜란을 거치면서 군사상 가장 많은 변화를 겪었다. 개전 초기의 적절한 전술적 대응 부족으로 인해 불과 20여일이 되지 않는 상황에서 도성은 함락되었고, 국왕은 수도를 버리고 북으로 몽진을 떠나야 했다. 이는 변화하는 전장의 상황을 빠르게 인지하지 못했기 때문이다.

당시 일본군은 조총이라는 개인용 화약무기와 함께 전국시대戰國時代를 거치면서 양성된 창검을 비롯한 단병무예에 뛰어난 군사들을 혼용하는 새로운 형태의 전술체제를 고안하여 실전에 활용한 상태였다.[1] 조선군은 기병전술 위주의 오위五衛체제에서 장단병長

短兵을 적절하게 구사하는 일본군의 전술전개에 극심한 혼란을 겪었다.[2] 서애西厓 유성룡柳成龍은 일본군의 장기로 조총·용검用劍·돌격 등 세 가지를 주요 전력으로 인식하며 조총과 더불어 단병접전 전투능력에 대해 여러 번 언급하기도 하였다.

임란 발발 이듬해인 1593년에 새롭게 창설된 훈련도감訓鍊都監의 기본 편제가 포수砲手·사수射手·살수殺手체제의 삼수병방식으로 구성된 핵심이유는 조총병과 단병접전용 창검군을 활성화시키기 위한 대책 중 하나였다. 조총의 경우는 전투시 노획한 것을 활용하다가 김충선金忠善(사아가沙阿可)을 비롯한 항왜降倭의 도움을 통해 제작 기술을 습득하여 훈련도감을 창설할 때에는 군영 안에서 조총을 자체 제작하여 전투에 활용하였다.[3] 단병접전시에 활용한 왜검법 역시 항왜를 적극 활용하고 아동대兒童隊를 비롯한 특수직역을 만들어 보급에 힘을 썼다.[4]

그러나 조총의 경우는 염초焰硝의 제조 및 제작 기술의 보완을 제외하고는 비교적 쉽게 조선군에게 보급된 반면 왜검법을 비롯한 살수의 전투기술은 빠르게 보급시키기 어려웠다. 이는 조총 발사 훈련의 경우는 단기간에 걸쳐 집중 훈련을 할 경우 전투에 바로 활용할 정도로 실력을 높일 수 있었지만,[5] 도검이나 창을 훈련하는

1) 노영구, 『朝鮮後期 兵書와 戰法의 연구』, 서울대학교 박사학위논문, 2002, 46~47쪽.
2) 최형국, 『朝鮮後期 騎兵의 馬上武藝 研究』, 중앙대학교 박사학위논문, 2011, 23~29쪽.
3) 한문종, 「임진왜란시의 降倭將 金忠善과 『慕夏堂文集』」, 『한일관계사연구』 24권, 한일관계사학회, 2006, 71~80쪽; 『宣祖實錄』 卷44, 宣祖 26年 11月 壬戌條; 『西厓集』 卷6, 書狀, 「再乞鍊兵且倣浙江器械多造火砲諸具以備後用狀」.
4) 최형국, 「朝鮮後期 倭劍交戰 변화 연구」, 『역사민속』 25호, 한국역사민속학회, 2007, 93~98쪽.
5) 『宣祖實錄』 卷48, 宣祖 27年 2月 己巳條.

단병접전술의 경우는 훈련과정도 길었을 뿐만 아니라 실력을 가늠할 수 있는 시험방법이 모호했기 때문에 군사들 내부에서도 동요가 잦았기 때문이다.[6]

이러한 단병접전 기술에 대한 한계를 극복하기 위하여 우선 원군으로 조선에 건너온 명군明軍중 단병접전 능력이 뛰어난 남병南兵의 전투방식을 채용하였다. 남병은 왜구와의 실전 전투경험이 풍부하여 요동도사遼東都司 소속의 부총병副總兵 조승훈祖承訓이 이끈 1차 원군에 비해 효과적으로 임란에 대처할 수 있었다.[7]

이때 핵심적으로 보급된 단병무예는 훈국랑訓局郞 한교韓嶠를 중심으로 간행된 『무예제보武藝諸譜』에 수록된 곤棍, 등패籐牌, 낭선狼筅, 장창長槍, 당파鏜鈀, 장도長刀 등 모두 여섯 가지의 무기 활용법이었다.[8] 그러나 임란이 끝나고 나서 군사들의 무예에 대한 보다

---

6) 조총의 경우는 일정한 거리에 세워둔 표적에 시험발사를 하여 적중의 여부를 가리는 것으로 훈련의 성과를 확인할 수 있었지만, 단병접전술의 경우는 실제가 전투가 아닌 이상 적과의 교전을 가상으로 상정하여 살상의 유무를 확인하기 어려웠기 때문이다. 특히 대부분 기본적으로 활을 다루는 射手 중심의 보병전술체제에서 군사들 스스로가 단병접전술을 익혀야 하는 의미성과 효과를 제대로 인식하지 못했기 때문이다.(『宣祖實錄』 卷 62, 宣祖28年 4月 辛未條.)

7) 임란 발발 후 명군의 1차 원군은 조승훈이 이끈 기병위주의 북병이었던 반면 2차 원군은 李如松이 이끈 남병은 보병위주였다. 평양성 탈환전투시 1차는 기병위주의 전술로 패배하였고, 이후 2차 전투에서는 남병의 보병 중심 전술로 승리할 수 있었다. 이를 계기로 조선에서도 남병의 일본군에 대한 전투능력을 확인할 수 있었다.

8) 壬辰倭亂 당시 日本軍의 短兵接戰術에 대항하기 위하여 명나라에서 입수한 『紀效新書』의 여섯 가지 기예를 수록한 『武藝諸譜』와 관련한 연구는 다음의 논문을 참고하였다. 朴起東, 『朝鮮後期 武藝史 硏究』, 성균관대학교 박사학위논문, 1994; 盧永九, 「宣祖代 紀效新書의 보급과 陣法 논의」, 『軍史』 34호, 군사편찬연구소, 1998; 「壬辰倭亂 이후 戰法의 추이와 武藝書의 간행」, 『한국문화』 27집, 규장각한국학연구소, 2001; 沈勝求, 「壬辰倭亂 中 武藝書의 편찬과 의미」, 『한국체육대학교 논문집』 26집, 한국체육대학교, 2003; 「한국 무예사에서 본 『武藝諸譜』」, 『한국무예의 역사·문화적 조명』, 국립민속박물관, 2004; 정해은, 「임진왜란기 조선이 접한 단병기와 『무예제보』의 편찬」, 『軍史』 51호, 군사편찬연구소, 2004; 최형국, 「조선후기 倭劍 交戰 변화연구」, 『역사민속학』 25호, 역사민속학회, 2007; 「조선후기 陣法 鴛鴦陣의 군사무예 특성」, 『軍史』 78호, 군사편찬연구소, 2011 참조.

정밀한 훈련을 위해서는 무기를 잡기 전에 익혀야 하는 맨손무예인 권법의 훈련이 반드시 필요한 상황이었다.

지금까지 조선후기 맨손무예인 권법拳法에 대한 연구는 주로 체육학 영역에서 태권도와의 유사성 혹은 고대 수박手搏이나 각저角抵와 같은 전통적인 몸문화 흐름 속에서 권법의 변화와 연관을 중심으로 연구되어 왔다.[9] 또한 1790년에 편찬된『무예도보통지武藝圖譜通志』의 수록된 무예24기 중 맨손무예인 권법이 들어 있어 이를 중심으로 태권도와 연관된 맨손무예 자세의 특성 및 실기적 흐름을 분석하는 연구가 주를 이뤘다.

그러나 이러한 연구의 흐름은 조선후기 권법의 특성이 전투에 활용하기 위한 군사훈련을 중심으로 연마된 전투기술의 연장선에서 이해되어야 함에도 불구하고 오래된 연원을 찾기 위하여 삼국시대나 혹은 그 이전의 무예까지 무리한 연관을 지어 당대 무예의 변화와 흐름을 제대로 짚어 낼 수 없었다.

무예 또한 몸 문화의 일부로 유구한 전통문화임에는 분명하지만, 임란을 거치고 조선에 보급된 권법의 경우는 상당히 이질적인 모습이 담겨 있기에 무리한 연원 거슬러 올리기 방식이나 단순 문자적 비교로는 그 한계가 명확하게 드러날 수밖에 없다.

---

9) 이러한 조선시대 권법에 대한 선행연구는 다음과 같다. 나영일, 「조선시대의 手搏과 拳法에 대하여」,『무도연구소지』8, 용인대 무도연구소, 1997; 심승구, 「韓國 武藝의 歷史와 特性 : 徒手武藝를 中心으로」,『군사』43호, 군사편찬연구소, 2001; 김산, 「壬辰倭亂 이후 朝鮮의 拳法에 대한 硏究」, 전북대학교 석사학위논문, 2002; 최복규, 「≪무예도보통지≫ 권법에 관한 연구: ≪기효신서≫와의 관련성을 중심으로」,『한국체육학회지』41, 한국체육학회, 2002; 김현일, 「≪무예도보통지≫에 나타난 권법에 관한 고찰」, 용인대학교 석사학위논문, 2005; 곽낙현, 임태희, 「전통무예서의 권법 분석」,『東洋古典硏究』54, 동양고전학회, 2014 등이 대표적이다.

또한 체육학 영역에서의 관련 논문들은 지나치게 태권도와의 연관성을 도출해내기 위하여 무리한 비교연구를 진행하기도 하였다. 현재 태권도가 한국을 대표하는 무예이고, 세계 속에서 가장 활발하게 보급된 무예이지만, 올바른 역사적 이해가 없다면 발전 가능성이 좁아 질 수밖에 없다.

태권도의 경우는 그 형성과정에서 이미 일본의 가라테에서 영향을 많이 받고 이후 근대 스포츠로 발전하면서 토착화된 무예지만, 무조건 한국의 전통무예라는 점만을 강조하기 위하여 지나치게 외부영향에 대해 금기시하는 분위기로 연구풍토가 조성되어 있는 실정이다.[10]

따라서 본 글은 이러한 선행연구의 한계를 극복하기 위하여 조선후기 권법拳法의 도입과정과 군영내 훈련 변화를 문화사적 관점에서 집중적으로 살펴보고자 한다.[11] 특히 군사무예에서 권법수련에 대한 의미와 변화양상을 분석하여 권법이 갖는 전투적 속성과 무기 수련과의 연관성을 군사무예사적 입장에서 확인하고자 한다. 이를 위하여 임란이후 최초로 권법에 대한 기록을 모아놓은 『무예제보번역속집武藝諸譜飜譯續集』과 『무예도보통지武藝圖譜通志』 등 당대 맨손무예의 모습을 확인할 수 있는 여러 자세 비교를 통하여 변화의 흐름을 분석하고 당대 군사무예사적 특성을 밝히고자 한다.

---

10) 태권도 형성의 기원과 변화 중 가라테와 연관성에 대한 논의는 양진방, 「해방 이후 한국 태권도의 발전과정과 그 역사적 의의」, 서울대학교 석사학위논문, 1985에서 처음으로 지적되었으며, 이후 조금씩 관련 연구가 이어지고는 있다. 그러나 민족과 전통이라는 입장에서 태권도의 전통성을 지키기 위해 상당부분 미화되고 있는 실정이다.

11) 무예에 대한 역사문화사적 고찰은 임동규, 「武藝史 연구」, 학민사, 1991이 가장 큰 영향을 끼쳤다. 임동규는 무예를 단순한 전투기술로써 바라보는 것이 아니라, 인류의 역사와 함께 탄생하여 발전한 문화의 일부라 설명하였다. 특히 조선후기 무예서인 『武藝圖譜通志』에 대한 연구를 역사 및 실기와 함께 진행하여 「한국의 전통무예」, 「실연, 완역 무예도보통지」를 출판하는 등 한국 전통무예 발전의 실기 및 이론에 관한 토대를 마련하는데 큰 기여를 하였다.

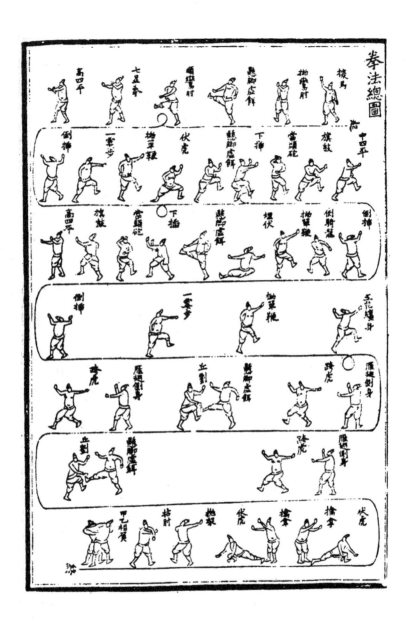

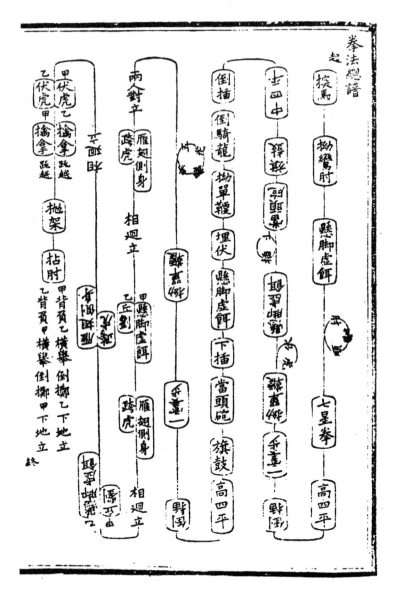

『무예도보통지』 권법 중 총도(좌)와 총보(우)

조선후기 무예서인 『무예도보통지』 권법 중 연결 동작을 설명한 「총보總譜」와 「총도總圖」의 모습이다. 그 중 총도의 경우 권법의 순서를 시간의 흐름에 따라 그려 넣어 마치 연속으로 이어지는 조선시대판 동영상의 모습으로 이해해도 좋다.

2. 권법의 문화적 보급 과정과 군사훈련 정착

임란이후 조선에 보급된 맨손무예인 권법拳法이 보급되기 이전에 이미 조선에서는 맨손무예인 수박手搏이 성행하고 있었다. 조선전기의 수박은 주로 궁궐의 시위 군사를 뽑는 특수시험이나[12] 수박희手搏戱라고 하여 군사들이 맨몸으로 붙어 싸우는 모습을 관람하기 위하여 연회에서 주로 활용되곤 하였다.[13]

특히 조선 개국 초에 반포된 국가의 공적인 법전인 『경제육전經濟六典』에 수박을 통한 맨손 겨루기 시험을 공식적인 무관 선발 방안으로 확립하였다. 다음의 사료로 확인할 수 있다.

> 삼가 六典을 상고하건대, 이르기를, '갑옷을 입고 창을 잡고 능히
> 3백 步를 달리는 자가 상등이고, 2백 보를 달리는 자가 중등이며,
> 또 手搏의 기능이 능히 네 사람을 이기는 자가 상등이고, 세 사람
> 을 이기는 자가 중등이 된다.' 하였다.[14]

위의 사료에 등장하는 수박은 고려시대부터 군사들 사이에서 성행되었던 맨손무예인 수박으로 그때까지는 사병私兵혁파가 이뤄

---

12) 『太宗實錄』卷19, 太宗 10年 1月 戊子條; 『太宗實錄』卷21, 太宗 11年 6月 己亥條.

13) 『太宗實錄』卷32, 太宗 16年 7月 庚寅條; 『太宗實錄』卷34, 太宗 17年 7月 甲寅條; 『世宗實錄』卷4, 世宗 1年 7月 甲辰條; 『世宗實錄』卷12, 世宗 3年 5月 己卯條; 『世宗實錄』卷51, 世宗 13年 3月 壬辰條; 『端宗實錄』卷14, 端宗 3年 6月 癸巳條; 『端宗實錄』卷14, 端宗 3年 6月 癸巳條;

14) 『世宗實錄』卷102, 世宗 25年 11月 癸丑條. "謹考六典云 帶甲執搶 能走三百步者爲上等 二百步者爲中等 又爲手搏技能勝四人者爲上等 三人者爲中等."

지지 않은 시점에서 군사들의 실력을 효과적으로 검증하기 위한 방안이었다. 특히 고려시대의 경우는 공식적으로 문과文科시험은 존재했지만, 무관을 뽑는 무과시험이 없어 수박의 능력은 곧 당시 권력층 사병私兵의 무관으로 진출하기 위한 가장 효과적인 방법이었기에 맨손무예인 수박이 폭넓게 보급될 수 있었다.[15]

그러나 태종대太宗代를 거치면서 사병혁파가 이뤄지고 모든 군사들이 국가에 귀속된 이후 이들을 이끄는 무관들을 뽑는 공식적인 시험인 무과시험에서 창검술과 맨손무예 종목이 제외되면서 수박은 군사무예에서 조금씩 영향력을 잃어 갔다.[16] 이는 무과시험에서 무예실기뿐만 아니라 유학적 지식을 겸비시키기 위해 이론시험이 추가되어 실기는 활쏘기와 기병騎兵을 위한 마상무예馬上武藝로 집중되었기 때문이다.[17]

이러한 이유로 임란시에는 창槍과 검劍을 비롯한 보병용 무예는 그 무기만 존재하고 수련하는 방법이 없었고 오로지 궁시弓矢만 보병의 주력무기로 활용되고 있는 실정이었다. 다음의 사료는 이러한 무예변화의 흐름을 잘 보여준다.

우리나라는 해외에 치우쳐 있어 예로부터 전해오는 것은 弓矢의

---

15) 고려 毅宗때 무장으로 확고한 지위를 확보했던 李義旼의 경우도 출신은 천한 신분이었지만, 수박의 능력이 뛰어나 무장으로 승승장구할 수 있었다.(『高麗史』卷128, 列傳41, 李義旼條. "義旼 善手搏 毅宗愛之以隊正 遷別將.")
16) 이러한 조선전기 수박의 쇠퇴 영향과 흐름은 심승구, 「韓國 武藝의 歷史와 特性 : 徒手武藝를 中心으로」, 『군사』 43호, 군사편찬연구소, 2001을 참고한다.
17) 최형국, 「조선시대 騎射 시험방식의 변화와 그 실제」, 『중앙사론』 24집, 중앙사학연구소, 2006, 33~45쪽.

한 기예만 있었고 검과 창에 대해서는 그 무기만 있고 원래 習用하는 방법이 없었다. 馬上槍 하나만이 과거시험의 試場에서 사용되었지만 그 법도 상세히 갖춰지지 않았으므로 검과 창이 버리진무기가 된 것이 오래되었다. 그러므로 왜적과 대진할 적에 왜적이 갑자기 죽음을 무릅쓰고 돌진하면 우리 군사는 비록 창을 들고칼을 차고 있더라도 검을 칼집에서 뺄 겨를이 없었고 창도 창날을부딪칠 수 없어 속수무책으로 흉악한 칼날에 모두 꺾였으니, 이는모두 창과 검에 대한 수련법이 전해지 않았기 때문이다.[18]

위의 사료에서처럼 창검을 비롯한 보병의 단병접전용 무예 수련법이 실전失傳되면서 임진왜란시 심각한 전술적 혼란을 겪은 것을 확인할 수 있다. 반면 무과시험의 핵심과목으로 자리잡은 목전木箭, 철전鐵箭, 편전片箭 등 다양한 활쏘기와 오위五衛체제의 근간을 이루는 기병의 마상무예 일종인 기사騎射, 기창騎槍, 격구擊毬 등이 군사무예의 핵심으로 자리 잡을 수 있었다.

조선전기 핵심전술체제가 오위전술체제로 원사무기인 궁시弓矢와 기습돌격용 기병으로 구성되었기에 단병접전에 활용 가능한 수박은 군사무예로서 효용성을 잃는 현실적인 계기가 되었다. 반면민간에서 수박은 맨손격투술로 여전히 넓게 수련되었다. 예를 들면, 담양潭陽지역에서는 향리鄕吏와 관노官奴들까지 나서서 "나라에

---

18) 『武藝諸譜』「武藝交戰法」, "惟我國家偏處海外 從古所傳 只有弓矢一技 至於劒槍則徒有其器顧無習用之法 馬上一槍雖用於試場 而其法亦未詳備 故劒槍之爲葉器久矣 故與倭對陣 倭輒輒死突進 我軍雖有持槍而帶劒者 劒不暇出鞘 槍不得交鋒 束手而盡衂於兇刃皆由於習法之不傳故也."

서 수박手搏으로써 시재試才한다는 말을 듣고는 다투어 서로 모여서 수박회手搏戱를 하면서 몰래 용사勇士들을 뽑았다"[19]고 할 정도로 격투실력을 가름하기 위해 수박이 활발하게 보급되었음을 알 수 있다.

또한 변경지역에서는 수박을 잘하는 자를 선발하여 양천良賤을 가리지 않고 지역 방위군에 편입시켰는가 하면,[20] 지방에서는 수박이나 각력角力 등 맨손무예로 겨루다가 감정이 격해져 손으로 때려 죽이거나 도끼나 낫과 같은 무기를 이용하여 살인사건이 발생하는 등 사회문제로 비화되기까지 하였다.[21]

그리고 수박은 씨름과 함께 세시풍속의 한 종목으로 자리 잡기도 하였는데, 모내기를 마치고 일손이 조금 한가해진 백중白中날에 수박을 겨루며 화합의 장을 만들기도 하였다.[22] 특히 군사들을 이끄는 장수의 기본 자질에 맨손격투 능력이 중요하게 언급될 정도로 수박은 장수 선발의 일정한 준거가 되기도 하였다.[23]

그러나 앞서 언급했듯이, 수박이 군사무예로 정착되지 못하면서 기술의 체계화 및 공식화가 이뤄지지 못하였다. 군사훈련은 동일한 자세와 움직임으로 수 백 혹은 수천 명이 한꺼번에 수련해야 하기에 활쏘기와 마상무예의 경우는 일정한 체계화가 이뤄졌지만,

---

19) 『世祖實錄』 卷9, 世祖 3年 9月 丁丑條. "潭陽鄕吏官奴等 聞國家以手搏試才 爭相聚集爲手搏 戱 陰揀勇士."
20) 『世祖實錄』 卷43, 世祖 13年 7月 丁丑條.
21) 『世宗實錄』 卷50, 世宗 12年 閏12月 癸丑條;『世祖實錄』 卷33, 世祖 10年 5月 辛未條.
22) 『新增東國輿地勝覽』 卷34, 礪由郡 由用條, "鵲旨在郡北十二里忠淸道恩津縣界 每歲七月十 五日 傍近兩道居民 聚爲手搏戱 以爭勝."
23) 『成宗實錄』 卷82, 成宗 8年 7月 丙子條.

수박은 공식적인 군사 선발시험과 훈련에서 제외되어 기술의 정리와 체계화가 진행되지 못하였다. 특히 조선전기의 군사훈련의 경우 개인 기예보다는 진법 속에서 안정적으로 대오를 갖춘 전투방식을 지향했기 때문에 군사 개개인의 수박이나 창검 운용법 등 단병접전 기법은 쇠퇴할 수밖에 없었다.

조선군은 이러한 단병접전 무예의 퇴조 속에서 임진왜란을 맞이하였고, 일본군의 단병접전 기술과 개인 화약무기인 조총의 융합 전법戰法 속에서 전술적 혼란을 겪었다. 임란 당시 조선군의 단병접전 기법을 임시방편으로 구축하기 위하여 중국의 병서인『기효신서紀效新書』를 차용하여『무예제보武藝諸譜』라는 조선 최초의 단병무예서를 편찬 및 보급하기는 했지만, 전시라는 특수상황에서 활발하게 보급하기는 어려웠다.[24]

특히 당파鎲鈀나 낭선狼筅과 같은 명군의 독특한 무기와 무예의 경우는 조선군이 이전에는 사용해 본적이 없는 새로운 무기였기에 군사들 스스로 비웃거나 거부감을 표하는 등 많은 한계가 드러났다.[25]

이는 무예 또한 문화의 연장선에 존재하는 것이기에 낯선 문화에 대한 배타성과 두려움이 군사들 내부에 자리 잡았기 때문이다.『무예제보武藝諸譜』의 내용을 보면 무예의 문화적 속성에 대하여

---

24) 임란당시 조선에 임시방편으로 보급된 단병접전용 무기와 무예는 다음의 논문이 자세하다. 정해은,「임진왜란기 조선이 접한 단병기와『무예제보』의 편찬」,『軍史』51호, 군사편찬연구소, 2004; 최형국,「朝鮮後期 倭劍交戰 변화 연구」,『역사민속』25호, 한국역사민속학회, 2007.
25)『兵學指南演義』序文.

다음과 같이 설명하고 있다.

> 무릇 우리나라 사람은 음식을 먹을 때 숟가락을 사용하지만 중국
> 인은 젓가락을 사용하니 중국인으로 하여금 숟가락을 사용하도
> 록 하고 우리나라 사람으로 하여금 젓가락을 사용하도록 시험하
> 면 각각 생소한 근심이 없지 않을 것이니 이는 익숙하고 익숙하
> 지 않았기 때문이다. 숟가락과 젓가락을 사용하는 것도 오히려
> 그러한데 하물며 검과 창을 사용함에 있어서는 어떻겠는가. 弓矢
> 는 비록 우리나라의 長技지만 어찌 그 하나만을 익히고 다른 무
> 예를 폐할 수 있겠는가.[26]

위의 사료에서 보듯이 무예를 당대 음식문화 중 하나인 숟가락
과 젓가락을 사용하는 것과 연관 지어 설명하고 있다. 비록 숟가락
과 젓가락이 음식을 먹는데 사용하는 도구지만, 그 문화적 특성에
따라 각 나라에 따라 다르게 사용되고 있기에 이를 바꾸는 것에는
많은 시간과 노력이 필요하다는 것을 의미한다.

이를 통해 이미 조선시대에 무예를 하나의 문화의 일부로 이해
했음을 알 수 있다. 따라서 중국의 무예와 조선의 무예가 다르기에
그것을 전쟁이라는 상황 속에서 급하게 차용할 때 많은 부작용을
초래할 수 있음을 우려했던 것이다.

---

26) 『武藝諸譜』「武藝交戰法」, "夫我國人則喫飯用匙 而中國人則乃以箸 試今中國以匙 而我國以
箸 則各不無生踈之患 由習與不習故也 匙箸之用尙然 況劍鎗乎 夫弓矢雖爲我國之長技 烏可
習其一而廢諸技哉."

그런데 『무예제보』의 여섯 가지 중국무예를 보급할 때에도 전장에서 빠르게 적용시키기 위해 바로 해당 무기를 연마하는 수련법을 택한 것이기에 기본이 되는 권법을 익힐 틈이 없어 무예전수의 이질감이 더욱 커졌던 것이다.

이후 임란이 끝나고 난 후에는 중국의 무예를 보다 현실적으로 보급하기 위하여 중국의 권법을 문화적으로 유통시키려는 정책을 추진하기도 하였다. 다음의 사료를 보면 이를 확인할 수 있다.

拳法은 용맹을 익히는 무예인데, 어린 아이들로 하여금 이를 배우게 한다면 마을의 아이들이 서로 본받아 연습하여 놀이로 삼을 터이니 뒷날 도움이 될 것이다. 이 두 가지 무예를 익힐 아동을 뽑아서 종전대로 李中軍에게 전습 받게 할 것을 훈련도감에 이르라 하였다. 인하여 『紀效新書』 가운데 곤방과 권법에 관한 두 그림에 표시를 하여 내리면서 이르기를, 이 법을 訓鍊都監에 보이라고 하였다.[27]

위의 사료를 보면 권법을 용맹勇猛을 익히는 무예로 생각하고, 어른이 된 후에 갑자기 익혀 문화적 충격을 경험하게 할 것이 아니라 아이들에게 익히게 하여 놀이로 정착되게 하는 것이 좋은 방법이라고 설명하고 있다. 또한 훈련도감의 아동대兒童隊의 경우는 비

---

27) 『宣祖實錄』 卷124, 宣祖 33年 4月 丁亥條. "且拳法 乃習勇之藝 若使小兒學此 則閭巷兒童 轉相效則 習而爲戲 他日不爲無助 此兩藝 兒童抄出 依前傳習於李中軍事 言于訓鍊都監 仍以 紀効新書中 木棍拳法兩圖 付標而下曰 此法示于訓鍊都監."

록 군역軍役을 시작하는 만 15세 나이는 아니었지만, 왜검倭劍이나 마상재馬上才 등 고난이도 무예훈련을 집중적으로 했던 특수직역이라 보급이 원활했으리라 판단된다.[28]

군영에서 아동대에게 권법 훈련을 시키면 그들이 자기 마을에 돌아가서 권법을 놀이처럼 보급하여 훗날 임란과 같은 전시가 발생할 경우 보다 효과적으로 단병접전을 익힐 수 있으리라 생각했던 것이다. 또한 이 과정에서 수박이나 택견과 같은 민간에서 수련된 무예에 권법의 내용이 상당부분 흘러들어 갔을 가능성도 높다.

특히 권법은 "초학입예지문初學入藝之門"이라고 하여, 다른 무기를 사용하는 무예를 익히기 전에 기본적으로 습득하여 손과 발 그리고 몸의 활용도를 극대화시키기 위해 반드시 필요한 기초 무예였다.[29] 권법이 다른 병기술을 익히기 전에 기본적으로 익혀야 한다는 개념은 조선이 임란 당시 『기효신서紀效新書』를 분석하면서 여러 무예를 습득하는 과정에서 자연스럽게 인지된 것이다.[30]

이 병서에는 구체적으로 "권拳, 곤棍, 도刀, 창槍, 파耙, 검劍, 극戟, 궁弓, 시矢, 구겸鉤鎌, 애패挨牌 등의 종류는 권법보다 먼저 시작된 것이 없으니, 몸과 손을 움직임에 있어서는 권법이 무예의 근원이 된다"[31]고 설명하고 있다.

---

28) 『宣祖實錄』卷64, 宣祖 28年 6月 壬戌條; 이러한 문화적 보급과정에서 민간에서 전승되던 手搏이나 택견에 권법의 흐름이 일정정도 영향을 미쳤을 가능성이 높다.
29) 『武藝圖譜通志』拳法條, "拳法似無預于大戰之技 然活動手足慣勤肢體 爲初學入藝之門".
30) 권법 이외에도 '走力'이라 하여 달리기 훈련도 지속적으로 진행했는데, 이때에는 훈련의 효과를 높이기 위하여 양 손에 모래 50근을 들고 훈련하기도 하였다.(『文宗實錄』卷3, 文宗 卽位年 8月 戊寅條.)
31) 『紀效新書』手足篇, 拳法解.

『무예제보번역속집』중 권법

광해군대 편찬된 『무예제보번역속집』에는 권법을 비롯하여 청룡언월도 등 새로운 무예가 집중적으로
실렸다. 대부분 중국의 병서인 기효신서의 영향을 받은 자세의 형태로 조선군에게 새롭게 전수되어
조선화되는 몸문화의 방식을 보여준다.

따라서 임란 당시에는 우선 전장에서 직접 활용할 창검법을 비
롯한 병기술 중심의 군사훈련을 진행했지만, 임란이 마무리 된 후
에는 군사무예의 수준을 높이기 위하여 권법을 적극적으로 보급하
게 된다. 이런 이유로 『무예제보武藝諸譜』 간행 이후 군사무예의 보
강차원에서 광해군光海君 2년인 1610년에 『무예제보번역속집武藝諸
譜飜譯續集』이 간행된 것이다. 『무예제보번역속집』에 실린 무예들
은 기본적으로 이전 무예서의 속집형태였기에 주로 일본군의 전술
에 효과적으로 대응하는 기예들로 구성되었다.

특히 청룡언월도나 협도곤 및 구창 등은 적 기병에게도 활용
가능한 무예였기에 당시 준동하던 여진女眞을 비롯한 북방세력에
대한 군사적 준비차원에서 함께 이뤄진 것이다.[32] 이 병서에 실린
무예를 살펴보면 [표 1]과 같다.

[표 1] 『무예제보번역속집』에 수록된 무예와 그 특징

종류 ＼ 특징	무예의 특징	비 고
拳法	보병들이 무기를 들지 않고 맨손으로 익히는 무예로 다른 병장기를 익히기 전에 수족을 원활케 사용하기 위해 배우는 것	-
靑龍偃月刀	날 길이 2척, 자루길이 4척의 자루가 긴 칼로 크게 휘둘러 적을 베는 기법이 많은 무예	-
夾刀棍	전장길이 7척의 봉 끝에 5촌길이의 아주 짧은 칼을 달아 주로 적을 때리는 기법이 많은 무예	鉤槍圖 附錄
倭劍	두 사람이 마주서서 외날 刀를 가지고 공격과 방어를 펼치는 교전형 무예	新書倭劍圖, 日本國圖
* 附	日本考, 倭船, 寇術, 倭刀, 切意, 跋文	*附 : 책 후반부의 부록

이 중 권법은 『기효신서紀效新書』에 수록된 낱개형태의 무예 자세들을 한꺼번에 수련할 수 있도록 연결 지어 소위 투로套路 혹은 형形 방식으로 정리하였다. 이렇게 자세를 연결하는 방식은 단순한 자세의 연결이 아니라 각각의 자세의 의미를 살리면서 다음 자세를 위한 안정적인 신법身法을 가능케 하여 가상의 상대와 상대의 움직임에 따라 공격과 방어를 만들 수 있는 일종의 모의 전투 연습 및 지구력 강화를 위해 만들어진 것이다.[33]

이 과정에서 형과 형 사이의 빈 공간의 경우는 어쩔 수 없이 조선군의 시각으로 재구성해야 했기에 권법의 흐름이 상당부분 조선화되었다고 볼 수 있을 것이다.

---

[32] 최형국, 「17세기 대북방 전쟁과 조선군의 전술 변화: 深河戰鬪를 중심으로」, 『군사연구』 133집, 육군군사연구소, 2012, 111~114쪽.
[33] 최복규, 「≪무예도보통지≫ 권법에 관한 연구 : ≪기효신서≫와의 관련성을 중심으로」, 『한국체육학회지』 41, 한국체육학회, 2002, 36~37쪽.

『무예제보번역속집』의 발문을 보면 당시 권법을 정리한 이유에 대해 "각 기예를 평가 할 때에 근거할만한 보譜가 없어 오래 시간이 지나면 반드시 그 전할 때에 그 진수를 잃어버릴 것이다."[34]라고 하여 무예의 본질인 실전 전투력 강화를 위하여 정리한 것임을 확인할 수 있다.

이는 무예를 연결된 형태로 수련할 경우 자칫 '화법花法'이라 하여 실전적인 움직임보다는 화려한 자세의 연결로 흘러버릴 가능성이 컸기 때문에 권법의 실전성 확보를 위하여 진행한 것이다. 임란 당시 중국의 다양한 병기무예를 조선군에 보급할 때에도 화법花法과 정법正法의 문제는 끊임없이 제기된 상태였다.[35]

이러한 권법에 대한 실전적 이해는 임란 이후 조선에서도 상당히 보편화된 상황이었다. 다음의 사료를 통해 이를 확인할 수 있다.

> 이시백이 아뢰기를, "근래 보니 拳法으로 손과 발을 운용하는 것을 익히고 있는데, 이는 실로 군졸들을 단련시키는 妙法입니다" 라고 하니, 상이 이르기를, "劍을 운용하는 것과 차이는 없을 것이다." 하자, 이시백이 아뢰기를, "일찍이 권법을 잘하는 자를 본 적이 있는데, 옆에 있는 壯士가 몽둥이로 치려 했으나 끝내 빈틈을 찾지 못하였습니다. 손으로 치고 발로 차는 기술을 칼 같은

---

34) 『武藝諸譜飜譯續集』 跋文, "邇甲辰秋 臣盧稷 方爲提調 以爲各藝比較之際 其無譜可據者 久必傳失其眞已 付前擇譜之手 使之並譜其未譜之技 而適於其時."

35) 『宣祖實錄』 卷90, 宣祖 30年 7月 甲午條. "吳總兵處 其時卽令中軍趙儹 往請敎師 則總兵卽發軍中善於武藝者六人 連日來敎於都監 其言用槍之法 亦稱與 紀效新書有異 新書則以槍梢軟顫者爲上 而此則以軟顫爲非 大槪以爲我國之軍 於諸技 頗已向熟 只是手法 足法 有些少未通處云 新書中 殺手之技 有花法 正法 未知前後唐人所敎 孰正孰花耳."

무기도 대적할 수 없었습니다." 하니, 상이 이르기를, "비록 권법을 잘한다고 해도 어찌 칼 같은 무기를 당할 수 있겠는가." 하자, 이시백이 아뢰기를, "그렇지 않습니다. 李汝松은 맨주먹으로 혼자서 적 수십 명을 대적하여 끝내 격퇴시켰다고 하며, 게다가 군졸들의 기운을 배양하는 데에 있어 참으로 兵家에서 절실하게 요구되는 것입니다. 李牧이 趙나라 장수였을 적에, 군졸들이 '돌을 던지며 멀리뛰기를 하고 있다.'라는 상황을 듣고는 '그 기운이 쓸 만하겠구나.'라고 하면서, 마침내 나가 싸워 대승을 거두었습니다. 오늘날 또한 이목이 기운을 배양한 것처럼 한다면, 병사를 잘 양성하였다고 할 수 있을 것입니다." 하였다.[36]

위의 사료는 당시 국왕이었던 인조仁祖와 병조판서 이시백李時白이 나눈 것으로 비록 권법이 무기사용 없이 맨손으로 적과 겨루는 무예이지만, 군졸들의 용맹함을 높이는데 가장 좋은 효과적인 방법이라 언급하고 있다. 이러한 중국의 권법은 조선군에 보급되면서 각개의 자세가 아닌 연결된 형의 방식으로 재구성되면서 토착화된 형태로 발전하였다.

간략하게 권법이 수록된 병서편찬의 흐름을 보면, 임란이후 1604년에 『권보拳譜』라는 이름으로 권법만을 전문적으로 익힐 수

---

36) 『承政院日記』 103冊 仁祖 26年 10月 13日 甲辰條. "時白曰 近見拳法 習於運用手足 此實鍊卒之妙法也 上曰 無異於用劍矣 時白曰 曾見善於拳法者 壯士在傍 以杖欲擊 而終不能得其間 手歐足踏 鋒刃不能敵矣 上曰 雖善於拳法 豈當鋒刃乎 時白曰 不然 李汝松以空拳 獨當數十賊 終能擊走云矣 且養其軍卒之氣 誠爲兵家之切要 李牧之爲趙將 聞軍卒投石 超距曰其氣可用 遂出戰大勝 今亦如李牧之養氣 則可謂善養兵也."

있는 병서가 간행되었고,[37] 광해군대인 1610년에『무예제보번역속
집武藝諸譜飜譯續集』을 거쳐, 1759년(영조英祖 35년) 사도세자가 대리청
정을 할 때 만들어진『무예신보武藝新譜』에 교전의 방식까지 확대
되었다.

이후 1790년(정조正祖 14년)에 편찬된『무예도보통지武藝圖譜通志』
의 무예24기 중 격법擊法의 일부로 권법이 재수록되면서 권법은 군
사무예로 안정적인 지위를 확보할 수 있었다.[38] 특히 정조대正祖代
핵심군영으로 부각된 장용영壯勇營의 경우 보군步軍의 무예시험인
대비교大比較에 조총과 권법을 필수무예로 삼을 정도로 권법은 활
발하게 보급되었다.[39]

3. 권법의 실제와 무예사적 특성

무예武藝를 아주 간단하게 정의하면 맨손이나 창칼과 같은 무
기를 활용하여 자신을 방어하고 상대와 맞서는 기술의 총체를 말
한다. 따라서 무예의 핵심은 창칼과 같은 무기를 안정적으로 활용
할 수 있도록 몸통과 사지를 자유롭게 운용할 수 있도록 수련하는
것에 있다. 순차적으로 살펴보면, 몸통의 기둥이라고 할 수 있는

---

37) 『宣祖實錄』卷182, 宣祖 37年 12月 辛酉條.
38) 이러한 조선후기 무예서의 간행 형태 변화는 朴起東,『朝鮮後期 武藝史 硏究』, 성균관대학교
   박사학위논문, 1994. 를 참고한다.
39) 『壯勇營大節目』卷1, 試射 大比較. "一 大比較時規矩 …(中略)… 步軍則鳥銃三放技藝 一次
   拳法 一次試取計劃."

기본 발차기 훈련
보통 기본 발차기 훈련은 제자리에서 서서 훈련하기도 하지만, 기본 자세를 만들때까지는 자리에
누워서 훈련을 진행하기도 한다. 이렇게 몸을 거꾸로 세우고 옆차기 훈련을 오랜시간 진행할 경우
이단 옆차기시에 상당한 도움을 얻는다. 필자의 훈련 모습이다.

척추의 바른 사용법에 대한 신법身法과 손과 팔을 단련하는 수법手法, 그리고 발과 다리를 안정적으로 활용하는 각법脚法 등으로 구분할 수 있다.[40] 여기에 수법을 좀 더 세분화하여 적을 공격하는 주먹질로 발전시킨 것이 권법拳法이며, 다리의 경우는 족법足法으로 발전하게 되는 것이다.[41]

이런 이유로 전통시대에도 무예를 수련하는 기본 순서에 대하여 '신보수검身步手劍'이라는 경구로 그것을 설명하기도 하였다.[42] 먼저 '신身'은 자신의 몸과 상대의 몸을 말하는 것이다. 자기 '몸'의 한계가 어느 정도이며, 그 '몸'에서 분출시킬 수 있는 힘의 역량이 어느 정도인지 스스로 고민하고 키워나가는 것이다. 그리고 그 자신의 '몸'을 통하여 상대의 '몸'을 이해할 기본 개념을 만드는 것이다.[43]

둘째, '보步' 즉, 걸음걸이다. 자신의 몸을 이해한 후에는 그 몸을 자유롭게 움직일 수 있도록 두 다리를 사용하는 훈련을 하는 것이다. 걸음은 단순히 다리만 움직이는 것이 아니다. 두 다리의 움직임을 통하여 몸통이 안정되게 유지할 수 있도록 신체의 조화를

---

40) 병서에서 상대를 대적하는 방법을 배우는 기초과정을 身法, 腰法, 手法, 足法으로 구분하여 설명하기도 하였다.(『武藝圖譜通志』技藝質疑, "答曰 此技必 身法 腰法 手法 足法.")

41) 이런 방식으로 무예를 구분하면 크게 맨손무예와 병기무예로 구분되고, 맨손무예는 주요 쓰임에 따라 拳法과 足法으로 구분되고, 상대와의 거리와 제압방식에 따라 타격기와 유술기로 구분할 수 있다. 병기무예 역시 거리에 따라 활이나 조총과 같은 遠射武器와 창검과 같은 近接武器 체계로 구분할 수 있다.

42) '身步手劍'의 구결은 『武藝圖譜通志』銳刀譜의 腰擊勢에 등장한다. 다음은 요격세의 내용이다. "腰擊勢者卽腰擊也 法能橫衝中殺身步手劒疾若迅雷 此一擊者劒中之首擊也 右脚右首斬蛇勢 向前進步逆鱗 看法."

43) 이러한 군사들의 身法에 대한 이해를 통해 각각의 무기에 맞는 選兵法이 이뤄지기도 하였다. 예를 들면, 방패를 사용하는 군사는 일어나고 엎드리는 것을 빠르게 할 수 있는 유연한 사람이어야 하고, 낭선은 무거워서 다루기가 힘들기 때문에 힘이 센 사람을 선발하여야만 하고, 당파는 창을 막고 적을 죽이므로 반드시 용맹과 위엄이 있는 자를 선발하였다.(『兵學指南演義』營陣正殼 2卷, 選兵)

찾아 나가는 것이다.

어린 아이들이 걸음마를 배우면서 수없이 넘어지는 이유 또한 그 조화를 찾아가는 과정인 것이다. 거기에서 핵심은 척추를 바르게 세워 몸의 중심을 잡아가는 것에 있다. 몸이 바르게 세워지지 않으면 몇 걸음을 걷지 못하고 중심이 무너지게 된다. 이런 기본적인 보법 수련을 통해 이후에는 빠르게 달려도 넘어지지 않는 중심 이동법을 익히게 된다.[44]

셋째, '수手'는 손과 팔의 사용이다. 상대와 맞서기 위해서 가장 먼저 익혀야 하는 것이 손의 활용이다. 일반적인 경우라면 서로 일정한 거리에 서서 주먹과 주먹을 견주는 것이 공방의 시작을 의미한다. 그리하여 상대의 주먹을 방어하기 위하여 팔로 막거나 다른 주먹을 내뻗는 동작을 통해 상대와의 호흡을 주고받게 된다.

이후 좀 더 근접거리로 들어서면 손을 이용하여 상대의 팔이나 옷깃을 붙잡아 펼치는 유술기의 형태로 발전하는 것이다. 여기에 다리를 이용하여 공격하는 발차기 형태의 족법足法이나 각법脚法이 더해지면 맨몸을 이용한 공방의 기법을 안정화시킬 수 있게 된다.

마지막으로 배우는 것이 '검劍' 즉, 무기술이 된다. 자기 신체의 공격력과 방어력을 극대화시키기 위해서 무기라고 하는 연장을 손에 쥐고 공방법을 수련하는 것이다. 손에 쥐고 있는 무기는 신체의 연장선에서 이해해야 한다. 상대와 보다 먼 거리에서 겨루기 위해 창이나 봉과 같은 긴무기를 수련하기도 하고 좀 더 짧은 거리에서

---

44) 전통시대 군사무예에서 기본적으로 활용한 步法으로는 進步, 掣步, 進掣步, 跳步 등 다양한 걸음걸이가 존재한다.

택견의 곁치기(좌)
필자가 택견의 곁치기 훈련하는 모습이다. 택견은 조선후기 '백기신통비각술'이라고 불릴 정도로
다양하고도 화려한 발차기가 매력적인 민간무예였다. 곁치기는 몸을 비틀어 차기에 방어하기가 어렵
고, 상대의 허점을 공격하는 발기술이다.

낚시걸고 턱치기(우)
택견이 화려한 발기술이 발달했지만, 기본적으로 손을 사용하는 기술도 익힌다. 본 사진은 필자가
상대의 다리를 거는 '낚시걸이'와 함께 바로 이어 상대의 턱을 손바닥으로 밀어치는 '턱치기'를 하는
장면이다.

승부를 보기 위하여 도검이나 짧은 단도 같은 근접전형 무기를 연마하게 된다. 이러한 무기술의 바탕은 자신의 신체를 바탕으로 하기에 신身, 보步, 수手와 관련법을 차례로 익히지 않을 경우 사용상의 제약이 따른다. 심지어 자신이 휘두른 무기로 자신이 다치는 자해법으로 나타나기도 한다.[45]

따라서 권법은 무예를 익히는 기본 순서인 '신보수검身步手劍'의 근간을 지탱하는 핵심적인 기법이 담겨 있다고 볼 수 있다. 특히 권법은 '무권무용無拳無勇 직위난계職爲亂階'라 하여 용기와 군권을 상징하는 의미로도 활용되었기에 마음을 다스리고 용맹을 키우는 수련으로 인식되었다.[46]

임란이후 조선 군영에 보급된 권법 역시 군사들의 '일반적인 몸'을 '무예하는 몸'으로 사고와 육체를 전환시키고자 하는 방법 중 하나로 활용한 것이다. 임란이후 최초로 조선에서 정리된 권법은 『무예제보번역속집』의 첫 장에 실렸다. 여기에 실려있는 권법 수련을 통해 얻을 수 있는 핵심에 대하여 다음과 같이 언급하였다.

권법을 배우는 자는 身法이 활발하면서도 편해야 하며, 手法은 빠르면서도 날카로워야 하며, 脚法은 가벼우면서도 굳건해야 혹 나아가고 혹 물러남에 모름지기 마땅함을 얻을 것이다.[47]

---

45) 무기의 활용법은 "각 병사들이 휴대하고 있는 器械(兵器)는 동물의 발톱과 이빨, 비늘과 껍질을 가지고 있는 것과 같아서 자신에게 맞는 병기를 잘 활용하면 적을 제압할 수 있고, 그렇지 못하면 도리어 적에게 제재를 받게 된다"고 할 정도로 각 군사의 몸에 맞는 병기의 사용을 적극 권장하였다.(『兵學指南演義』 營陣正彀 2卷, 選兵.)

46) 『武藝圖譜通志』 拳法, "(案) 詩小雅 無拳無勇職爲亂階 注拳力也."

47) 『武藝諸譜飜譯續集』 拳法, "學拳者 身法要活便 手法要捷利 脚法要輕固 或進或退 要得其宜."

위의 사료에 알 수 있듯이, 권법拳法 수련을 통해 몸의 근간이 되는 신법身法을 익히고, 수법手法과 각법脚法을 안정적으로 체득할 수 있었다. 이를 통해 전장에서 활용 가능한 다양한 병장기를 보다 원활하게 사용할 수 있는 기본무예로 인지한 것이다.『무예제보번역속집』에 실린 권법의 연결형을 살펴보면 다음과 같다.

과호세-일조편세-순란주세-현각허이세-축천세-축천세-축천세-지당세-포가세-요단편세-칠성권세-요단편세-축천세-탐마세-정란세-도삽세-중사평세-고사평세-요단편세-탐마세-작지룡세-고사평세-요단편세-하삽세-일삽보세-복호세-복호세-요란주세-요단편세-염주세-요단편세-조양세-귀축각세-기고세-수두세-요단편세-구유세-매복세-요단편세-축천세-도기룡세-응쇄익세-금나세-당두포세-신권세-안시측신세.[48]

위의 사료에서 보면, 전체 46세의 연결형을 방향전환을 이루면서 연속적으로 진행함을 알 수 있다. 그런데『무예제보번역속집』에 실린 자세들은 모두 중국의 병서인『기효신서紀效新書』에서 추출한 것으로 군사 훈련에 보다 효과적으로 활용하기 위하여 재구성한 것이다.『무예제보번역속집』에 실린 권법의 연결그림인 권법

---

[48] 『武藝諸譜飜譯續集』拳法, "跨虎勢 - 一條鞭勢-順鸞肘勢-懸脚虛餌勢-蹙天勢-蹙天勢-蹙天勢-指當勢 - 抛架勢 - 拗單鞭勢 - 七星拳勢 - 拗單鞭勢 - 蹙天勢 - 探馬勢 - 井欄勢 - 倒揷勢 - 中四平勢 - 高四平勢 - 拗單鞭勢 - 探馬勢 - 雀地龍勢 - 高四平勢 - 拗單鞭勢 - 拗單鞭勢 - 下揷勢 - 一揷步勢 - 伏虎勢 - 伏虎勢 - 拗鸞肘勢 - 拗單鞭勢 - 拈肘勢 - 拗單鞭勢 - 朝陽勢 - 鬼蹴脚勢 - 旗鼓勢 - 獸頭勢 - 拗單鞭勢 - 丘劉勢 - 埋伏勢 - 拗單鞭勢 - 蹙天勢 - 倒騎龍勢 - 鷹刷翼勢 - 擒拿勢 - 當頭砲勢 - 神拳勢 - 雁翅側身勢."

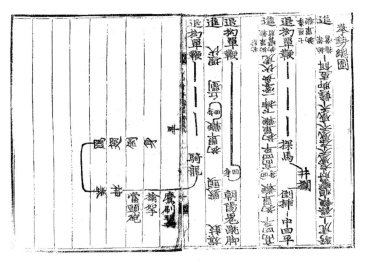

[그림 1] 『무예제보번역속집』에 실린 권법 총도

총도拳法總圖를 보면 [그림 1]과 같다.

권법에 등장하는 여러 자세들은 소위 '세勢'라고 하여 특정한 손이나 발 혹은 몸이 연속적으로 일으키는 움직임을 말한다. 그래서 병서에서는 '세勢'에 대하여 "권법에 세勢가 있다는 것은 변화하기 때문이다. 횡, 사, 측, 기, 립, 주, 복 모두 장호가 있어서 가히 지킬 수 있고 가히 공격할 수 있다. 그러므로 세勢라 한다. 권법에는 정해진 세가 있는데, 실용에는 정해진 세가 없다. 당하여 임기로 그를 활용한다. 변화에는 정해진 세가 없으나 실용에서 세를 잃어버리면 안 된다"49)라고 하여 일정한 흐름 혹은 핵심은 있지만, 상황에

---

49) 『武藝圖譜通志』 拳法, "(增)拳有勢者所以爲變化也 橫邪側面起立走伏皆有膓戶 可以守可以攻 故謂之勢 拳有定勢 而用無定勢 當其用也 變無定勢 而實不失勢."

따라 적절하게 변화 가능한 신체의 움직임으로 설명하고 있다.[50]

이러한 세의 연결을 통해 보다 실전적인 자세의 활용이 가능하고 권법의 실력을 공식적으로 평가할 때 기준을 만들 수 있어서 권보拳譜는 더욱 효과적으로 사용되었다.[51] 『무예제보번역속집』에 실린 권법의 언해 첫 부분을 보면 다음과 같다.

주먹으로 치는 보 : 옷을 벗고 동쪽을 향하여 서서 과호세를 취하고 이어서 일조편세를 취하고 곧 두 손으로 위쪽으로 향하여 세 번 휘저어 그리며 세 걸음 나아가 현각허이세를 취하여 오른발로 축천세를 취하고, 또 왼발로 축천세를 취하고 한 걸음 나아가 또 축천세를 취하고 즉시 왼다리로 물러서서 지당세를 취하고 또 오른다리로 왼쪽을 향하여 가로서서 포가세를 취하고 또 왼쪽을 향하여 한 걸음 걸어 요단편세를 취하고 왼손으로 오른팔 팔꿈치를 쳐 칠성권세를 취하라.[52]

위의 사료는 권법보의 첫 부분인 과호세, 일조편세, 현각허이

---

50) 이러한 勢의 의미는 공격할 수도 있고 방어할 수도 있는 움직임의 변화 전체를 말하는 것이다. 예를 들면 주먹을 한번 치는 것이 상대를 직접적으로 공격하는 방법일 수도 있으며, 상대의 공격을 주먹지르기를 통해 막을 수도 있다는 움직임의 다양한 활용 가능성을 말하는 것이다. 무기를 들었을 경우에도 똑같은 勢라 할지라도 상대의 목을 수평으로 공격할 수도 있으며, 자세를 낮춰 허리부분을 공격하는 것도 가능한 것이다.

51) 『武藝諸譜飜譯續集』 跋文.

52) 『武藝諸譜飜譯續集』 拳譜 언해, "주머귀로 티는 보 : 옷 벗고 東으로 向ᄒ여 서서 跨虎勢를 ᄒ고 인ᄒ여 一條鞭勢를 ᄒ고 곧 두소ᄂ로 뻐 우호로 向ᄒ여 세 번 휘저어 그리며 세 거름 나아 顯脚虛餌勢 ᄒ여 올ᄒ발로 뻐 蹙天勢로 하고 또 왼발로 뻐 蹙天勢를 ᄒ고 ᄒᆞᆫ 거름 나아 또 蹙天勢를 ᄒ고 겨레 왼 다리로 뻐 믈러셔서 指當勢를 ᄒ고 또 올ᄒ 다리로 뻐 왼녁크로 向ᄒ야 ᄀᄅ셔서 抛架勢를 ᄒ고 또 외녁크로 向ᄒ야 ᄒᆞᆫ 거름 거러 拗單鞭勢를 ᄒ고 인ᄒ야 왼소ᄂ로 올ᄒ팔 궁동이를 텨 七星拳勢를 ᄒ라."

세, 축천세, 지당세, 포가세, 요단편세, 칠성권세를 연결지어 방향과 횟수에 대하여 설명하고 있다. 그런데 여기에 등장하는 각각의 세는 『기효신서紀效新書』에 등장하는 낱개의 세를 토착화시켜서 연결지은 것으로 볼 수 있다.[53]

예를 들면 권법의 첫 자세인 과호세의 경우 『기효신서』에서는 "발을 움직여서 넓적다리가 가는 것을 상대방이 알지 못하게 하는 것이 중요하니, 왼쪽과 오른쪽 발뒤꿈치가 한꺼번에 쓸고 들어가게 해야 하니, 자칫 실수하기 쉽다"라고 설명하고 있다.

그러나 『무예제보번역속집』의 권법보에서는 과호세에 대한 기본 설명 없이 바로 방향과 횟수만을 언급하여 자세를 진행하고 있다. 따라서 『무예제보번역속집』에 등장하는 권법보는 『기효신서』의 낱개 세 중 움직임이 편하고 핵심이 된다고 판단한 자세들을 그대로 활용하고 있음을 알 수 있다.

다음의 [그림 2]는 『기효신서』와 『무예제보번역속집』에 등장하는 몇 가지 세의 그림을 비교한 것이다.

[그림 2]의 윗줄은 『기효신서』에 실린 권법 그림이며, 아랫줄은 『무예제보번역속집』의 그림이다. 자세는 복호세伏虎勢, 하삽세下揷勢, 현각허이세懸脚虛餌勢, 칠성권세七星拳勢 등을 비교하였는데, 그림에서 확인할 수 있듯이 자세의 모양이 완벽하게 일치함을 알 수 있다.[54]

---

53) 이미 각 '勢'에 대한 인식은 군사들 사이에서도 모두 공유하고 있으니 그 세의 연결과정과 방향을 중심으로 연결된 譜를 설명한 것이다.
54) 중심축을 빠르게 낮췄다가 일어나거나 手法, 脚法의 움직임이 명확하게 드러나는 것을 예로 들었다. 나머지 자세 역시 거의 그림 상으로 일치한다.

[그림 2] 『기효신서(위)』와 『무예제보번역속집(아래)』에 실린 권법 그림 비교

이러한 권법에 등장하는 대부분의 자세들은 기본적으로 상대에게 손이나 발 혹은 몸통을 이용해 직접적으로 타격을 가하거나 상대 신체의 일부를 잡고 꺾는 유술과 같은 형태는 거의 보이지 않는다. 오히려 몸의 중심을 빠르게 낮췄다가 일어서거나 혹은 자연스럽게 발을 들어 올리거나 손을 휘두르는 것처럼 신체의 유연성을 극대화 시키는 자세들이 주를 이루는 것을 알 수 있다.

권법이 군사무예 훈련의 기본종목이 되었기에 조선후기 대표적인 군영인 훈련도감訓鍊都監이나 장용영壯勇營 소속 군사들의 경우 군영 자체에서 평가하는 시험인 중순中旬이나 대비교大比較에서 권법拳法을 가장 많이 시험 본 것을 확인할 수 있다.[55] 특히 조선후기

---

55) 정해은, 「18세기 무예 보급에 대한 새로운 검토」, 『이순신연구논총』 9호, 순천향대학교 이순신연구소, 2007, 240~244쪽.

창검군 강화를 위한 살수殺手들의 시험인 중일中日에서 권법은 핵심 과목으로 지정되어『속대전續大典』에 실릴 정도로 그 위상을 확고히 하였다.[56]

그러나 이러한 세의 연결은 자칫 단순한 자세의 연결로 흘러버릴 가능성이 있다. 이런 이유로 1759년에 편찬된『무예신보武藝新譜』에는 갑甲과 을乙이 서로 공격과 방어를 반복하여 호승심好勝心을 키우도록 모두 38합승을 맞추는 방식으로 변화하였으며,[57] 1790년에 편찬된『무예도보통지武藝圖譜通志』의 권법에도 이러한 세의 연결 뿐만 아니라 두 사람이 몸을 맞대고 수련하는 교전의 방식을 첨가함으로써 권법의 실전성을 확보할 수 있었다.[58] 이러한 내용은 다음의 사료를 통해서 확인할 수 있다.

권법으로써 말한다면 척계광의 보에는 반드시 두 상대가 있다.

56)『續大典』兵典, 殺手.
57)『凌虛關漫稿』卷7, 藝譜六技演成十八般說, "交戰拳法鞭棍 則各以一夫之鬪力 交鋒相接 明於勢者捷 大抵鞭拳之制 見於毛氏之詩 左氏之史 而皆似無預於大戰之技 如其活動手足 鍊習擊刺 誠有一聲響處 直千金之至妙 戚帥之許以初學入藝之門者 不亦然乎 …(中略)… 拳法 甲乙進退 自探馬至拈肘 凡三十八合."
58)『武藝圖譜通志』拳法譜, "兩人各以左右手夾腰雙立 初作探馬勢 右手打開左肩 旋作拗鸞肘勢 左手打開右肩 進前作懸脚虛餌勢 右足蹴左手 左足蹴左手 右足蹴右手 卽作順鸞肘勢 左一廻左手一打右足 仍作七星拳勢 左右洗作高四平勢 右手左脚前一刺 卽作倒揷勢 左右手高擧後顧 回身向後 作一霎步勢 右手夾右腋 仍作拗單鞭勢 跳一步右手打右臀 仍作伏虎勢 進坐右廻起立 又作懸脚虛餌勢 仍作下揷勢 左一廻右手左足一打 卽作當頭砲勢 左手防前 右手遮額 仍作旗鼓勢 左右洗 又作中四平勢 右手左脚後一刺 仍作倒揷勢前顧 廻身作倒騎龍勢 左右手開張 作拗單鞭勢進前 仍作埋伏勢一字進坐起立作懸脚虛餌勢 仍作下揷勢當頭砲勢 又作旗鼓勢高四平勢倒揷勢 卽作一霎步勢拗單鞭勢 卽作五花纏身勢 右手右脚右廻 [兩人對立 作翅側身勢跨虎勢 兩手開闔 左右相尋 甲作懸脚虛餌勢 左踢右踢驅遂前進 乙作丘劉勢 左右手遮退 作雁翅側身勢跨虎勢 相廻立 乙卽作懸脚虛餌勢進甲 又作丘劉勢 退兩人卽作雁翅側身勢跨虎勢 相廻立 甲進作伏虎勢 乙作擒拿勢跳越 旋作伏虎勢 甲亦作擒拿勢跳越 兩人卽作抛架勢 左右手打右足背 又作拈肘勢 甲以右手攔乙左肩 乙以右手從甲右腋下 絞過甲項攔甲左肩 各以背後勾左手 甲負乙橫擧倒擲之 乙作紡車勢旋雯然下地立 乙又負甲如前法畢]"

두 상대란 갑이 탐마세를 지으면 을은 요단편세를 짓고, 갑이 칠
성권세를 지으면 을은 기룡세를 취한다는 것 등과 같이 모두 공
수 자연지세이며, 오늘의 법칙이 처음 모세를 짓고 다시 모세를
지어 처음부터 끝까지 모여서 일통을 이룬다. 이미 본의를 잃었
다가 또한 항차 갑을이 같이 한 자세를 취하여 마치 그림자가
그 형상을 따라 상박하는 것과 같다. 그러나 안시측신세와 구류
세 등 몇 자세에 지나지 않아서 끝나버린다. 두 상대가 메고 새로
치고 변화하여 이로부터 거의 유희처럼 차례로 행해진지 이미 오래
되었으므로 이로 인하여 구보(『무예제보번역속집』, 『무예신보』)가
되었다. 그러나 식자는 당연히 열 가지 자세를 잃어버렸음을 스
스로 알게 될 것이다. 그러므로 이 책(『무예도보통지』)에는 그
비결을 증입한다.[59]

위의 사료에서 언급하듯이, 『무예도보통지』의 권법 역시 이전
에 완성된 구보舊譜의 내용을 충분히 싣는 것과 함께 두 상대가 서
로 합을 맞춰 권법을 진행하는 교전의 양식을 더해 실전성을 더했
음을 알 수 있다. 또한 보다 직접적으로 손과 발을 사용하여 상대
의 특정 부위를 공격하는 자세들이 추가되었다.

『무예도보통지』에서 새롭게 추가된 자세는 나찰의懶扎衣, 금계

---

59) 『武藝圖譜通志』拳法, (案) "卽以拳法言之戚譜必兩 兩相對如甲作探馬 乙作拗單鞭 甲作七星
乙作騎龍之類皆攻守自然之勢 而今法則初作某勢再作某勢 從頭至尾湊成一通 已失本意 又況
甲乙同作一勢 如影隨形其相搏也 不過雁翅丘劉數勢而終之兩相薅數(眷切雙生子)負相撲 而
起此殆近戲第其行之旣久仍舊譜焉 識者當自知之其十勢逸於今本 故增入並錄其訣."

拳法 [增]

[增] 戚繼光曰拳法似無預于大戰之技然活動手足

慣勤肢體爲初學入藝之門

茅元儀曰知點畫而後可以教八法　書苑曰王逸少書偏工　書永以其八法之勢能

通一切字永字八畫也　知據鞍而後可以馳驟拳之謂也

武編曰拳有勢者所以爲變化也橫邪側面起立走

伏皆有牆戶可以守可以攻故謂之勢拳有定勢而

用無定勢當其用也變無定勢而實不失勢

[茶] 詩小雅無拳無勇職爲亂階注拳力也爾雅暴

武□圖譜通志□□三〉卷之四　拳法　一一

『무예도보통지』 권법 설명

척계광이 말하기를, "권법은 흡사 전투기술로써의 예비가 없는 것처럼 보이나 사실은 수족을 원활하게 하고 지체의 힘쓰는 법을 익히기 위한 무예의 기초이다."라 했다. 이처럼 무예는 모든 무예의 기초훈련에 해당되었다.

[그림 3] 『무예도보통지』에 실린 권법 중 유술기 관련 자세

독립金雞獨立, 정란사평井欄四平, 귀축각鬼蹴脚, 지당세指當勢, 수두세
獸頭勢, 신권神拳, 일조편一條鞭, 작지용雀地龍, 조양수朝陽手 등 모두
10가지 세勢로 발로 정강이나 무릎을 공격하거나 팔꿈치로 심장을
타격하는 등 파괴력을 증폭시키는 움직임이 더해졌다.[60]

　이러한 과정을 통해 『무예도보통지』의 권법은 좀 더 조선군의
현실에 맞게 토착화되었을 가능성이 높다. 특히 권법의 마지막에는
단순한 타격기를 넘어서 상대와 서로 붙잡고 관절 등을 직접적으로

[60]　『武藝圖譜通志』拳法, (增)"○懶扎衣出門架子 變下勢霎步單鞭 對敵若無膽向先 空自眼明手
　　便 ○金雞獨立 顚起裝腿 橫拳相兼 搶背臥牛 雙倒遭著 叫苦連天 ○井欄四平 直進剪臁 踢膝
　　當頭 滾穿劈靠抹一駒 鐵樣將軍也走 ○鬼蹴脚 搶人先著 補前掃轉 上紅拳背 弓顚披揭 起穿
　　心肘 靠妙難傳 ○指當勢是箇丁法 他難進我好向前 踢膝躦滾上面 急回步顚短紅拳 ○獸頭勢
　　如牌挨進 凭快腿 遇我慌忙 低驚高取 他難防接 短披紅衝上 ○神拳當面挿下 進步火燄攢心
　　遇巧就拿就跌 擧手不得留情 ○一條鞭 橫直披砍兩進腿當面傷人 不怕他力粗膽大 我巧好打
　　通神 ○雀地龍下盤腿法 前揭起後進紅拳 他退我雖顚補衝來 但當休延 ○朝陽手偏身防腿 無
　　縫鎖逼退豪英 倒陳勢彈他一脚 好敎師也喪聲名."

공격하는 유술기의 형태까지 발전했음을 확인할 수 있다.[61] [그림 3]
은 이러한 유술기의 모습을 살필 수 있다.

그러나 『무예도보통지』에서도 여전히 그 핵심 기법은 강력한
타격력을 얻는 것보다는 수족을 원활케 하기 위한 일종의 도수체
조의 성격이 주를 이뤘으리라 판단된다. 대표적으로 양손으로 무
기를 활용할 때 바탕이 되는 손과 공격의 방향을 정해주는 손의 위
치와 형태를 소위 '음양수陰陽手'라 부르는데, 이것은 무기술을 익
히는 가장 기본적인 훈련에 해당한다.[62] 권법은 음양수의 기본을
익히는 가장 효과적인 훈련법이기도 했다.

또한 권법이라는 원래의 의미에서처럼 발기술보다는 손기술 중
심의 동작이 주로 많았으며, 이는 창이나 도검등과 같은 무기술 연
마시 권법의 자세를 그대로 활용 가능했기 때문이다. 예를 들면,
권법의 자세 중 고사평세高四平勢이나 중사평세中四平勢의 경우는
주먹을 이용하여 수평으로 찌르듯이 활용하는 자세를 말하는데,[63]
이러한 움직임이 장창長槍의 찌르기 위치 중 상평上平, 중평中平, 하

---

61) 이러한 유술기의 모습은 『武藝圖譜通志』의 마지막 교전 부분에 등장하는데, 이것은 전통적인
      씨름의 영향을 받았을 가능성이 높다. 현재 우리가 알고 있는 씨름은 角觝나 角力이라 불리는
      전통 몸문화의 일부분으로 샅바의 위치에 따라 왼씨름과 오른씨름으로 구분되고, 샅바대신
      허리띠를 붙잡고 하는 띠씨름 혹은 통씨름의 형향을 받은 것이다. 씨름에 대한 연구는 다음의
      연구를 참조한다. 김선풍, 「韓國 씨름의 歷史와 祭儀」, 『중앙민속학』 5, 중앙대학교 한국문화
      유산연구소, 1993; 김종교, 「한국 씨름의 체육사적 의미에 관한 연구」, 건국대학교 교육대학원
      석사학위논문, 1999; 민상근, 「씨름의 원류와 문화적 특성에 관한 연구」, 충북대학교 교육대학
      원 석사학위논문, 2010.
62) 『武藝圖譜通志』 技藝質疑, "又問所謂陰陽手何謂也 答曰凡器械以手向下執者 謂之陰向上執
      者 謂之陽與以提起陰以打去殺去 皆自然如此."
63) 『武藝圖譜通志』에서 권법의 고사평의 경우는 "右手左脚 前一刺"라고 하여 오른손과 왼다리
      로 앞을 한 번 찌른다라고 하였다. 중사평의 경우도 역시 "右手左脚 後一刺"라고 하여 한번
      찌르듯이 손을 사용하는 것을 말한다.

평下平 등으로 그대로 적용이 가능하다. 장창의 지남침세指南針勢의 경우는 상평上平으로 볼 수 있으며, 십면매복세十面埋伏勢의 경우는 하평창법下平槍法 수련과 연관지어 훈련할 수 있다.[64]

또한 권법에서 자세를 앉듯이 완전히 낮춰 손이나 발로 적을 공격하는 형태인 매복세埋伏勢나 복호세伏虎勢의 경우는 등패籐牌의 매복세埋伏勢나 저평세低平勢의 신체 움직임과 거의 유사하게 나타난다.[65] 이러한 권법을 통한 무기활용 능력 강화는 관무재에서도 권법수拳法手라는 살수殺手시험 과목에 권법뿐만 아니라 편곤鞭棍·협도挾刀·곤방棍棒·죽장창竹長槍 등을 함께 시험을 본 배경이기도 했다.[66] 따라서 조선후기 권법의 보급은 명나라에서 보급된 다양한 단병접전용 무기술의 활용범위를 보다 넓게 하였다라고 볼 수 있을 것이다.

그리고 다리의 경우는 족법足法이라 하여 상대를 적극적으로 공격하는 것에 중심을 둔 것이 아니라, 다양한 무기를 안정적으로 활용할 수 있도록 일종의 보법步法의 형태를 수련하기 위해 빠른 중심이동이나 일어서고 앉기를 반복하는 형태로 수련되었음을 알 수 있다. 이런 이유로 현각허이세懸脚虛餌勢를 비롯한 발기술을 핵심적으로 사용한 '세勢'에서도 허리 이상 발을 들지 않거나 직접적인 타격을 주된 목표로 삼지 않은 것이다.[67]

---

64) 『紀效新書』長槍, "指南針勢 乃上平鎗法 其類用近手中平 而着數不離六合之變 有心演悟 二十四勢之中 可破其半."; "十面埋伏勢 乃下平鎗法 門戶緊於上平 機巧不亞中式 精於此者 諸勢可降."
65) 『紀效新書』拳法, "埋伏勢 窩弓大虎 犯圈套寸步難移 就機連發幾腿 他受打必定昏危."; "伏虎勢 側身弄腿 但來湊我前撑 着他立站不稳 後掃一跌分明."
66) 『萬機要覽』軍政篇2, 附 龍虎營 試藝 觀武才.

마지막으로 조선후기 권법 정착 과정의 가장 독특한 특징은 새로운 무예에 대한 정착과 변화를 국가라는 공적체제를 통하여 수용하고 보급시켰다는 것이다.[68]

특히 민간이나 사병私兵들이 아닌 공병公兵의 개념인 군영 소속의 군사들에게 보급시키기 위하여 훈련도감을 비롯한 핵심 군영에서 권법 관련 병서를 인쇄 및 보급했다는 것은 주변국인 중국, 일본과는 사뭇 다른 형태의 정착 방식으로 판단된다. 중국과 일본의 경우 상당부분 무예와 관련한 책의 편찬이나 수련전승 방식의 경우 지극히 사적인 방식으로 가문이나 문중 혹은 개인에 의해 개별적으로 이뤄진 것이 대부분이다.

대표적으로 권법과 관련한 중국의 병서인 『기효신서紀效新書』, 『무비지武備志』의 경우도 국가가 주도했다기보다는 개인이 주관한 성격이 강하다. 그리고 일본의 경우도 핵심적인 창검술 등이 여러 무예 문파를 통해 사적인 전승이 이뤄졌다.

반면 조선은 외래 무예의 공식적인 보급을 위해 국가의 군사조직이라는 공간을 적극적으로 활용하여 문화적 확산 속도를 최대한 높일 수 있었으며, 보다 실용적이며 전투적인 움직임으로 권법이 보급 및 정착될 수 있었다.

---

67) 실제 전투에 활용한 발차기의 경우는 그 높이가 허리이상 올라가는 것은 상당한 위험을 만드는 일이다. 허리 이상 발이 올라갈 경우 상대에게 발을 붙잡힐 가능성이 높을뿐더러, 발을 잡혔을 경우 직접적인 대응이 어렵기 때문이다. 따라서 전투에서 활용하는 발차기는 허리이하의 하단에 집중되어 있고, 주먹을 사용하는 손기술은 상단에 집중되어 있다. 따라서 조선후기 보급된 拳法의 경우는 주로 무기를 활용할 수 있도록 손기술을 중심으로 자리잡혀 있으며, 발과 다리의 경우는 보법과 신체균형을 맞추는 것에 중심을 두고 있다.

68) 심승구, 「韓國 武藝의 歷史와 特性: 徒手武藝를 中心으로」, 『군사』 43호, 군사편찬연구소, 2001, 293~295쪽.

4. 권법은 조선 군사들의 기본 몸문화

조선후기 군영에 보급된 권법은 민간에서 수련되었던 수박이나 택견과는 다른 형태로 중국의 맨손무예가 보급되었다. 이는 임진왜란이라는 특수한 상황을 극복하기 위해 명의 남병이 사용했던 당파나 낭선 등과 같은 독특한 무기들을 활용하면서 보다 기초적인 신체훈련이 필요했기 때문이다.

그러나 무예 역시 문화적 특성으로 인해 조선군에 쉽게 전파하기 어려웠다. 이를 위하여 임란 중 새롭게 편성한 훈련도감의 아동대를 비롯한 특수 직역에 권법을 실험적으로 보급하였으며, 자연스럽게 놀이문화의 일환으로 권법이 전파되는 방식도 함께 고려되었다.

임란 이후에는『무예제보번역속집武藝諸譜飜譯續集』이나『권보拳譜』등 병서를 통하여 보다 체계적으로 정착시키려 하였다. 당시에 무예에 대한 인식은 음식문화 중 중국의 젓가락 문화나 조선의 숟가락 문화와 같이 생활양식의 일부로 받아들여졌으며, 문화적으로 권법을 안착시키기 위하여 다양한 노력이 진행되었다. 이는 당시 전해진 권법의 형태가 우리의 전통적인 몸짓과는 다른 형태였기에 문화적 거부감이 생길 가능성이 많았기 때문이다.

특히 권법을 바탕으로 다양한 명군의 무기술을 익혀야 하는 상황에서 권법의 문화적 보급은 국가의 안위와 직결되는 문제였다. 따라서 무예를 실기적 기술체계나 군사 전술사적 입장에서 분석하는 것뿐만 아니라 문화사적 관점으로 접근하는 것도 무예의 본질과 전파과정을 이해하는데 상당한 의미를 갖는다고 하겠다.

권법 중 교전(위)
『무예도보통지』에 실린 권법 중 갑과 을이 서로 약속 교전을 하는 그림이다. 권법 교전의 첫 자세에 해당하는 갑의 현각허이세와 을의 구유세의 모습이다. 특히 권법은 모든 무기술을 익히기 전에 손과 다리를 잘 활용할 수 있도록 준비훈련을 하는 기본 몸다지기 방식이었다.

무예24기 중 권법(아래)
『무예도보통지』에 실린 스물네 가지의 무예를 '무예24기'라 부르는데, 그 중 맨손무예인 권법을 두 사람이 서로 겨루는 장면을 보여주고 있다. 현재 수원 화성행궁 신풍루 앞에서 월요일을 제외하고 매일 시범공연이 진행되고 있다.

본 글에서는 조선군에 권법이 정착되는 과정 중 그 독특한 특성에 대하여 몇 가지를 살펴보았다. 이를 간단하게 정리하면 다음과 같다. 첫째, 조선후기 군영에 보급된 권법은 중국의 맨손무예인 권법을 그대로 연결지어 만들어낸 보譜의 형태로 보급되었다. 이는 기효신서를 비롯한 당대 권법 수련방식과는 다른 형태로 조선군의 권법 시험과 평가에 활용할 수 있도록 토착화의 가능성을 만들어주는 배경이 되었다.

둘째, 조선군이 권법을 군사들에게 익히게 한 가장 중요한 원인은 다른 병기를 보다 원활하게 사용하고 보편적인 신체훈련 방법의 기준으로 삼는 것에 있었다. 예를 들면 권법에서 주먹을 지르는 동작을 높이에 따라 상평上平, 중평中平, 하평下平 등으로 나눌 때 이것이 창법槍法에서 동일하게 활용되었음을 확인할 수 있었다. 또한 권법에서 자세를 앉듯이 완전히 낮춰 손이나 발로 적을 공격하는 형태인 매복세埋伏勢나 복호세伏虎勢의 경우는 등패藤牌의 매복세埋伏勢나 저평세低平勢의 신체 움직임과 거의 유사하게 나타난다.

특히 낭선狼筅이나 당파鏜鈀와 같은 특수 무기의 경우는 그 무게와 길이로 인해 기본적인 체력 훈련 및 유연성 강화가 반드시 필요했기에 권법은 군사들의 일반적인 '몸'을 무예하는 '몸'으로 전환시키는데 가장 효과적인 수련방법이었다. 이러한 이유로 권법은 무기의 활용을 원활케 하기 위해 손기술을 중심으로 발전했으며, 발과 다리의 경우는 보법의 활용이나 신체의 중심을 잡기 위한 특성을 보인다.

셋째, 투로형태에서 두 사람이 서로 몸과 몸을 맞대고 합을 맞춰 연습하는 교전의 형태로 발전하면서 보다 실전적인 움직임으로 변화해 갔다. 특히 단순한 타격기 뿐만 아니라 근접거리에서 상대의 관절을 꺾거나 제압하는 유술기의 형태까지 추가되면서 권법의 활용성은 보다 확대되었다. 이 과정에서 씨름이나 각력角力을 비롯한 전통적인 유술형 무예가 권법에 영향을 끼쳤을 것이라 판단된다. 또한 이러한 교전능력의 강화를 통해 군사들의 호승심을 키우는 사기진작의 부분을 충족시킬 수 있었다.

마지막으로 조선후기 권법 정착의 가장 독특한 특성은 국가에서 주도적으로 권법을 군사들을 중심으로 보급시켰다는 것이다. 이는 중국이나 일본과 같은 다른 나라에서는 볼 수 없는 조선만의 독특한 무예전파 방식이자 정착 과정이었다. 이를 통해 조선의 권법은 보다 빠르게 군사들을 통해 안착할 수 있었으며, 관무재觀武才나 시취試取 등 각종 군사시험의 과목으로 지정되어 안정적으로 수련될 수 있었다.

조선후기 정착된 권법은 군영을 중심으로 수련되었지만, 이후 수박이나 택견과 같은 민간에서 수련되었던 맨손무예와 다양한 문화적 접합을 진행하기도 하였다. 그러한 연장선에서 고민해봐야 하는 것이 오늘날 태권도와의 관계이다. 현재 태권도에 대한 대부분의 관점은 전통무예라는 입장 하에 지나치게 국수적으로 과거의 몸문화 흐름과 결부시키려는 움직임이 다분하다.

그러나 본 글에서도 밝혔듯이 조선후기 정착된 권법의 경우는 비록 토착화의 과정을 거쳤지만, 초기에는 중국의 맨손무예 형태가 그대로 전이된 형태였다. 또한 초기 태권도의 형성과정 중 가라테의 기술을 차용한 것을 억지로 왜곡하거나 등한시해야 하는 것도 아니다. 오히려 그것에 가치판단을 내리고 무조건 전통적인 것만

택견과 태권도
모든 무예는 신체문화적 속성으로 인해 끊임없이 변화한다. 본 자세는 택견의 '도끼로 항정치기'와 태권도의 '손날 목치기'의 모습이다. 비슷한 듯 보이기도 하지만, 그 힘 쓰는 원리나 경기 방식이 상당한 차이가 난다. 특히 택견의 걸이수의 경우 상대의 힘을 이용하여 쓰러뜨리는 유술기의 방식이 담겨 있기도 하다.

의미가 있다는 전통중심주의적 발상이 태권도에 대한 올바른 이해와 발전을 저해하고 있는지도 모른다. 비록 중국의 권법과 일본의 가라테가 태권도 탄생의 밑거름이 되었다고 할지라도, 그것이 문화의 속성이고 발전과정이기에 전통성 논쟁의 기준이 될 수는 없는 것이다.

첨언하자면, 우리의 전통에 대한 과도한 집착은 '식민의 기억'을 떨쳐내기 위한 콤플렉스와 같은 형태로 자리 잡혀있다. 우리의 전통무예에 대한 관심 역시 이러한 한계 속에서 아직까지 벗어나지 못하고 있다.

이는 우리의 근대가 일제강점기라는 시기적 한계 속에서 무예문화 역시 일제라는 국가의 통제와 관리를 통해 왜곡되어 나타났기 때문이다. 특히 일제가 학교라는 근대적 교육기관을 통해 예비전력으로서 개인의 몸에 대해 집중관리를 진행했던 핵심에는 무예가 있었다.

대표적으로 일제는 '오무도五武道'라 하여 전투에 실제로 활용가능 한 무예인 유도柔道, 검도劍道, 궁도弓道, 총검술銃劍術(총검도銃劍道), 사격射擊(사격도射擊道) 등 다섯 가지 무예를 학교를 통해 강제적으로 훈련시킴으로써 조선인의 몸을 강제로 군사화시켰다. 위에서 언급한 다섯 가지 무예 훈련에는 내선일체와 황국신민화에 대한 정신적인 훈육이 포함되어 있어서 당시 일제의 '군국주의적 무도武道정신'을 조선인의 몸에 강제적으로 주입한 것으로 볼 수 있다.

구체적으로 일제 강점시기 근대에 탄생한 무예훈련은 일본식 '무사도武士道' 정신을 익혀 심신을 단련하고 국가에 헌신적으로 봉사할 수 있는 황국신민으로서의 신념을 주입하기 위함이었다. 여기에 근대 스포츠의 형태로 무예수련의 의미를 심신수양이나 자기 완성이라는 철학적 가치가 더해지면서 더욱 빠르게 확산되었다.

이 과정에서 조선인의 몸에 대한 규격화를 위해 지속적인 신체 검사와 함께 체력측정을 통하여 예비군사 자원으로 관리하는 것 역시 무예 문화의 왜곡현상을 낳게 되었다. 각각의 개인의 몸에 신장과 몸무게를 중심으로 등급을 나누고 체력에 따라 우열을 가리는 지극히 자본주의적 몸 인식으로의 전환은 해방 이후에도 왜곡된 무예 문화의 바탕이 되기도 하였다.

이러한 무예에 대한 인식도 '주체적 수용'인지 '강제적 수용'인지에 따라 그 의미를 명확히 구분하고 수련생들에게 본질에 대한 고민을 던지며 수련을 지도할 때 비로소 균형 잡힌 무예문화가 성장 가능할 것이다.

3장

倭劍
적국의 무예를 배워 조선을 지킨 무예

1. 왜검이 어떤 이유로 조선에 보급되었는가?

임진왜란 시기 조선과 명나라의 연합군에게 가장 큰 타격을 입혔던 것은 조총이었다. 그러나 왜군이 조총부대와 함께 편성한 창검수槍劍手들은 임진왜란 당시 단병접전에서 탁월한 공격능력을 발휘하였고, 이후 전장에서 조명 연합군은 조총뿐만 아니라 창검 또한 적극적으로 방어하기 위한 노력을 거듭하게 된다.

이미 일본은 전국시대戰國時代를 거치면서 숙련된 전투병이 충분하였고, 특히 오랜 시간 수련을 해야만 그 능력을 발휘할 수 있는 검수劍手들은 원거리를 제압하는 조총병들과 더불어 그들의 전투력의 핵심이었다. 서애西厓 유성룡柳成龍은 일본군의 장기로 조총·용검用劍·돌격 등 세 가지를 주요 전력으로 인식하며 조총과 더불어 왜검의 날카로움에 대해 여러 번 언급하기도 하였다.

임진왜란 초기 전투사를 살펴보면 좀 더 명확하게 이를 확인할 수 있다. 전쟁이 발발한 후 일본군의 진주를 속수무책으로 바라보아야만 했던 조선정부는 평양성을 빼앗기고 나서 절박하게 명나라에 구원병을 요청하게 된다. 당시 명나라는 일본군이 대동강大同江을 넘어 얼어붙은 압록강을 건너 자신들의 영토로 진입하는 것을 막기 위하여 파병결정을 하였다.[1]

이후 명나라에서 첫 번째로 파견한 장수는 당시 요동遼東 부총병副摠兵 조승훈祖承訓으로 가장 신속하게 조선에 투입할 수 있는 거리에 있는 군사들을 파병하였다. 그러나 그가 이끌었던 군사들은 5천의 기병騎兵들로 구성된 북방의 군사들이었으며, 이들은 7월 19일에 평양성의 일본군을 공격하다가 오히려 심각한 타격을 입고 신속하게 본국으로 돌아가 버렸다.[2]

이후 이여송李如松이 이끄는 대규모 부대의 파병이 결정되었고, 이들이 평양성 탈환 전투를 승리로 이끌면서 조선정부는 이들의 전략에 대해 깊은 관심을 표명하였다. 이들 중 특히 남병南兵으로 불렸던 절강병浙江兵들에게 주목하였다. 이들의 장기는 화기火器를 비롯해서 창槍이나 검劍을 이용한 단병무예를 주로 사용하였는데 이것이 왜군을 제압하는데 가장 효과적이었음을 인식하게 된다. 심지어 선조 자신이 직접 명나라 도독都督 이여송에게 전투에서 이

---

1) 『宣祖修正實錄』卷 26, 宣祖25年 9月 1日 丙辰.
2) 柳成龍, 『懲毖錄』卷1.

긴 방법을 물으며 남병의 전술서인 『기효신서紀效新書』를 보여 달라고 청하기도 하였다.[3]

위와 같은 노력 끝에 조선은 훈련도감을 창설하였으며 이 군영을 중심으로 대왜전술인 창검무예 보급에 박차를 가하였다. 이후 『기효신서』의 내용 중 단병무예를 도보로 전환한 몇 가지를 골라 조선에서는 『무예제보武藝諸譜』를 편찬하게 된다.

『무예제보』는 1990년대에 발굴되어 현재까지 상당한 연구가 진행되었다. 특히 당시 전황과 관련하여 체육학과 사학에서 많은 관심을 가지고 접근하였고, 이후 정조 14년에 편찬된『무예도보통지武藝圖譜通志』와 연계하여 조선후기 무예사의 흐름을 보여주는 데까지 발전하였다.[4]

이처럼 현재까지는 『무예제보』, 『무예제보번역속집』, 『무예도보통지』에 대한 총체적인 관점으로 각 무예서를 당시 전황과 연관지어 연구하였다. 물론 이처럼 역사 전반에 걸친 연구도 중요하지만 그 무예서에 실린 기예들의 실기적인 흐름이나 그것이 당시 어

---

3) 『國朝寶鑑』 32卷, 宣祖 9, 27年 2月 條.

4) 『武藝諸譜』와 관련하여 가장 먼저 학계에 소개한 학자는 朴起東으로 「武藝諸譜의 발견과 그 사료적 가치」, 『체육과학연구소논문집』 18호, 강원대학교, 1994가 있으며 이후 『朝鮮後期 武藝史 硏究: 〈武藝圖譜通志〉의 形成過程을 中心으로』, 성균관대학교 박사학위논문, 1994으로 확대 연구하였다. 이후 2001년도에는 震檀學會의 제28회 韓國古典硏究 심포지엄에서 정조시대에 편찬된 '〈武藝圖譜通志〉의 종합적 검토'라는 제목으로 발표회가 이뤄져 관련 연구들이 발표되었다. 이때 발표된 연구 중 羅永一은 「〈武藝圖譜通志〉의 武藝」를 발표하였는데, 이후 나영일 외3인, 「조선 중기 무예서 연구」, 서울대학교출판부, 2006에서 『武藝諸譜』와 『武藝諸譜飜譯續集』에 관한 연구성과를 발표하기도 하였다. 또한 진단학회의 발표자 중 盧永九는 「조선후기 短兵 戰術의 추이와 〈武藝圖譜通志〉의 성격」에 대하여 발표하였고, 이후 『朝鮮後期 兵書와 戰法의 연구』, 서울대학교 박사학위 논문, 2002로 확대 연구하였다. 마지막으로 『武藝諸譜』를 당시 전황과 관련하여 독립적으로 연구하기도 하였는데, 鄭海恩, 「임진왜란기 조선이 접한 短兵器와 〈武藝諸譜〉의 간행」, 『軍史』 51호, 군사편찬연구소, 2004. 4.에서 새로운 병법이나 전술을 수용하는 과정에서 조선이 겪은 상황과 함께 연구하기도 하였다.

「임란전승평양입성도병壬辰戰勝平壤入城圖屛」
1593년 1월 8일, 고니시 유키나가小西行長 부대에게 점령당한 평양성을 이여송 휘하의 명군과 조선군이
합동으로 탈환전투를 하는 모습 중 일부이다. 평양성 탈환전투의 승리를 시작으로 북진한 일본군들을
남쪽으로 몰아낼 수 있었다. (고려대학교 박물관 소장)

떤 방식으로 전수되고 수련되었는지도 역사연구에서 간과해서는 안 될 것이다.

좀 더 구체적으로 당시 『무예제보』에는 미처 싣지 못한 일본군의 왜검교전방식이 실린 『무예제보번역속집』과 이후 약 200년 후에 편찬된 『무예도보통지』의 왜검교전방식을 비교 연구한다면 당시의 상황과 관련하여 어떠한 방식으로 무예가 변화하였는가를 추측할 수 있을 것이다.

따라서 본 글은 임진왜란을 시작으로 조선 후기 군영軍營에서 훈련된 왜검倭劍 교전交戰의 도입과 변화 과정에 대하여 살펴보고자 한다. 임진왜란은 조명일朝明日 동양 삼국이 참가한 대규모 전쟁이었는데, 이러한 전쟁의 와중에 서로 간 가장 많은 영향을 끼친 것은 바로 전쟁의 전략과 전술 그리고 병사들의 군사무예일 것이다. 앞서 살펴본바와 같이 일본의 장기였던 조총鳥銃과 왜검倭劍은 임진왜란 초기 전세를 일본군에게 넘겨주기에 충분했다.

이 중 왜검倭劍은 단병접전 기술 중 최강의 위력을 자랑하면서 조명연합군에게 가장 큰 타격을 입혔다. 이러한 상황에서 조선은 병사들의 단병무예를 강화하기 위하여 명과 일본의 무예를 적극 수용하여 조선군영에 보급하게 된다.

본 글은 이 중 일본의 무예인 왜검 교전법이 어떤 방식으로 조선군에 보급되었으며, 이후 어떠한 변화 과정을 거쳐 조선에 정착되는지를 『무예제보번역속집』과 『무예도보통지』의 왜검교전[5]을

---

5) 『武藝諸譜飜譯續集』에는 '倭劍'이라 기록되어 있고, 『武藝圖譜通志』에는 '交戰'이라는 이름으로 기록되어 있기에 편의상 본 논문에서는 이 두 가지를 혼합하여 '倭劍交戰'이라는 명칭으

비교 검토하며 살펴보고자 한다.

2. 임진왜란기 왜검교전 도입 배경과 그 특징

임진왜란 과정에서 조선군은 일본의 조총뿐만 아니라 단병접전
短兵接戰 무기인 왜검倭劍에 상당부분 희생되었다. 승리로 장식한
조명 연합군의 평양성 수복전투에서도 왜군의 칼은 명군에게 심각
한 타격을 입혔던 것을 확인할 수 있다.

1593년 1월의 평양성 탈환전투 상황을 보면, 먼저 명군은 각 해
당 군사들을 나누어 통솔하여 성밖 서북쪽을 포위하였고, 이후 왜
군의 조총부대가 가장 극렬하게 대응했던 모란봉 쪽에 사수대射手
隊를 배치하고 성문을 향해 돌격전을 감행하였다. 이때 일본군은
성가퀴 위에서 오색의 깃발을 많이 펼치고 긴 창과 큰 칼을 묶어
날을 가지런하게 하여 밖으로 향하게 하여 항거하며 지킬 계획을
하였다.

그러나 일본군이 예상과는 다르게 명군의 강력한 화포와 단병
접전에 능한 절강병들의 활약으로 평양성을 수복하게 된다.[6] 이후
전과를 살피는 과정에서 "명군 중 적과 교전하는 즈음에 칼날에 맞
아 죽은 자가 1천 명이나 된다고"[7]할 정도로 왜검은 명군에게도 많

　　로 통일하고자 한다. 이는『武藝圖譜通志』에 실린 왜검 4류(土由流, 運光流, 千柳流, 柳彼流)
　　와 혼동을 막기 위해서이다.
6)　『宣祖實錄』卷34, 宣祖26年 1月 11日 丙寅.
7)　『宣祖實錄』卷34, 宣祖26年 1月 10日 乙丑.

躍步勢
此乃騎龍如探
馬刀前牌後誘
人來轉過牌來
刀在後低平坐
下靠和接

低平勢
此真平對敵勢
也用推步須要
帶標一根身在
牌內標步齊進
百發百中

『기효신서紀效新書』 중 등패籐牌

『기효신서』에 등장하는 여러 무기 중 등패는 동남 아시아 지역에서 잘 자라는 등나무를 이용하여
방호장비인 방패로 삼은 무예였다. 그림에는 등패로 막고 칼로 내려치는 약보세와 칼을 접고 표창을
뽑아 적에게 던지는 저평세의 모습이다. 임진왜란을 거치면서 등패와 같은 중국무예 뿐만 아니라
왜검과 같은 일본의 무예도 조선군에 보급되었다.

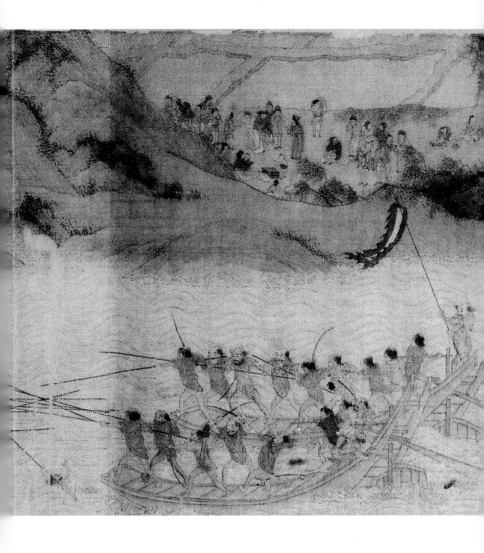

『왜구도권倭寇圖卷』에 실린 명군과 왜구의 전투도
14~16세기 한반도나 중국 대륙 연안을 습격한 일본의 해적 집단을 '왜구'라 한다. 명과 조선이 왜구의
약탈에 대비해 관방시설을 정비하는 등 해안방어력을 강화하자 점차 규모가 늘어나고 및 전술을
다변화하였다. 그들의 주력무기가 빠르고 강한 왜검이었다. (국립중앙도서관 소장)

은 타격을 입혔다. 또한 명의 기병騎兵도 왜검에 많은 시련을 당했는데, 1593년 1월의 벽제관 전투를 평하던 유성룡은 "이때 제독이 거느린 군사는 모두 북방의 기병으로서 화기火器도 없고 다만 짧막하고 무딘 칼만 가졌을 뿐이다. 적병은 보병으로서 칼이 모두 서너 자가 되는 예리하기 비길 데 없는 것이었다. 이들과 충돌해 싸우는데 적병은 긴 칼을 좌우로 휘둘러 치니 사람과 말이 모두 쓰러져서 감히 그들의 날카로운 기세를 대적할 수 없었다."[8]고 언급했을 정도로 명의 기병도 왜검에 많은 수가 희생되었다.

당시 다른 전장에서도 왜검에 대한 위력이 상당하였는데, 심지어 왜군들이 칼날을 번뜩이고 달려오면 조선군들은 그 위세에 눌려 칼집에서 칼을 뽑지도 못하고 전멸하는 최악의 사태까지 발생하였다.[9]

이런 상황을 타개하기 위하여 조선은 일본과 명나라의 단병무예를 적극적으로 수용하게 되는데, 일본 단병무예의 경우는 직접적인 위력을 감당하기 위하여 항왜병降倭兵들에게 검술교관 자리를 만들어 주어 조선군에게 왜검법을 직접 교습하기에 이른다.

특히 선조는 새로 신설된 훈련도감의 젊은 무사들에게 검술훈련의 중요성을 내비치면서 만약 시재試才할 때 검술이 우수한 자는 상을 주고, 검술 훈련이 미비한 자는 치죄한다고 하여 검술훈련을 독려하였다.[10] 이처럼 검술의 중요성을 인식하고 보다 적극적으로

---

8) 柳成龍, 『懲毖錄』 卷2.
9) 『武藝諸譜』「籌海重編交戰法」故與倭對陣 倭輒敢死突進 我軍雖有持槍而帶劒者 劒不暇出鞘 槍不得交鋒 束手而盡衄於兇刃皆由於習法之不傳.
10) 『宣祖實錄』 卷53, 宣祖27年 7月 乙未. 傳曰 閞劍術不能爲之云 出身堂上以下 年少武士 抄出爲之 而後日親臨試才時 入格者重賞 不能者治罪矣 治罪事 言于訓鍊都監.

왜검을 익히기를 강조하였는데 다음의 사료를 보면 조선의 절박한 상황을 이해할 수 있을 것이다.

> (상이) 전교하였다. 왜인이 투항해 왔으니 후하게 보살피지 않을
> 수 없다. 외방으로 보낼 자는 빨리 내려 보내고 그 중에 머물러
> 둘 만한 자는 서울에 머물러 두고 軍職을 제수하여 銃劍을 주조
> 하거나 검술을 가르치거나 焰硝를 달이게 하라. 참으로 그 묘술
> 을 터득할 수 있다면 적국의 기술은 곧 우리의 기술이다. 왜적이
> 라 하여 그 기술을 싫어하고 익히는 일을 게을리 하지 말고 착실
> 히 할 것을 비변사에 이르라.[11]

위의 기사를 보면, 투항한 항왜병降倭兵들로 하여금 군직을 제수하여 총검을 주조하거나 검술을 가르치는 일을 시켰으며, 적국의 기술이 곧 우리의 기술이라 강변하며 왜검법의 묘수를 터득하기 위하여 선조가 직접 나서서 이를 권장하는 것을 엿볼 수 있다.

그러나 선조의 적극적인 지지입장에도 불구하고 조선군에서는 왜검의 기법이 직접 전수되기에는 많은 한계가 따랐다.

> 비망기로 일렀다. 우리 나라 습속은 남의 나라의 기예를 배우기를
> 좋아하지 않고 더러는 도리어 비굴하게 여긴다. 왜인의 검술은

---

11) 『宣祖實錄』卷53, 宣祖27年 7月 乙巳. 倭既來投 不可不厚撫 外方可送者 則斯速下送 其中可
   留者 留置京中 除以軍職 或鑄劍銃 或敎劍術 或煮焰硝 苟能盡得其妙 敵國之技 卽我之技也
   莫謂倭賊 而厭其術慢於習 着實爲之 言于備邊司.

대적할 자가 없다. 전일 降倭 다수가 나왔을 때 그 중에 검술이 극히 묘한 자가 많이 있었으므로 적합한 자를 뽑아 장수로 정하여 교습시키도록 별도로 한 대열을 만들라고 전교를 하기도 하고 친교를 하기도 한 적이 한두 번이 아니었는데 끝내 실시하지 않고 그 항왜들을 모두 흩어 보냈다. 원수의 왜적이 아직 물러가지 않고 있는데 시속의 습관이 이와 같으니 가탄할 일이다.[12]

선조가 직접 여러 번에 걸쳐 검술이 뛰어난 항왜병을 중심으로 조선군들에 대한 검술교련을 지시하였으나 그 지시를 받은 조선군영에서는 이것이 제대로 지켜지지 않았음을 보여준다. 아마도 이는 살수의 경우 당시 시재를 치루려 해도 평가할 인원이나 방법이 없어 당시 훈련도감의 편성군 중 포수砲手, 사수射手, 살수殺手의 삼수병체제에서 살수殺手가 난해한 종목으로 인식되어 군사들이 배우기를 꺼려한 것으로 추정된다.[13] 그러나 이후 왜검법의 적극적인 훈련을 목적으로 아동대를 편성하는 등 적극적인 방안이 모색되어 조금씩 조선군영에 왜검법이 정착하게 된다.[14]

그리고 명나라의 무예를 익히기 위하여 선조宣祖 31년(1598) 훈련도감訓鍊都監 낭청郎廳 한교韓嶠를 중심으로 명明나라의 병법서인

---

12) 『宣祖實錄』卷53, 宣祖27年 12月 庚午. 備忘記曰 我國之習 不喜學他國之技 或反撓之 倭人 劍術 所向無敵 前日降倭 多數出來時 其中多有用劍極妙者 抄擇可人 定將學習 別爲一隊事 或傳敎 或親敎 不一不再 終不施 皆散遣其倭 讐賊未退 而時習如此 可歎.
13) 『宣祖實錄』卷62, 宣祖28年 4月 辛未. "思欲殺手 依砲手例 試才別賞 而賞布不繼 兼且殺手 之譜 人不能知之 緣此未果行 將依所啓 試才論賞 但旣不能通曉其譜 則第其高下爲難."
14) 『宣祖實錄』卷64, 宣祖28年 6月 庚午. "上敎曰 兒童砲 殺手隊 良賤姓名年歲 竝書啓 訓鍊都 監啓曰 五部兒童五十餘名 試才入格十九人 而未入格之中 亦多可抄之兒 故更爲聚會試才 則 可合學釖者十六人 通計前後所抄 則三十五人 與李榮白哨兒童之數相敵."

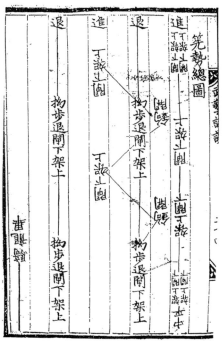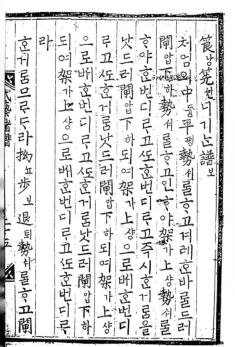

『무예제보武藝諸譜』 중 낭선狼筅

『무예제보』 중 낭선狼筅은 명군에서 도입된 가장 독특한 무기로 조선군이 그 모습을 보고 비하할 정도로 낯설었다. 낭선은 대나무 가지에 철조각을 달고 독을 묻혀 일종의 움직이는 철조망 역할을 담당해서 적의 돌입을 막는 최고의 방어형 무기였다. 빗자루로 쓸어 내 듯 독특하게 좌우로 적을 쓸어버리는 구개세가 특징이다. 낭선총보에서 대각선으로 그려진 모습이 구개세의 움직임이다.

倭왜 釰검 니기는譜보

두사룸이맛서셔두라드러다向향前젼殺살賊적

勢셔로뻐칼훌엇다혀셔르대잇기룰두적호란

윤이進진前젼殺살賊적勢셔로뻐甲갑을向향

야티거든甲갑이올훈다리룰나오며即즉지그칼

흘드러뻐곰乙을의칼훌막끄거뤼윈뒤플모굴티

라

乙을이도進진前젼殺살賊적勢셔로뻐甲갑을向

향호야티거든甲갑이윈바룰나오혀乙을의올효

『무예제보번역속집』 왜검 언해본
서로 칼을 맞대고 검 교전을 하는 방식으로 훈련했으며, 뒷목이나 발뒤꿈치 등 특정부위를 공격하는
실전적인 모습을 담고 있다. 일반 군사들이 쉽게 읽을 수 있도록 언해본을 함께 실었다.

『기효신서』에 수록된 기예 중 여섯 가지를 뽑아내어 『무예제보』를 편찬하게 된다. 『기효신서』는 명나라 장수인 척계광戚繼光이 만든 병서兵書로, 당시 왜구들에게 절대적인 우세를 보였던 절강병법浙江兵法의 요체가 담긴 군사서적이었다.

『무예제보』에 실린 여섯 가지 무예는 곤棍, 등패籐牌, 낭선狼筅, 장창長槍, 당파鐺鈀, 장도長刀 등의 여섯 가지로 일본군의 단병접전을 방어 및 공격하는데 효과적인 기예들로 집중되었다. 이 여섯 가지 무예가 전장에서 어떻게 활용되는지는 『병학지남연의兵學指南演義』에 비교적 자세히 기술되어 있다.

> 長槍과 鐺鈀 두 종류는 적을 죽이는 기구이고, 防牌와 狼筅 두
> 종류는 적을 방어하는 기구이며, 또 창과 낭선은 短兵 중에 長兵
> 이고, 防牌와 鐺鈀는 短兵 중에 短兵이다. 이 陣營은 하나는 긴
> 병기를 사용하고 하나는 짧은 병기를 사용하며, 하나는 적을 죽
> 이는 병기를 사용하고 하나는 적을 방어하는 병기를 사용하며,
> 여러 가지 병기를 혼합 운용함으로써 승리를 거둔다.[15)]

이처럼 단병접전短兵接戰 시에 긴무기와 짧은 무기를 적절히 배치하여 "모든 병기의 이로움은 곧, 긴 것이 짧은 것을 위하고, 짧은 것이 긴 것을 구한다면 함락되지 않는다"[16)]라는 병종의 다양화를 통해 왜검에 대해 적극적으로 대처하였다. 이처럼 소규모 부대형

---

15)　『兵學指南演義』 營陣正彀 2卷.
16)　『武藝圖譜通志』 卷首,〈技藝質疑〉"五兵之利 長以衛短 短以救長 不可陷之."

태로 긴무기와 짧은 무기를 조화롭게 배치한 것이 원앙진법鴛鴦陣法인데, 임진왜란 당시 평양성 탈환전투에서도 원앙진법은 조총과 왜검으로 편성된 부대를 제압하고 조명연합군의 승리를 이끌어준 새로운 진법이었다.

이후 광해군光海君 2년(1610)에는 『무예제보』에서 빠진 다섯 가지 기예를 보완하기 위하여 『무예제보번역속집』을 편찬하였는데, 여기에는 권법拳法, 언월도偃月刀, 협도곤夾刀棍, 구창鉤槍, 왜검倭劍 등의 기예가 수록되었다. 여기에 부록으로 일본국도日本國圖, 일본고日本考, 왜선倭船, 구술寇術, 왜도倭刀 등을 함께 수록하여 당시 일본을 이해하기 위하여 다양한 방면까지도 심혈을 기울인 부분을 엿볼 수 있다.

여기에 실린 왜검보를 통해 임란 당시 조선 군영에 보급되어 수련된 왜검의 형태를 짐작할 수 있다. 그런데 왜검은 일종의 겨루기 형태의 교전방식으로 구성되었는데, 자세명을 살펴보면 진전살적進前殺賊, 선인봉반仙人捧盤, 하접下接, 제미살齊眉殺, 용나호확龍拏虎攫, 적수適水, 향상방적向上防賊, 초퇴방적初退防賊, 무검사적撫劍伺賊 등이 있다.

이러한 자세들은 [표 1]에서 보는 바와 같이 거의 중국식 명칭인 곤棍과 장도長刀의 자세명칭을 특징에 따라 재조합하여 사용하였다고 볼 수 있다.

[표 1] 『무예제보』의 棍과 長刀 및 『무예제보번역속집』의 倭劍交戰 비교

구분 자세명	棍(武藝諸譜)	長刀(武藝諸譜)	倭劍(交戰) (武藝諸譜飜譯續集)
1	偏身中攔勢	見賊出劍勢	進前殺賊勢
2	大當勢	持劍對賊勢	向前擊賊勢
3	大剪勢	向左防賊	下接勢
4	大吊勢	向右防賊	持劍對賊勢
5	逐水勢	向上防賊	仙人捧盤勢
6	仙人捧盤勢	向前擊賊	霽眉殺勢
7	霽眉殺勢	初退防賊	龍拏虎擭
8	倒頭勢	進前殺賊	左防賊勢
9	下穿勢	持劍進坐	右防賊勢
10	閃腰剪勢	拭劍伺賊	逐水勢
11	下接勢	閃劍退坐	向上防賊勢
12	直符送書勢	揮劍向賊	初退防賊勢
13	走馬回頭勢	再退防賊	撫劍伺賊勢
14	上剃勢	三退防賊	
15		藏劍賈勇	

　또한, 『무예제보번역속집』의 왜검 교전방식에는 '오른다리를 물리며 조금 쪼그리고 앉아 을乙의 왼 팔목을 친다', '오른편으로 들어가 옆으로 서서 칼을 들어 을의 뒷목을 친다', '을의 왼 손등을 누르고 그 칼날로써 오른손을 당겨 을의 칼을 빼앗는다' 등 매우 구체적으로 몸의 움직임과 공격부위를 제시하고 있을 정도로 세부적인 검교전 방식을 담고 있다.

　다음의 내용은 『무예제보번역속집』의 왜검교전법의 내용으로 보다 실전적인 부분을 확인할 수 있다.

[그림 1] 『무예제보번역속집』의 왜검교전법 중 향전격적세向前擊賊勢와 하접세下接勢[17)

乙이 또 進前殺賊勢로 甲을 향하여 치면 甲이 왼발을 나아가며 乙의 오른쪽을 향하여 칼로 乙의 손목을 가격한다. 이어서 몸을 뒤집으며 뛰어 나아가며 오른쪽으로 들어가 옆으로 서며 칼을 들어 乙의 목을 친다.[18)

이러한 공격 방식은 공격과 방어를 주고받으며 만들어진 것으로 갑주를 착용한 적을 가장 효과적으로 제압할 수 있는 신체 부위에 집중되어 있으며, 전쟁터에서 바로 사용할 수 있는 가장 실전적인 자세들의 모음이라고 할 수 있다.[19) [그림 1]은 『무예제보번역속

17) 『武藝諸譜飜譯續集』 倭劍譜, "甲이 향전격적세로 乙의 가슴을 치고 을이 하접세로 갑의 오른쪽 다리를 베거든 甲이 오른쪽 다리를 물리며 앉으면서 지검대적세로 乙의 머리를 향하여 치거든 을이 선인봉반세로 막아 즉시 칼날을 대고 서로 물러나라."
18) 『武藝諸譜飜譯續集』 倭劍譜, "乙又以進前殺賊勢 向甲擊之 甲進左足 向乙右邊 以劍加乙右手之擊 仍飜身跳進 入右橫立 擧劍 擊乙項."
19) 실제로 『武藝諸譜飜譯續集』에 등장하는 기예를 복원하여 대련할 경우 직선적인 KENDO방식의 손목, 머리, 허리 그리고 찌르기 식의 공격법이 아닌 상대를 완전히 뒤로 돌아 제압하거나

집』에 실린 왜검교전법의 일부이다.

그러나 병자호란丙子胡亂을 거치면서 기병전술이 우수한 북쪽의 적을 막기 위하여 보병의 단병무예短兵武藝보다는 조선의 원래 장기인 기병무예騎兵武藝와 화약무기火藥武器를 선호하는 상황이 발생하였고, 조선의 군영에서는 살수들이 익히던 왜검법이 자취를 감추게 된다.[20]

특히 북벌을 강력하게 추진하였던 효종대에는 북벌의 선봉부대인 어영청을 대폭 개편 및 강화하고, 금군禁軍을 기병화하는 등 청군淸軍의 장기였던 기병에 대항하기 위해 전술이 변화하였고, 보병 또한 살수殺手보다는 포수砲手에 더 많은 관심을 기울이게 되었다.[21]

이는 조총의 성능향상과 더불어 궁노弓弩 등의 원거리 개인무기가 발달하면서 포수砲手와 기병으로 구성된 전법이 가능해졌기에 대청전략對淸戰略에서 살수의 기예보다 포수와 기병이 효과적이기 때문이었다.

3. 17세기 이후 왜검교전의 변화와 특징

전장에서 화약무기에 대한 비중이 날로 증가함에 따라 훈련도

상대의 칼을 완전히 제압하고 갑옷의 방호력이 떨어지는 뒷목이나 뒷다리를 집중 공략하는 식의 실전적인 형태가 많이 나타난다.

20) 盧永九, 『朝鮮後期 兵書와 戰法의 연구』, 서울대학교 박사학위논문, 2002, 163쪽.
21) 車文燮, 『朝鮮時代軍制研究』, 단대출판부, 1973, 272~274쪽.

의 이미지 레이블:
雖將十
挾馬武藝廳軍十五
近侍軍士
別監三
挾馬軍士藝廳十五
近侍軍士
別監三
座馬
隨行知敎官
挾馬羅軍十五
扇
扇
雖將十

「정조대왕화성행행반차도正祖大王華城幸行班次圖」 중 별감의 환도패용

국왕인 정조가 탄 말 앞에 6명의 무예별감이 호위를 하고 있다. 조선후기 국왕의 원행길 중 가장 근접거리에서 신변보호를 도맡은 것이 무예별감이다. 조선시대 그림 관례상 국왕은 행사에 참여했 더라도 그리지 않는다. 무예별감들은 허리에 조선형 전투칼인 환도環刀를 패용하는데, 이 환도를 이용하여 왜검을 익혔다. (한영우, 「정조대왕화성행행반차도」, 효형출판, 2000)

감의 삼수병三手兵체제는 조금씩 포수砲手 위주로 전환되어 갔다. 심지어 조선의 장기인 활을 쏘는 사수射手들까지도 포수砲手로 전환되어 화약무기 중심의 전술로 발달해 갔으며 활은 기병위주로 편성되었다.[22] 이런 상황에서 숙종대에는 훈련도감 전체 인원의 80%가 포수로 교체되었으며,[23] 수도인 한성을 지키는 군병의 대부분의 병력까지도 조총병으로 교체되기에 이른다.[24]

그러나 당시의 화약은 분말형태로 보관 및 운용되어 습기에 매우 취약했으며, 특히 바람이 많이 불거나 비가 오는 등 기상상태가 좋지 않을 경우 폭발력이 약화되어 안정성에 많은 문제점을 나타내었다.[25]

그래서 보통 조총병의 경우는 근접전에 대비하여 기본 무장에서 환도環刀를 함께 패용하도록 하였는데, 살수기법殺手技法의 약화로 인하여 환도가 제 구실을 못하게 되었다. 또한 포수砲手의 급격한 증가로 인하여 사수射手의 숫자가 줄어듦에 따라 원거리에 대한 화포와 조총 공격 이후 사수들이 감당했던 일정한 시간적 여유가 줄어들어 전장에서는 또 다시 살수殺手에 대한 필요가 발생하였다.

또한 여기에 일본의 재침입 소문이 돌자 이에 대한 대응책으로 군영에서는 왜검을 다시금 익히게 하였다. 당시 일본의 재침입 문제는 단순한 소문일지라도 민심은 물론이고 조정내부에서도 매우 중요한 사안으로 인식되었다.[26] 따라서 이에 대한 군사적 반응 역

---

22) 『備邊司謄錄』제47책, 숙종 19년 12월 4일.
23) 『備邊司謄錄』제59책, 숙종 34년 11월 29일.
24) 『備邊司謄錄』제70책, 숙종 43년 9월 29일.
25) 『備邊司謄錄』제51책, 숙종 26년 10월 7일.

시 빠르게 나타나게 된 것이다. 다음의 사료를 살펴보면 일본의 재침입 소문이 조정을 비롯한 백성들에게 얼마나 심각하게 받아 들였는지 이해할 수 있을 것이다.

對馬島主 平義眞의 글에 '東寧의 鄭錦舍가 奇兵을 크게 모아 風舶으로 만릿길을 와서 貴國의 지방을 침범하려 한다.'는 말이 있었는데, 中外가 잇달아 소요하고 訛言이 날로 커져서 海寇가 아침저녁 사이에 곧 올 것이라고 생각하므로, 朝廷에서 倭國의 사정을 정탐하고자 하여, 박재흥이 渡海할 때에 겉으로는 問慰라 이름하고 銀을 많이 가져가서 그 글의 뜻이 참된 것인지 거짓인지를 알아보게 하였다.[27]

이러한 군영의 전술적 변화와 대외정세와 맞물려 이를 타개하기 위한 일환으로 숙종대肅宗代에 훈련도감訓鍊都監 군교軍校 김체건金體乾에 의해 왜검법이 다시 조선 군영에 보급되게 된다.[28] 김체건은 동래東萊 왜관倭館에 몰래 숨어들어 왜검법을 익혔다.[29]

26) 鄭奭種, 『조선후기사회변동연구』, 일조각, 1983.
27) 『肅宗實錄』 卷15, 肅宗10年 3月 丁丑. "先是 馬島主平義眞書中有東寧鄭錦舍丕募奇兵 風舶萬里 侵于貴國地方之語 中外繹騷 訛言日盛 以爲海寇朝夕必至 朝廷欲探倭中事情 再興之渡海也 外以問慰爲名 令多齎白金 以覘其書意之誠僞."
28) 일본의 재침에 대비한 성 축성 문제도 함께 논의되어 임진왜란 가장 뼈아픈 패배였던 충주의 탄금대 전투패배를 기억하며 1708년 11월에 조령 축성이 허가되고 이듬해 축성이 이뤄졌다.(『肅宗實錄』 卷46, 肅宗34年 11月 壬辰.)
29) 『武藝圖譜通志』 倭劍 案, "軍校金體乾 趫捷工武藝 肅廟朝嘗隨使臣入日本得劍譜學其術而來."; 柳本學, 『金光澤傳』, "體乾自願得其法 遂潛入倭館 作雇奴."; 『承政院日記』 肅宗 5年 7月 27日 "赫然日 劍術 天下皆有之 日本爲最 我國獨無傳習之人 心常慨然也 臣欲送一人於東萊 使之傳習 府使李瑞雨處 以劍術可學與否 觀勢相通之意 言送矣 今見其所答 則以爲似有可傳之路云 臣管下 有一可學之人 下送此人 學劍 何如 上日 送之 好矣."

특히 조선검법과 일본의 왜검법을 익힌 김체건은 중국에 연행사의 일원으로 참가하여 중국의 무예까지 모두 익히게 된다. 다음의 사료를 통해 이를 확인할 수 있다.

金錫冑가 使命을 받들고 淸나라로 가게 되었는데, 大興山城 및 棘城·慈母·鐵瓮 등의 산성을 둘러보며 형편을 살피고 오겠다고 청하였다. 이어 訓鍊都監의 병사 중에 몸이 날래고 힘이 세며 무예에 뛰어난 1인으로서 柳赫然이 재직할 때 東萊에 내려 보내어 왜인의 劍術을 배웠으며, 근래에는 禁衛營으로 소속이 옮겨진 자가 있는데, 이번의 가는 길에 데리고 가서 중국의 기예를 배우게 하자고 청하니, 임금이 모두 윤허하였다.[30]

위의 사료를 보면 우의정인 김석주가 청의 사신으로 떠날 때, 동래 왜관에 들어가 왜인의 검술을 배운 금위영 소속의 군사를 데리고가 중국의 무예를 함께 익히게 하겠다는 내용이다. 여기에 등장하는 '동래에 내려 보내어 왜인의 검술을 배운' 사람이 바로 김체건이었다.

당시 김석주는 "특지特旨로써 우의정右議政 김석주金錫胄를 호위대장扈衛大將으로 삼았다. 임금은 김석주가 재상에 임명된 후 大將을 겸할 수 없어 수하에 친병親兵이 없다는 이유로써 이러한 명령

---

30) 『肅宗實錄』卷13, 肅宗 8年 10月 辛巳. "錫胄將奉使往淸國 請歷觀 大興山城 及棘城 慈母 鐵瓮等 山城 以審形便 仍言訓局軍兵中 有趫捷有力 善武藝者一人 柳赫然在時 下送東萊 學倭人劍術 近者移屬禁營 請於今行率往 俾學彼中技藝 上竝許之."

조선 환도
조선 환도는 일반적인 상황에서는 손잡이가 뒤로 가도록 패용할 수 있도록 칼집에 '띠돈'이라는 360도 회전형 고리가 달려 있다. 만약 전투가 발생하면 손잡이를 앞으로 돌려 바로 출검할 수 있는 방식이다. 반면 일본도(왜검)의 경우는 허리끈에 칼을 칼날이 위를 가도록 패용하는 것이 보편적이었다.

을 내렸다.[31]"라고 할 정도로 군무軍務에 관한 일을 숙종에게 신임
을 얻고 있었던 상태였다. 김석주는 숙종의 최측근 호위부대를 책
임지는 자리를 겸하고 있었기에 무예에 출중한 사람을 가까이 두
고자 하여 김체건을 중국에 보내어 중국무예까지도 익히게 했던
것이다.

숙종肅宗은 개인적으로도 살수 무예에 대하여 깊은 관심을 보
였는데, 심지어 춘당대春塘臺에서 마상무예인 편추鞭芻와 창검을 다
루는 살수殺手 기예를 시험하게 하여 여기서 수석首席을 한 양선한
楊選漢·이지학李之檝·박장세朴長世 등에게 모두 고을 수령守令을
바로 제수하는 등 무인들에게 깊은 관심을 보였다.[32] 숙종肅宗은 김
체건에게도 깊은 관심을 나타내어 왜검을 익히고 온 그에게 직접
검술 시범을 펼치게 하였고 김체건은 그의 실력을 숙종 앞에서 유
감없이 발휘하기도 하였다.[33]

이처럼 군교 김체건에 의해 재정립된 왜검법은 영조英祖 35년
(1759) 사도세자思悼世子가 대리청정하던 때에 『무예신보武藝新譜』에
토유류土由流부터 유피류柳彼流까지 여덟 가지 종류로 정리되었
다.[34] 특히 왜검법을 응용한 교전交戰의 경우는 이 병서에 실린 열
여덟 가지의 무예 중 가장 마지막으로 정리되었다. 다음의 사료를
통해 이를 확인할 수 있다.

---

31) 『肅宗實錄』卷13, 肅宗 8年 8月 壬午.
32) 『肅宗實錄』卷17, 肅宗 12年 8月 壬戌.
33) 『武藝圖譜通志』倭劍 案. "上(肅宗)召試之體乾 拂劍回旋揭踵拇而步".
34) 『凌虛關漫稿』卷7, 說, 藝譜六技演成十八般設. 『武藝新譜』는 현존하지는 않지만 세도세자의
   문집인 능허관만고에 18가지의 기예의 명칭을 기록되어 있으며,『武藝圖譜通志』에도『武藝
   新譜』와 비교하여 해당 기예를 설명하였기에 그 모습을 확인할 수 있다.

交戰은 가장 뒤에 나왔다. 군문에 있던 김체건이 일본에서 배워 온 것이 겨우 백 년 남짓 되었다. 그 손의 수법과 발을 쓰는 법이 교묘하여 치고 찌르는 것을 자세히 살펴보면 편곤과 권법에 비해 몇 갑절이나 편리함이 있으니 먼 거리 병기로도, 가까운 거리의 병기로 일컬을 수 있지 않겠는가?[35]

그리고 정조正祖 14년(1790)에는 지상무예 열여덟 가지, 마상무예 여섯 가지 등이 확대 개편되어 『무예도보통지武藝圖譜通志』라는 이름으로 편찬된다. 여기에 수록된 왜검은 투로套路를 가지고 개인이 혼자 수련하는 방식의 4가지 류流와 두 사람이 함께 검을 맞부딪치며 수련하는 교전방식 한 가지로 정리되었다.

앞서 살펴본 『무예제보번역속집』과 『무예도보통지』의 왜검 교전 방식의 차이를 교전 기법을 중심으로 살펴보면 다음과 같다.

첫째, 두 기예 모두 일대일의 약속격검의 형태를 보이나 『무예제보번역속집』의 왜검의 경우는 한 가지 공격법을 중심으로 일방적인 공격자와 방어자로 구분되어 해당 세가 마무리 된다. 그러나 『무예도보통지』 왜검 교전의 공격법은 동일한 세를 갑甲과 을乙이 선후로 나눠 진행하여 동일 한 공격을 반복한다.

이는 동일한 교전법이라 하더라도, 당시 검법훈련의 목적성 차이 때문이다. 『무예제보번역속집』이 편찬될 때는 시급하게 왜군과 대적하기 위해 외날의 긴 도刀의 핵심 용법인 적을 한 번에 내려

---

35) 上同條, "交戰最後出 軍門人金體乾學來於日本者 僅爲百年餘 其手勢足法之巧 於擊刺視 鞭拳有倍蓰之利 謂之一遠二近之器."

베는 공격법이 주를 이루었다. 하루빨리 교전법을 익혀 전장에 투입준비를 해야 하는 절박한 상황이었기에 보다 실전적인 기법들이 주를 이뤘다.

반면『무예도보통지』에 수록된 교전법은 다양한 검의 활용법을 익히는 일종의 기본훈련 목적으로 만들어졌기에 찌르기 훈련이 추가 된 것이다.

둘째,『무예제보번역속집』왜검 교전에는 찌르기 기법인 자법 刺法이 전혀 나타나고 있지 않다. 그러나『무예도보통지』의 왜검교전에는 중간의 한 마디에 '일도일자일타一挑一刺一打'라 하여 상대방을 향해 깊숙이 파고들어 달려 들어가 찌르는 기법이 존재한다.[36]

이는 당시 사용한 무기의 차이에서 나타난 것인데,『무예제보번역속집』에 실린 왜검교전은 당시 왜군의 왜검과 대적하기 위하여 외날의 긴 도刀를 사용하였기에 뛰어 들어가 찌르는 기법 보다는 큰 칼을 이용하여 적을 한 번에 내려 베는 공격기법이 주를 이뤘기 때문이다.[37]

반면『무예도보통지』의 기법은 초기의 찌르기 공격기법이 주를 이룬 양날 검劍의 형태로 수련되었으며, 수련 과정에서 긴 왜검으로 수련하기보다는 조선군에서 보급된 짧은 환도규격의 칼을 사용하였기에 찌르기 공격이 등장한 것으로 볼 수 있다.

---

[36] 『武藝圖譜通志』倭劍. "乙一挑一刺一打 甲下剪打."
[37] 『武藝諸譜飜譯續集』의 전신격인 『武藝諸譜』에 실린 雙手刀의 경우도 이와 유사한 형태를 띠고 있다. 쌍수도의 경우는 명나라 장수인 척계광이 크고 날카로운 왜구의 검과 대적하기 위하여 만든 검법으로 전장길이가 6척 5촌이나 되며 무게는 2근 8량에 해당한다. 이와는 대조적으로 조선에서 주로 사용한 예도는 전장 4척 3촌에 무게는 1근 8량으로 상당히 짧은 규격에 속한다. 『武藝圖譜通志』雙手刀, 銳刀 참고.

『무예제보번역속집』 중 왜검 - 지검대적세와 선인봉반세
『무예제보번역속집』에 실린 왜검법의 모습이다. 그 중 머리 위로 들어 올려 크게 적을 공격하는
기법인 향전격적세와 아래서 위로 걸쳐 올리는 공격을 방어하거나 맞받아치는 하접세의 그림이다.
이 병서 실린 왜검법은 전투에 즉각 활용할 수 있도록 공격의 부위를 머리, 손목, 무릎, 뒷다리
등으로 세세하게 나눠 훈련할 수 있도록 하였다.

셋째,『무예제보번역속집』 왜검 교전에는 칼이 아래서 위로 올
라가는 요탸撩나 약탸掠의 형태 혹은 과좌跨左, 과우跨右의 공격기법이
보이지 않는다.[38] 그러나『무예도보통지』의 왜검 교전의 경우는
'외일박外一拍 내일박內一拍'이나 '수검일타垂劍一打' 등 검이 아래서
위로 움직이는 공격기법이 자주 등장한다. 이는 앞서 살펴본 찌르
기의 등장 이유와 마찬가지로 사용하는 무기의 변화와 밀접한 연
관이 있는데, 칼이 크고 무거울 경우는 아래서 위로 올려 치는 기
법 보다는 위에서 아래로 내려치는 기법이 효율적이다.[39] 반대로

---

38) 보통 撩나 掠은 검을 사용하는 무예에서 아래서 위로 걸쳐 올라가는 공격이나 혹은 방어를
말한다.『武藝圖譜通志』銳刀의 자세 중 撩掠勢의 경우 언해에 '도도아 훑는 격이다'라고 하
여 아래서 위로 훑어 올리는 공격기법을 말한다. 또한 跨左나 跨右의 경우는 검을 자신의
좌우에 걸치듯 늘어 뜨려 사용하는 기법을 말한다.

칼이 짧을 경우는 위에서 아래로 치는 기법과 거의 대등한 비율로 아래서 위로 걷어 올려 치는 기법이 발달한다.

넷째, 『무예제보번역속집』의 왜검 교전 방식에서 상대방을 공격하는 부위는 크게 머리, 팔, 손목, 무릎, 뒷다리 등 신체 전반에 걸쳐 다양하게 나타난다. 그러나 『무예도보통지』의 왜검교전 방식에는 주로 상대방의 머리 혹은 몸통 등 가장 공격하기 편한 기법으로 구성되어 있다.

이는 앞서 살펴본 것처럼 사용하는 칼의 길이가 달라졌음은 물론이고 당시의 상황이 전투에서 실질적인 타격을 입히기 위한 수련법보다는 칼을 사용함에 있어서 기본이 되는 기본기의 연결 방식으로 단순화하여 변화된 것으로 볼 수 있다.

결론적으로, 『무예도보통지』에 수록된 왜검교전의 방식은 [표 2]와 같이 두 사람이 거의 대칭적으로 검을 부딪치는 것을 기본으로 하고 있는데 '견적출검세를 취하되 칼을 들고 뛰어 나가 서로 한번 맞붙고', '칼날로 안으로 한번 치고 밖으로 한번 치고 몸을 되돌려 바꾸어 서며'등 가장 기본적인 검교전 방식을 취하고 있다. 이는 16세기 후반의 왜검교전倭劍交戰 방식이 변화 혹은 소멸되고 18세기 후반에 조선화된 왜검교전이 새롭게 탄생한 것이라고 볼 수 있을 것이다.[40]

---

39) 이러한 이유로 인하여 현재 스포화된 검 겨루기인 Kendo의 경우는 아래서 위로 올려 치는 기법이 아예 존재하지 않는다. 이는 칼이 길고 무거울 경우 걸쳐 올리기 위하여 칼을 좌우로 넘길 때 전면이 노출되는 시간이 길기 때문이다. 반면 칼이 짧은 경우는 좌우로 넘겨 올려치는 시간이 상대적으로 짧다.

40) 『正祖實錄』卷6, 正祖 2年 9月 癸巳. 이날의 기사를 살펴보면 군문의 기예명칭을 통일시키는 작업의 일환으로 여러 단병기예에 대한 명칭통합작업 실시된다. 특히 왜검의 경우는 연속된

[그림 2] 『무예도보통지』의 교전 중 일부[41]

[표 2] 『무예제보번역속집』과 『무예도보통지』의 倭劍交戰 자세 비교

구분 자세명	『무예제보번역속집』	『무예도보통지』[42]	
1	進前殺賊勢	開門 (兩人 右手負劍 左手左挾)	
2	向前擊賊勢	2. 見賊出劍勢(交劍)	3. 回身換立 右藏劍
3	下接勢	4. 一剪打 一擧打 又 一剪打	5. 內一拍 外一拍 回身換立
4	持劍對賊勢	6. 垂劍一打右下藏 高擧一打	7. 乙 一壓一接 又左藏 內一拍 外一拍
5	仙人棒盤勢	8. 垂劍一打 左藏	9. 退步 一壓 一接 又 一壓
6	齊眉殺勢	10. 左藏 內一拍 外一拍 回身換立 垂劍一打 右下藏	11. 一壓 一接
7	龍拏虎攫	12. 左藏 內一拍 外一拍 回身換立 垂劍一打 右下藏	13. 戴劍 左垂劍打 右垂劍打 又 左垂劍打

투로로 구성된 왜검과 牟劍 혹은 皮劍 겨루기 방식의 교전 두 가지로 완전히 구분되어 사용되었음을 알 수 있다.

41) 『武藝圖譜通志』 交戰, "甲乙各左藏 以刃內一拍 外一拍 回身換立 垂劍一打 右下藏"

42) 『武藝圖譜通志』(倭劍)交戰의 경우 양이 너무 많은 관계로 交戰總圖를 중심으로 甲과 乙의

8	左防賊勢	14. 擧刀高打 左垂劍一打 右下藏	15. 劍一打 又 一打 左垂劍 防 右垂劍防 又 左垂劍防
9	右防賊勢	16. 擧刀高打 左垂劍一打 右下藏	17. 下剪打
10	適水勢	18. 戴劍 左垂劍打 右垂劍打 又左垂劍打	19. 乙 退步 左垂劍防 右垂劍防 又左垂劍防
11	向上防賊勢	20. 擧刀高打 左垂劍一打 右下藏	21. 一跳 一刺 一打
12	初退防賊勢	22. (乙) 進前戴劍 左垂劍打 右垂劍打 又 左垂劍打	23. 退步 左垂劍防 右垂劍防 又 左垂劍防
13	撫劍伺賊勢	24. 擧刀高打 左垂劍一打 右藏劍	25. 投劍相撲 畢

또한 『무예제보번역속집』의 왜검교전의 자세 하나 하나에 '~세
勢'라는 이름으로 정리되어 있으나, 『무예도보통지』의 교전에서는
세의 명칭이 따로 없이 그 형태만을 기록한 것으로 보아 새롭게 창
작된 기본 겨루기 방식을 수록한 것이라고 짐작할 수 있을 것이
다.[43] 그리고 『무예제보번역속집』에서 왜검을 익힐 때 사용하는 칼
은 외날은 도刀의 형태로 수련하였으나, 『무예신보』에는 양날인 검
劍을 가지고 교전하는 방식이 실려 있기 때문에 두 가지의 수련법
이 다른 것임을 확인 할 수 있다.[44]

자세 중 甲의 자세를 위주로 설명함.

[43] 무예에 있어서 '勢'는 지킬 수도 있고 공격할 수도 있는 하나의 가능성의 묶음으로 볼 수 있
다.(可以守 可以攻 故謂之勢 - 『武藝圖譜通志』 拳法) 특히 이러한 勢의 명칭을 중국의 무예
에서 주로 사용하였는데, 중국의 무예가 조선에 전파되면서 조선에서도 이러한 勢라는 이름을
사용하였다.

[44] 『武藝新譜』에는 양날인 劍의 형태로 수록되었다가 이후 『武藝圖譜通志』에 다시 실릴 때 외
날인 도로 수련하는 방식이 변화하였다. 이는 두 사람이 교전을 연습하다가 양날의 검일 경우
많은 부상을 입었기에 변화한 것이다. (『武藝圖譜通志』 倭劍 案, "且交戰譜所畫刀皆兩刃 今

4. 18세기 투로 방식의 왜검 정착과 그 내용

앞서 살펴본 것처럼 『무예제보번역속집』과 『무예도보통지』에 실린 왜검교전은 많은 차이점을 나타낸다. 이러한 두 사람이 검을 맞대고 수련하는 교전방식 이외에도 『무예도보통지』에는 개인이 혼자 익힐 수 있는 개인 투로套路방식의 토유류土由流, 운광류運光流, 천유류千柳流, 유피류柳彼流 등 총 4가지 종류의 왜검이 수록되어 있다.

그러나 숙종대 김체건에 의해 도입된 왜검은 영조대에 이르러 다시금 약화되어 오직 운광류運光流 한 가지 만이 군영에 남게 되었다.[45] 다행히 사도세자思悼世子가 대리청정하던 시절 수련되지 않았던 나머지 왜검도 모두 다시 군영에서 수련할 수 있도록 재정리되었다.[46] 이는 사도세자의 대리청정 시절 신진무반계층을 적극적으로 육성하기 위하여 펼친 일련의 과정에서 만들어진 것인데, 사도세자는 을해옥사乙亥獄事 과정에서 자신의 세력이었던 평안병사平安兵使 조동하趙東夏와 많은 신흥 무반층을 잃으면서 상대적으로 정치적 부담이 적었던 무예서 편찬으로 활로를 모색하려했기 때문이다.[47]

이때 편찬된 무예서인 『무예신보』에 수록된 투로형 왜검의 특

改正爲單刃腰刀 兩人習交戰之勢 慮其刺劘音載也")

45) 『武藝圖譜通志』倭劍 案 "體乾傳其術 至今行惟運光流中開失其傳."

46) 『凌虛關漫稿』卷7, 說, '藝譜六技演成十八般設'에는 토유류에서 유피류까지 모두 8류라고 하였는데, 이후 어느 곳에서도 8가지의 종류는 보이지 않고, 오직 『武藝圖譜通志』에 실린 4가지만 보인다. 나머지 4가지는 실전된 것으로 보는 것이 좋을 것이다.

47) 배우성, 『정조시대 군사정책과 「무예도보통지」 편찬의 배경』「震檀學會」 제28회 韓國古典研究 심포지엄, 2001, 8쪽.

倭劍總譜

右手

右手右脚打左一舉左足藏右 右手右脚打左一進坐藏劍右脚

右脚戴劍打前一舉右脚藏左 右手右脚推右 右手左脚打前一

藏劍跐立 右手右脚打左藏右 右手右脚推右一 右手左脚藏左

推右一 右手左脚藏右 右手右脚打左一 右手左脚打前一

藏劍跐立 右手右脚藏右 右手右脚打前一 右手左脚打前一

右手右脚 右手左脚打前一

運光流千利 跐立藏劍 跨虎右脚 兩手打前一 右手左脚打前一 右手右脚打前一

右手右脚 前一打

速行 横兩手劍 跨虎 兩手前一打 右手左脚打前 右手右脚打前一 右手右脚前一打

王由流 藏劍跐立挾

運光流千利

速行

『무예도보통지』 중 왜검총보

왜검을 훈련할 때 해당 자세를 연결지어 한 장에 모아 보기 쉽도록 정리한 것이다. 본 그림의 총도는 왜검 4류 중 토유류에 해당하며 칼을 오른편 어깨에 기대어 공격을 준비하는 '장검우협정립'부터 오른손과 왼발을 축으로 앞을 공격하는 '우수좌각전일타'의 세로 마무리되는 모습을 보여준다.

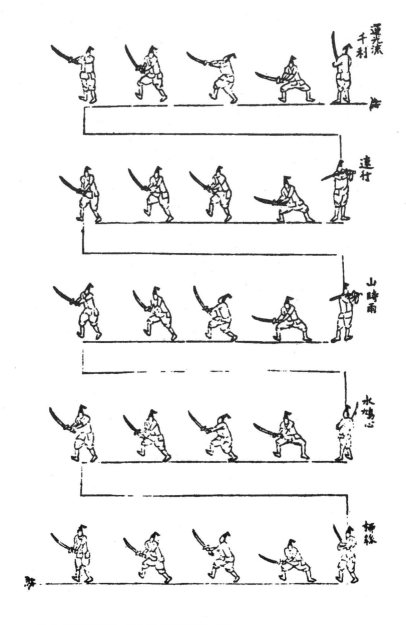

[그림 3] 『무예도보통지』 왜검 중 운광류運光流 총도

징을 살펴보면 다음과 같다.[48]

첫째, 전체적인 공격의 지점이 오직 앞을 향하여 돌격하듯이 만들어진 검보로 가장 직선적인 공격 방식으로 구성되어 있다. 이러한 왜검의 특징은 왜구들이 해안에서 육지로 상륙할 때 등 뒤로는 바다를 두고 일종의 배수진背水陣를 치듯 앞으로 돌격한 것에서 그 연유가 있다.[49] 특히 왜검 4류 중 운광류의 경우는 [그림 3]과 같이 동일한 자세의 연속이 5번씩 등장하여 그 직선적 단순함을 읽을 수 있다.

이처럼 운광류의 경우 첫 시작자세인 천리千利, 속행速行, 산시우山時雨, 수구심水鳩心, 유사柳絲 등의 세 뒤에는 동일하게 '과호跨虎, 전일타前一打, 전일타前一打, 전일도前一跳, 전일타前一打'의 동일한 공격이 연속된다. 이러한 움직임은 토유류土由流나 천유류千柳流에서도 비슷하게 등장하는데, 이 두 가지의 류流는 초진初進, 재진再進, 삼진三進의 형태로 구성된다.

이와는 대조적으로 『무예도보통지』에 함께 실린 본국검本國劍, 쌍수도雙手刀, 제독검提督劍 등을 비롯한 나머지 검법에서는 좌우 혹은 전후의 방향전환의 공격이 주를 이룬다. 특히 왜검을 제외한 나머지 검법들은 '원지原地'라는 개념을 바탕으로 검법을 시작한 후 투로套路 중간에 처음 시작한 공간으로 이동하는 것이 특징인데, 왜검의 경우는 거의 직선적으로 앞을 향하여 돌진하며 결코 되돌아오지 않는다.

---

48) 현재까지『武藝新譜』(武器新式)는 발견되지 않고 있다. 단지 思悼世子(莊祖)의 문집인『凌虛關漫稿』와 정조대에 완성된 무예서인『武藝圖譜通志』 등을 비롯한 몇몇 기록에서『武藝新譜』에 실린 기예의 종목을 확인할 수 있다. 특히 정조의 경우 억울하게 죽은 思悼世子의 한을 달래고 아버지의 위업을 세상에 알리기 위하여『武藝新譜』의 업적을 잘 기록하였다.

49) 레이황,『만력 15년 아무 일도 없었던 해』, 새물결, 2004, 288~289쪽.

둘째, 상대방을 공격한 후 칼을 빠르게 회수하기 위하여 등장하는 타법打法이 왜검의 핵심기법이다. 왜검4류가 실린 『무예도보통지』는 그 구성에 있어서 자刺·감砍·격擊 즉, 찌르고, 쪼개고, 치는 기법 순으로 구성되어 있다.[50] 다시 말해 왜검은 이 세 가지 기법 중 감법砍法을 중심으로 만들어진 기법이라고 볼 수 있는데, 같은 세목에 들어있는 본국검의 경우는 [표 3]과 같이 찍어 베는 격법擊法, 타법打法, 자법刺法이 골고루 나타나지만 유독 왜검에는 타법打法이 검법의 핵심을 이룬다.[51]

이는 앞서 설명한 것처럼 빠르고 직선적인 공격흐름을 유지하기 위하여 검 사용기법을 단순화시키면서 변화된 것이라고 볼 수 있을 것이다. 이처럼 왜검倭劍은 『무예도보통지』에 실린 여타의 검법과는 달리 매우 직선적이면서도 빠른 검법의 형태를 취하고 있다.

여기에 덧붙여서 살펴볼 것이, 『무예도보통지』에 실린 지상무예 18가지 기예 중 왜검이 차지하는 분량의 문제이다. 예를 들면 조선세법이라 불리는 예도는 전체 27페이지이며, 가장 널리 알려진 본국검本國劍의 경우 고작 16페이지에 불과한 반면, 왜검倭劍 4류流는 전체 70페이지가 넘으며, 왜검교전倭劍交戰을 포함한다면 100페이지가 실려 있다.

즉, 분량 상으로 볼 때 『무예도보통지』의 지상무예는 주적인 일

---

50) 『武藝圖譜通志』武藝圖譜通志凡例, "兵技不出刺砍擊三法 故今以 槍刀拳三技 爲首各以類從."
51) 조선에서 사용하는 검쓰는 방식은 크게 擊法, 洗法, 刺法으로 구분된다. 이는 『武藝圖譜通志』 銳刀 原에 등장하는데, '朝鮮勢法 初習 眼法 擊法 洗法 刺法, 擊法有五 豹頭擊 跨左擊 跨右擊 翼左擊 翼右擊, 刺法有五 逆鱗刺 坦腹刺 雙明刺 左夾刺 右夾刺, 格法有三 擧鼎格 旋風格 御車格, 洗法有三 鳳頭洗 虎穴洗 騰蛟洗'로 구분하였다.

본군을 상대하기 많은 부분을 할애했다고 볼 수 있을 것이다.[52] 그리고 여기에 더해진 마상무예 여섯 가지는 청나라를 비롯한 북방기병전술에 대항하기 위하여 추가된 것으로 이해될 수 있을 것이다.

[표 3] 『무예도보통지』의 本國劍 · 倭劍 擊刺之法 비교표

구분 사용기법	本國劍	倭劍				비 고
		土由流	運光流	千柳流	柳彼流	
擊(殺)法	4회	–	–	–	–	倭劍의 자세 중 再扣, 再弄은 횟수 에 포함하지 않음.
刺 法	9회	–	–	–	3회	
打 法	6회	12회	20회	14회	2회	
撩掠法	4회	–	–	1회	–	
洗 法	2회	–	–	–	–	

5. 왜검은 실학정신이 녹아 든 몸문화

1392년, 조선왕조가 개국한 후 조선은 큰 전란 없이 약 200년의 세월을 흘려보냈다. 이런 상황에서 조선의 군사들은 궁시弓矢를 제외한 개인의 단병무예短兵武藝에 소홀해졌고, 이후 임진왜란을 겪으면서 단병무예의 중요성에 대해 절실히 깨닫게 된다. 그래서 임

---

52) 간략하게 살펴보자면, 임란 과정에서 만들어진 『武藝諸譜』는 왜군과 대항 하기위해 여섯 가지 기예를 수록하였고, 추가적으로 지상무예 12가지를 보태어 만든 것이 『武藝新譜』이다. 그리고 『武藝圖譜通志』의 경우는 여기에 마상무예 6가지가 추가되어 전체 24가지의 기예로 완성되었다. 결과적으로 지상무예 18가지는 임진왜란의 연장선에서 일본군에게 대응하기 위하여 상당 부분 할애한 것으로 볼 수 있다. 물론 『武藝諸譜』와 『武藝新譜』사이 광해군대에 편찬된 『武藝諸譜飜譯續集』에 실린 靑龍偃月刀, 俠刀棍, 鉤槍 등의 기예는 북쪽의 기병을 상대하기도 좋은 기예이므로 비록 보병기예지만 기병을 상대로 익혔던 기예로 볼 수 있을 것이다.

환도 짚단베기
왜검에 비해 조선 환도는 짧다. 검법보를 분석해보면 왜검은 빠르고 강하게 큰 선을 만드는 기법이 주를 이루지만, 조선검법은 선은 짧지만 날카롭고 예리한 것이 특징이다. 필자의 환도 짚단베기 시범사진이다.

란 과정에서 명의 병서兵書인『기효신서』를 바탕으로 만들어진 것이『무예제보』의 여섯 가지 기예이며, 광해군대에는 이를 보완하기 위하여『무예제보번역속집』이라는 이름으로 왜검倭劍을 비롯한 나머지 기예들이 군영軍營에 보급되기에 이른다.

그런데『무예제보번역속집』에 실린 왜검은 임란 과정 중 항왜병降倭兵에 의해 직접 조선에 보급된 검법이라 그 자세에 있어서 상대의 뒷목 혹은 발뒤꿈치까지 공격하는 실질적인 공격의 흐름을 갖게 되었다. 이후 병자호란丙子胡亂을 비롯한 북방의 적에 대한 공격에 대비하기 위하여 화약무기와 기병전술에 좀 더 치중하면서 조선에 보급되었던 왜검은 군영에서 소멸되기 시작하였다. 다행히 숙종대 군교軍校 김체건金體乾이 왜관倭館에 직접 들어가서 배워와 보급된 왜검은 사도세자思悼世子의 대리청정 시절『무예신보』라는 무예서에 수록되어 다시금 빛을 보게 된다.

이후『무예도보통지』에 실린 무예24기 중 왜검은 개인 투로형의 4종류와 서로 칼을 맞대고 수련하는 교전의 형태로 정착되어 조선 군사들에게 보급되었다. 그러나『무예도보통지』에 실린 왜검교전의 경우는『무예제보번역속집』에 실린 것과 기예적 측면에서 상당부분 차이가 나며 이는 당시 시대적 상황에 따라 변화한 것으로 볼 수 있을 것이다.

다시 말해 16세기 후반과 18세기 후반의 왜검교전 즉,『무예제보번역속집』과『무예도보통지』에 실린 왜검교전은 기본적인 검 겨루기 방식의 형태는 비슷하지만 그 사용하는 기법에 있어서는 거의 연관성을 찾을 수 없을 정도로 각기 다른 모습을 보이고 있다. 이는 16세기 후반의 경우 시급하게 일본군의 단병접전을 막아내기 위하여 항왜병降倭兵들에 의해 왜검법이 전파되어 조선 군영에 보급되었으며, 18세기 후반에는 군교 김체건에 의해 왜검법이 전파되었고 이 과정에서 왜검 투로를 바탕으로 조선화 된 왜검교전이 창작되었던 것이다.

또한 『무예제보번역속집』에 수록된 왜검교전의 경우 그 자세명칭이 중국식 봉棒과 장도長刀의 자세명칭을 차용하여 정리하였으며, 『무예도보통지』에 실린 왜검교전의 경우 그 자세명보다는 그 행위자체에 의미를 둔 조선화된 검 기본기 개념 정립의 일환으로 볼 수 있을 것이다.

이처럼 임진왜란이라는 조명일朝明日 동양 삼국의 격돌을 통해 무예라는 조금은 특수한 문화도 서로 간에 많은 교류가 있었음을 확인 할 수 있다. 이는 이 전쟁의 참여국인 조선朝鮮, 명明, 일본日本의 무예가 전쟁이라는 상황에서 극한적으로 대립했고 이를 통해 자국의 무예의 많은 변화가 있었음을 짐작할 수 있을 것이다.

이후 조선과 일본은 조선통신사 연행을 비롯하여 다양한 문화교류를 통해 양국의 선린 외교가 200년 이상 지속되면서 두 나라는 번영과 평화를 누릴 수 있었다. 특히 조선무예 중 마상재馬上才와 기사騎射 등은 일본 관백의 요청으로 조선통신사 연행에 참여하게 되었고, 이후 일본의 마상무예에 많은 영향을 끼쳤다.

이처럼 문화는 결코 일방적으로 전수하거나 수용하는 형태가 아니라 서로의 부족한 부분을 채워 온전한 독립체인 하나로 만들어 주는 특성을 지니고 있다. 앞으로 한국과 일본의 무예를 비롯한 다양한 문화들이 더 활발한 교류를 통해 서로의 장점을 더 부각시키고 단점은 감싸주는 방식으로 변화 발전하길 희망해 본다.

(왜검)교전
필자가 왜검을 이용하여 교전을 시범하는 사진이다. 상대와의 적절한 간합(시간거리)를 계산하여
공격의 부위를 정확하게 서로 맞춰 약속교전의 형태로 진행한다. 『무예도보통지』의 교전 역시 약속교
전의 형태로 정착되었다.

4장

挾刀
무기의 진화와 함께 탄생한 무예

1. 협도는 어떤 변화 속에서 탄생하였는가?

무예는 태초에 인간이 자연과의 투쟁 속에서 만들어낸 가장 인간다운 몸짓을 담고 있다. 인간의 역사는 곧 힘에 대한 의식意識을 이해하고 몸 밖으로 끌어내면서 시작되었다고도 말할 수 있기에 무예의 역사는 인류의 역사시작과 맥을 같이한다고 볼 수 있다.[1]

특히 인간은 맹수에게 존재하는 날카로운 이빨이나 발톱이 없었기에 보다 효과적으로 대응하기 위하여 다양한 무기를 활용하였

---

[1] 安自山, 『朝鮮武士英雄傳』, 明星出版社, 1919, 49쪽.

다. 고고학적으로 구석기나 신석기에 대한 구분도 사냥을 비롯한 실생활에 사용하는 돌을 어떤 방식으로 연마하느냐에 따라 규정되듯이 무기를 활용한 무예는 인간의 역사발전을 가장 쉽게 이해하는 단서이기도 하다.

무예에 활용한 가장 원시적이면서도 오래도록 사용된 무기는 곤방棍棒[2]이었다. 자연상태에서 별다른 가공 없이 가장 쉽게 구할 수 있고, 무기로 활용이 가능했기에 긴 길이의 곤방은 효과적으로 활용되었다. 특히 곤방의 끝에 날카로운 돌이나 다양한 금속성 창날을 붙여 만든 창槍 형태의 무기는 인류의 도구발달의 역사를 가장 명확하게 보여주는 무기발전사를 가지고 있다.

곤방에 부착된 창날의 재료나 형태 및 길이는 당대의 전쟁양상과도 밀접한 연관이 있다. 상대의 긴 장창을 제압하기 위해 창날에 몇 개의 가지창을 달아 만든 극戟이나 당파鎲鈀의 형태나 말 위에 올라탄 상대의 기병을 끌어 내리기 위해 갈고리처럼 창날에 역 가지날을 단 형태의 창류는 동서양 모두에서 전술변화와 맞물려 활용되었다.

여기에 찌르기 중심의 짧고 뾰족한 창 형태의 날이 아닌 베기 형태가 보강된 조선전기의 장검長劍이나 조선중기의 협도곤夾刀棍

---

[2] 棍棒은 조선중기 무예서인 『武藝諸譜』에 棍譜라는 이름으로 실려 있고, 조선후기 무예서인 『武藝圖譜通志』에는 棍棒이라는 이름으로 실려 있다. 그런데 보통은 '棍棒'을 읽을 때 그냥 한자 그대로 '곤봉'으로 읽는 경우가 많고, 한글 표기 시에도 '곤봉'으로 표기하는 경우가 많다. 그러나 『武藝圖譜通志』의 棍棒 설명에는 분명히 '棒 音傍'이라 하여 '곤방'으로 읽는 것으로 되어 있다. 또한 『武藝圖譜通志』 諺解本에도 역시 '棍棒譜 곤방보'라고 표기하여 '곤방'이라고 읽는 것이 옳을 것이다. 현재 『武藝諸譜』를 비롯하여 朝鮮後期 兵書에 대한 연구가 계속 되고 있지만 여전히 한글 표기에서 '곤봉'이라는 표기가 주를 이루고 있다. 한글로 표기한다면 '곤방'이라고 쓰는 것이 옳다.

은 자루가 긴 대도류大刀類 무기의 일종인 월도나 협도라는 새로운 형태의 무기를 전장에 안착시키는 교두보가 되었다. 이처럼 협도라는 무기의 변화는 조선시대 전장의 환경변화를 가장 잘 보여 주고 있기에 무기의 변화를 통해 당대의 흐름을 새롭게 분석할 수 있는 도구로 활용할 수 있을 것이다.

특히 군사적으로 활용하는 무기는 단순히 무기 자체의 변화에서 그치는 것이 아니라, 전술사뿐만 아니라 자세의 규격화나 통일화 등 제도사적인 부분에도 상당한 영향을 끼쳤기에 이에 대한 미시사적 연구는 상당히 유의미하다고 판단된다.

지금까지 군사사나 무예사 연구에서 무기에 대한 연구는 대부분 활과 도검 및 화약무기류를 중심으로 이뤄졌다. 먼저, 활과 화살의 경우는 전술체제에서 조선시대까지 주력으로 활용한 무기였으며, 민족사적 관점에서 고대사부터 근현대를 관통하는 핵심 무기로 인식되었기에 상당한 연구가 이뤄졌다.[3]

그리고 화약무기의 경우에는 조선전기 다양한 크기의 총통을 중심으로 전술사 및 과학사적 내용까지 연구되었으며, 조선후기의

---

[3]   현재 활에 대한 연구는 '활쏘기'라 하여 국궁문화 전반에 대한 연구와 조선시대의 경우 문헌적 연구를 중심으로 이뤄졌다. 먼저 국궁문화 전반의 경우는 대표적으로 2000년에 육군사관학교 육군박물관에서 펴낸 『학예지』 제7집에 '국궁문화 특집' 이라는 부제로 삼국시대의 활의 형태나 조선시대 무과시험에서 활 운용, 철학을 비롯하여 현대 弓匠, 矢匠에 대한 연구와 활쏘기에 대한 과학적 분석까지 전반적으로 살펴 본 것이 대표적이다. 그리고 활에 대한 문헌적 연구는 국립민속박물관이 『한국무예사료총서』 연속 간행물의 일부로 해제가 진행되고 있는 상황이다. 그 연속간행물 속에 『射法秘傳攻瑕』(14권), 『朝鮮의 弓術』(15권), 조선시대 대사례와 향사례(16권) 등이 발간되어 전통시대 활쏘기의 모습을 보다 쉽게 접근할 수 있게 되었다. 『사법비전공하』의 경우는 正祖代 평양감영에서 군사들의 활쏘기 훈련을 위하여 펴낸 책이고, 『조선의 궁술』은 일제강점기인 1929년에 서울지역의 활쏘는 사람들이 모여 만든 '조선궁술연구회'를 중심으로 李重華가 쓴 것이다.

『무예제보번역속집』의 협도곤 자세
임란 이후 곤방에 짧은 칼날을 단 협도곤은 단순히 때리는 무기뿐만 아니라 찌르기까지 가능한 무기로
발전하였다. 그 중 조천세, 약보세, 중평세의 자세이다.

경우 임진왜란을 겪으면서 급격하게 전장에 보급된 개인화기인 조총鳥銃을 중심으로 전술활용 및 개발, 보급에 대한 연구가 진행되어 왔다.[4] 마지막으로 도검류의 경우는 삼국시대부터 조선시대에 이르기까지 전술사적 고찰과 무기 형태에 대한 과학사적 검토가 이뤄졌다.[5]

이러한 일련의 연구흐름들은 주로 각 개별무기의 특성이나 전술환경 및 전투사와의 연관 에 대한 연구가 주를 이루고 있다. 따라서 대부분의 연구 결과물들이 해당 무기에 대한 집중적인 연구는 이뤄졌지만, 전장의 환경 변화에 따른 통시적인 관점에서 무기 자체의 변화를 짚어내지 못한 한계를 가진다.

따라서 본 글에서는 조선초기부터 후기까지 일정한 변화의 흐름을 보여주고 있는 단병접전 무기의 일종인 협도挾刀를 중심으로 통시적인 관점에서 당대의 무기의 변화가 전투현장 환경의 변화와 어떠한 관련을 맺고 있는지를 집중적으로 살펴보고자 한다. 특히

---

[4] 화약무기류에 대한 연구는 초기에는 군을 중심으로 상당한 연구가 진행되었다. 먼저, 육군사관학교 교수로 재임하고 있던 허선도에 의해 화약무기에 대한 집중적인 연구가 시작되었다. (허선도, 『韓國火藥發達史(上)』, 육사 박물관, 1969.) 이후 2002년에 육군사관학교 육군박물관에서 펴내는 『학예지』 제 9집이 '화약병기' 특집이라는 부제로 발간될 정도로 화약무기에 대한 다양한 연구가 진행되었다. 특히 조총에 대한 연구는 이왕무, 「17~18세기초 鳥銃製造조총제조에 관한 연구」, 경기대학교 석사학위논문, 1997과 노영구, 「16~17세기 鳥銃의 도입과 조선의 軍事的 변화」, 『한국문화』 제58집, 규장각한국학연구소, 2012 등 제조부터 전술사까지 다양한 관점에서 연구가 진행되고 있다.

[5] 도검에 대한 연구는 먼저, 유현희, 『三國時代 刀 · 劍에 對한 硏究』, 숙명여자대학교 석사논문, 1987을 비롯하여 고구려나 신라 등 당대 전술체제와 연관된 다양한 연구가 진행되어 왔다. 특히 조선시대의 도검류의 경우는 육군사학관 육군박물관에서 펴낸 『학예지』 제 11집에 '조선의 도검 특집'이라는 부제로 도검의 형태와 문양을 비롯하여 劍舞詩나 회화에 나타난 도검의 이미지에 대한 연구까지 폭넓은 관점으로 연구가 진행되어 왔다. 또한 조선후기 대표적인 무예인 『무예도보통지』와 연관하여 나영일, 심승구, 송일훈, 곽낙현, 허인욱, 최형국 등 관련 연구자의 다양한 무기 및 전술체제 연구가 존재하는데, 지면관계상 생략하기로 한다.

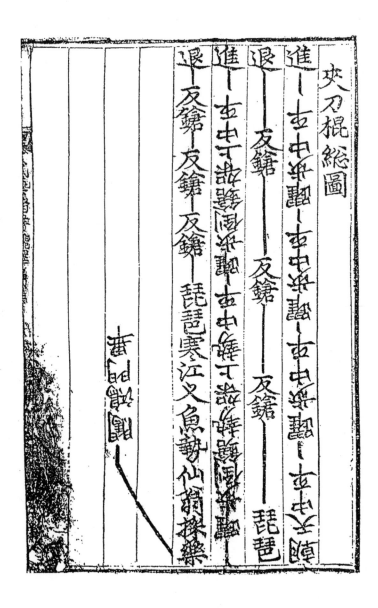

『무예제보번역속집』의 협도곤 총보

협도곤을 순서에 따라 익히는 투로방식의 총보의 그림이다. 우측하단을 시작으로 하여 거꾸로 읽어가
는 방식이다. 시작인 '조천중평'부터 마지막에는 '틈홍문'으로 마친다.

협도의 경우는 군사들에게 동일한 움직임으로 자세를 교육시키기 위해 연결된 투로 혹은 '형形'의 형태로 정리되었는데, 이를 통해 신체훈련의 근대성이 무예에 어떻게 투영되었는지까지 연구의 범주를 넓히고자 한다.

본 글을 통해 조선시대 전반을 관통하는 군사들의 무예사적 변화 양상을 짚어 보고 향후 군사사나 무예사 연구에서 무기의 변화와 전술변화의 연관관계 및 신체문화사적인 부분까지 연구의 영역을 넓히는 계기로 삼고자 한다.

2. 조선전기 전술 체제 속 장검과 대곤

조선전기 조선군의 전술형태는 기병騎兵 위주의 적인 북방의 여진족을 대항하기 위하여 대기병 전술체제가 핵심이었다.[6] 조선군의 기본 전술편제는 보병 대 기병의 숫자적 편성이 5:5의 수로 동수로 구성되지만 전투력의 차이로 보면 기병이 3~5배 정도 우수한 능력을 가지기 때문에 기병 중심의 전술체계로 움직였다고 볼 수 있다. 다음의 사료는 전술 운용시 군사의 배치 및 병과의 분류를 잘 보여주고 있다.

무릇 陣을 설치 할 때에는 각 진영의 바깥쪽에 방패를 연이어

---

6) 崔炯國, 『朝鮮後期 騎兵의 馬上武藝 硏究』, 중앙대학교 박사학위논문, 2011, 9~11쪽.

배치하고, 다음에 槍과 長劍이다. 다음에 火㷁과 弓手요, 다음에 槍 가진 騎兵과 활 가진 騎兵이 진 안에 벌이어 서는데, 안팎의 진이 다 그리 한다.[7]

위의 사료는 조선전기 핵심 군사전술서인 『오위진법五衛陣法』의 핵심내용을 풀이한 것이다.[8] 적과의 교전에 대비하여 진형陣形을 구축할 때 외벽에는 방패수를 배치하여 방호력을 높이고, 그 뒤로 창과 장검을 배치하여 적이 근접전을 펼칠 때 방패수를 보호하게 한다. 그 뒤로는 원사무기인 화통火㷁과 궁수弓手를 순차적으로 배치하여 안정적인 보병전력을 전면에 내세우고 있음을 확인할 수 있다. 또한 주력 공격병종인 기병의 경우는 기창병騎槍兵과 기사병騎射兵을 보병 뒤에 순차적으로 배치하여 적 기병의 돌격전에 대비하는 전술체계였음을 알 수 있다.

조선전기 보병의 주력무기는 자루가 긴 창과 장검을 사용하여 보다 원거리에 적을 살상하는 방식이었는데, 조선군의 전통적인 개인 패용칼인 환도環刀의 경우는 보조무기로 활용되었다. 대표적으로 조선전기 정예병인 갑사甲士를 뽑을 때 "갑주甲冑를 입고 궁전弓箭과 환도環刀를 차고 달음질로 3백보까지 가는 것"[9]이라는 핵심 규정이 있을 정도로 환도의 패용은 보조무기로 일반화된 상태였다.

---

7) 『世宗實錄』卷61, 世宗 15年 7月 乙卯, "凡陣各面防牌連排 次槍 長劍 次火㷁 弓手 次騎槍 騎射 陣內布列 內外皆然."
8) 『五衛陣法』「結陣」, "步駐統 排列向外 (彭排列居外面 次銃筒 次槍 次劍 次弓手)."
9) 『世宗實錄』卷99, 世宗 25年 2月 己丑, "步甲士試取之法, …(中略)… 着甲冑帶弓箭環刀 趨 至三百步."

또한 환도는 군기감軍器監을 중심으로 지방에서 공물의 형태로 납품받거나 직속 장인匠人들이 제작하여 보급하였기에 보병의 필수 무기로 안착되었다.[10] 당시 환도에 대한 평가는 "환도環刀의 모양은 그 칼날이 곧고 길이가 짧아 급할 때 쓰기가 편리하였다."[11]라고 언급한 것처럼 위급한 상황에서 주로 호신용 보조무기로 활용하였다. 이때 환도의 크기는 "마병馬兵이 쓰는 환도環刀는 길이를 1척尺 6촌寸, 너비를 7分으로 하고, 보졸步卒은 길이가 1척尺 7촌寸 3분分, 너비를 7분分으로 하는 것이 적당하다."[12]고 조정에서 논의할 정도로 짧은 형태였다.

이러한 이유로 조선전기의 경우는 군사들이 개인 패용 칼인 환도를 이용한 군사훈련보다는 창이나 장검을 이용한 단체공방 훈련에 집중하였다. 특히 당시 전술의 형태가 단병접전의 형태보다는 진형을 구축하고 원거리에서 활과 화통火筒을 발사하는 것이었기에 환도를 이용한 전투훈련은 그다지 전술적으로 효과적이지 않았기 때문이다.

따라서 환도를 사용하는 검술을 비롯한 단병접전용 군사 개인

---

10) 軍器監 소속 環刀匠의 경우는 33인의 定額을 3番으로 나누어 每 1番에 11인씩 근무하도록 하였다.(『世祖實錄』 卷21, 世祖 6年 8月 甲辰, "環刀匠 以三十三定額 分三番 每一番十一和 會遞兒五內.")

11) 『文宗實錄』 卷6, 文宗 1年 2月 甲午, "環刀體制 其刃直而短者 急遽之間 用之爲便."

12) 上同條; 朝鮮時代 尺度는 시기별로 많은 차이를 나타내고 있다. 대표적인 周尺의 경우만 하더라도 世宗代에는 20.81cm, 經國大典은 21.04cm, 英祖代에는 20.83cm, 純祖代에는 20.81cm, 朝鮮末에는 20.48cm이다. 특히 논밭의 크기를 재는 量田周尺(世宗)의 경우도 21.79cm이므로 1尺을 약 21cm로 계산하였다. 따라서 1척을 약 21cm로 계산할 경우 조선전기 환도의 칼날 규격은 32cm를 조금 넘는 아주 짧은 형태로 판단된다. 여기에 손잡이의 길이를 더한다 하더라도 환도의 전장길이는 대략 50~60cm 내외의 짧은 칼 형태였다. (李宗峯, 『韓國中世度量衡制研究』, 혜안, 2001, 100~120쪽.)

훈련법의 중요성은 고려시대에 비해 현저히 떨어지게 되었다. 고려시대의 경우 문과시험과는 다르게 무인을 선발하는 시험이 공식적으로 존재하지 않았으며, 대부분 사병私兵체제로 운영하였기에 개인의 전투능력이 입신立身에 지대한 영향을 끼쳤기에 군사 스스로가 수박이나 검술 등 다양한 무예를 익혀야만 했다.

그러나 조선초기 사병이 혁파되고 무과시험에서 공식적으로 검술과 맨손무예인 수박 등 단병접전 무예가 시험과목에서 빠지면서 퇴조현상은 가속화되었다. 이러한 전술체제 변화 및 사회문화적 특성으로 인해 조선전기의 경우 군사 개인 검술 및 수박을 비롯한 맨손무예가 급속도로 퇴조하는 양상이 나타나게 된다.[13]

반면 창의 경우는 조선전기 무과시험의 핵심과목으로 기창騎槍이 들어 있었기에 말 위가 아닌 땅에서 일정정도 훈련을 쌓아야 했기에 고위 무관을 중심으로 상당히 보편적으로 훈련되었으며, 장검長劍의 경우는 긴 자루에 비교적 짧은 칼날을 부착하여 기병방어에 효과적으로 활용할 수 있었기에 보병을 중심으로 지속적으로 훈련되었다.

그러나 장검 역시 개인의 전투능력 보다는 진법에서의 단체 움직임을 중시했기에 검보劍譜의 정리를 비롯한 체계적인 훈련법은 공식화되지 못하였다. [그림 1]은 조선전기 보병들이 주로 활용한 창槍과 장검長劍의 모습을 확인할 수 있다.

[그림 1] 중 먼저 창의 경우는 무과시험에서 기창騎槍을 시험보

---

13) 최형국, 「조선후기 拳法의 군사무예 정착에 대한 문화사적 고찰」, 『軍史』 101호, 군사편찬연구소, 2016, 206~215쪽.

았기에 일정한 연습형태와 투로가 존재하
였다. 『경국대전經國大典』에 실린 기창의
실기시험 움직임을 살펴보면 다음과 같다.

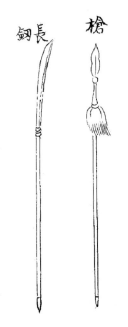

> 말을 출발시킨 후 두 손으로 창을 잡아 높
> 이 들었다가 左腋에 끼고 다시 즉시 돌리
> 어 右腋에 끼고서 제일표추에 이르러 찌
> 르되 정면을 맞힌 자라야 한다.(以下同)
> 좌액에 끼고서 제이표추에 이르러 찌르고
> 다시 우액에 끼고서 제삼표추에 이르러
> 찌른다. 이렇게 찌르는 것이 끝나면 몸을
> 돌이켜 왼편을 돌아보아 창으로 뒤를 가
> 르키고 다음에 우편을 돌아보아 이와 같
> 이 한 후에 창을 끼고 출발지점에 말을 달
> 려 돌아온다.[15]

[그림 1] 『세종실록』 오례의에 실린
창과 장검의 모습[14]

위의 사료를 보면 조선전기 무과시험에서 기창의 핵심자세는
좌우의 옆구리에 창을 끼고 돌격하다가 적이 나타나면 창을 돌려

---

14) 먼저 槍에 대한 설명으로는 다음과 같다. "『廣韻』에 '槍은 穉이다.'고 한다. 지금의 제도에는
양쪽에 날이 있고, 끝은 날카로우며, 길이는 1척 5촌이다. 자루는 나무를 사용하는데, 길이는
10척이나 되며, 자루 아래에는 덮어씌운 쇠(冒鐵)가 있는데, 둥글고 뾰족하며, 붉은 색으로
칠하거나 혹은 검은 색으로 칠한다."고 하였고, 長劍은 "날은 길이가 2척 5촌이고, 자루는 나
무를 사용하는데, 길이가 5척 9촌이다. 붉은 색으로 칠하거나, 혹은 검은 색으로 칠한다. 자루
아래에 덮어씌운 쇠(冒鐵)가 있는데, 둥글고 뾰족하다."고 설명하였다.(『世宗實錄』 五禮儀,
軍禮序例 兵器 槍·長劍.)
15) 『經國大典』 卷之4 兵典 試取 騎槍條.

찌르는 형태가 주를 이루는 것임을 알 수 있다. 특히 당시 기병의 전투방식이 기창병騎槍兵은 추격전이나 돌파전을 비롯한 근접전을 펼치고 기사병騎射兵은 원거리 사격을 위주로 이원화된 상태였기에 창을 활용한 무예는 기병을 중심으로 보편적으로 훈련되었다.

이렇듯 조선전기 주적主敵의 상대를 북방의 여진족으로 삼았기에 조선군은 원사무기인 궁수弓手위주의 보병과 맞대응용 기병을 중심으로 전술체계를 잡는 것이 가장 효과적이었다. 그러나 1592년에 발발한 임진왜란을 기점으로 조선군의 궁수弓手와 기병 주력 전술체제는 일본군의 조총과 단병접전용 왜검 혼용방식으로 순식간에 무력화되고 만다.[16]

당시 일본군과의 단병접전 기록을 보면, "왜적과 대진할 적에 왜적이 갑자기 죽음을 무릅쓰고 돌진하면 우리 군사는 비록 창을 들고 칼을 차고 있더라도 검을 칼집에서 뺄 겨를이 없었고 창도 창날을 부딪칠 수 없어 속수무책으로 흉악한 칼날에 모두 꺾였다."[17]고 논평할 정도로 보병 전술체계의 붕괴를 경험하게 되었다.

임란과정 중 조선 정부는 일본군의 전술체제에 대응하기 위하여 크게 네 가지 방식의 전술재편을 실행하게 된다. 첫째 조총과 화포를 전문적 운용하는 포수砲手를 육성하는 것, 둘째 일본군의 왜검에 즉각적으로 대응하기 위하여 똑같은 왜검을 아동대兒童隊를 비롯한 전문 군사집단에 보급하는 것, 셋째 일본군의 왜검보다 더 크고 날

---

16) 정해은, 「임진왜란기 조선이 접한 단병기와 『무예제보』의 편찬」, 『軍史』 51호, 군사편찬연구소, 2004, 154~164쪽.
17) 『武藝諸譜』「武藝交戰法」, "故與倭對陣 倭輒輒死突進 我軍雖有持槍而帶劍者 劍不暇出鞘 槍不得交鋒 束手而盡衄於兒刃皆由於習法之不傳故也."

霜臉奮拳

五関斬將

『무예제보번역속집』의 청룡언월도
협도곤보다 칼날의 길이가 긴 청룡언월도의 형태도 임란과정 중 정리되어 이 병서에 함께 실렸다.
본 그림의 자세는 싱골분투세와 오관참장세을 설명하고 있다.

카로운 단병접전용 무기를 개발하거나 활용법을 명군에게 직접 배워서 군사들에게 익히게 하는 것, 넷째 기존의 전통적인 특기였던 활쏘기를 변화된 전술체제에 맞게 새롭게 훈련시키는 것이었다.

이러한 전술체제 변형을 위해 만들어진 군영이 훈련도감訓鍊都監이었으며, 포수砲手·사수射手·살수殺手 등 삼수병 전술체제가 바로 그것이다. 임란이 계속되는 과정에서 훈련도감에서는 조선군의 단병접전 기법을 구축하기 위하여 중국의 병서인 『기효신서紀效新書』를 차용하여 『무예제보武藝諸譜』라는 조선 최초의 단병무예서를 편찬 및 보급하기는 했지만, 전시라는 특수상황에서 활발하게 보급하기는 어려웠다.[18]

『무예제보』에 실린 무예는 곤방棍棒, 등패籐牌, 낭선狼筅, 장창長槍, 당파鏜鈀, 장도長刀 등 모두 여섯 가지였으며, 이 중 낭선과 당파의 경우는 무기의 생김새가 독특하고 사용방식 또한 독특해서 조선군이 쉽게 훈련하기 어려웠다.

그나마 곤방棍棒의 경우는 가장 일반적인 형태의 무기였기에 군사들에게 이질감이 덜하였다. 특히 국왕인 선조宣祖는 "어제 중국군들의 진陣친 곳을 보았는데 그 중의 한 부대는 모두 목곤木棍을 갖고 있었다. 언젠가 중국 조정의 말을 들었는데 나무 몽둥이로 치는 기술이 긴 창이나 칼을 쓰는 것보다 낫다고 하였으니, 그 기술을 익히지 않을 수 없다."[19]고 무기에 대한 평을 내릴 정도로 보급

---

18) 최형국, 「朝鮮後期 倭劍交戰 변화 연구」, 『역사민속』 25호, 한국역사민속학회, 2007, 93~101쪽.
19) 『宣祖實錄』 卷124, 宣祖 33年 4月 丁亥條, "昨見唐兵結陣處 其一隊 皆持木棍 曾聞天朝之言 木棍之技 勝於長槍用劍云云 此技不可不習."

에 적극적이었다.

임진왜란 당시 곤방은 그저 긴 나무 몽둥이 형태였지만, 전투에서 살상력을 높이기 위하여 곤방의 한 끝에 2촌 가량의 아주 짧은 칼날을 달아 활용하였다. 날이 길면 찔렀을 때 봉두棒頭에 힘이 없어 상대의 봉을 제압할 수 없다라고 하여 날의 모양이 오리 주둥이처럼 짧게 만들도록 하였다.[21] 이는 일본군의 왜검에 대항하기 위하여 봉棒의 이점과 창槍의 이점을 동시에 활용하기 위함이었다. 당시에 활용한 곤방의 모습을 보면 [그림 2]와 같다.

[그림 2] 『무예제보』에 실린 곤방棍棒의 모습[20]

[그림 2]에서 확인할 수 있듯이, 곤방에 부착된 날은 일반 창날에 비해 상당히 짧은 것임을 알 수 있다. 이는 조선군이 그 동안 활용했던 장검長劍과는 다른 형태로 일본 보병 중 왜검을 상대할 때 긴 길이로 때리는 목적에 주로 사용한 것이다.

『무예제보武藝諸譜』에 실린 곤방의 훈련형태는 두 사람이 맞대고 서는 편신중란세扁身中欄勢를 시작으로 상제세上剃勢까지 모두

---

[20] 곤방의 제원은 길이는 7척, 무게 3근 8냥이며, 칼날은 길이가 2촌으로 그 가운데 날(鋒)이 있는데 한 면은 가운데가 일어나게 하였고, 다른 한 면에는 血漕가 있으며, 갈아서 날카롭게 하였으니, 무게는 4냥이다라고 하였다.(『武藝諸譜』大棒製.)

[21] 『武藝諸譜』大棒製, "法中 一打一刺 而棒無刃 以何爲刺 今加一刃 長則棒頭無力 不能壓他棒 只可二寸 形如鴨嘴 刺則利於刃矣."

18개의 연결자세로 구성되었다. 보통은 4개 정도의 연결 자세를 통해 공격과 방어를 주고받다가 마지막에는 압취를 이용하여 찌르는 동작으로 연결자세를 마무리하는 방식이었다.[22]

따라서 찌르는 동작의 경우는 몇 번의 타격을 한 후에 상대를 완전히 제압할 때 사용한 것이었다. 이러한 곤방을 이용해 때리는 법인 '타법打法'은 상대에게 연속적으로 빠른 공격을 할 때 활용하는 무기활용법으로 검법 중 왜검倭劍에서만 독특하게 자주 등장하는 사용법이기도 했다.[23]

3. 조선후기 전술 변화와 대도류 무기의 보급

이후 임진왜란이 끝나고 광해군대光海君代에 이르러서는 후금後金의 군사적 성장이 가시적으로 나타나 남쪽으로는 보병 중심의 일본군을, 북쪽으로는 기병 중심의 후금군淸軍을 모두 방어해야 하는 전술적 혼란 상태에 직면하게 된다.[24] 이런 이유로 『무예제보武藝諸譜』 간행 이후 군사무예의 보강차원에서 광해군光海君 2년인 1610

---

22) 곤방의 시작부분을 예를 들면, 편신중란세로 자세를 잡고 있다가 甲과 乙이 大當勢로 곤을 부딪히는 것을 주고받는다. 그 다음에는 大剪勢를 취하며 서로의 곤을 부딪히고, 바로 이어 大吊勢로 부딪힘을 주고받고 마지막에는 가슴을 향하여 한번 찌르는 것으로 마무리한다. 다음의 자세 역시 이와 유사한 형태로 구성되어 있다.

23) 보통 칼을 사용할 때 擊法, 打法, 洗法, 刺法 등 몇 가지 기본기법이 활용되는데, 이중 무기를 가장 빠르게 사용할 때 활용하는 것이 상대의 표면을 집중적으로 공격하는 打法이다. 타법의 특징은 회수력이 좋아 연타공격을 하는 데에 효과적이다. 이러한 타법에 대한 자세한 설명은 최형국, 앞의 논문, 2007이 자세하다.

24) 최형국, 「17세기 대북방 전쟁과 조선군의 전술 변화: 深河戰鬪를 중심으로」, 『군사연구』 133집, 육군군사연구소, 2012, 111~114쪽.

년에 『무예제보번역속집武藝諸譜
飜譯續集』이 간행된 것이다.

여기에는 권법拳法과 왜검倭劍
등 임란 중 어왜御倭전법으로 훈
련은 지속적으로 했지만 구체적
인 보譜의 형태로 정리하지 못한
무예와 북방의 적을 막기 위한 방
호防胡전법의 일환으로 청룡언월
도靑龍偃月刀와 협도곤夾刀棍 등 대
도류大刀類 무기가 추가되었다. 청
룡언월도와 협도곤은 자루가 길
어 보다 원거리에서 적과 맞설수
있었으며, 특히 말을 탄 기병을
상대하기에 효과적이었다. 『무예

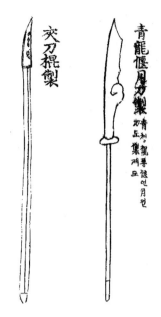

[그림 3] 『무예제보번역속집』에 실린
청룡언월도와 협도곤의 모습[25]

제보번역속집』에 수록된 청룡언월도와 협도곤의 모습을 보면 다음
의 [그림 3]과 같다.

위의 그림 중 협도곤의 모습과 임란 중 보급된 곤방棍棒을 비교
하면 짧은 양날 창槍 혹은 검劍 방식에서 외날 도刀의 형태로 변화
한 모습을 확인할 수 있다.[26] 이는 기병을 상대할 때 보다 효과적으

---

25) 『武藝諸譜飜譯續集』에 수록된 협도곤의 (자루)길이는 7尺이고 무게는 3斤 8兩이며, 칼날의
   길이는 5寸이고 무게는 4兩으로 짧을수록 더욱 좋다고 설명하고 있다. 그리고 청룡언월도의
   제원은 칼날의 길이는 2척이고 넓이는 4촌이며 등 뒤의 중간에 가지가 있는데 길이는 2촌이고
   칼날은 1촌이다. 가지에서 산마루(脊)를 일으켜 칼 끝에 이르러서 점차 작아지는데, 자루의
   길이는 5척이다.
26) 일반적으로 刀劍을 분류할 때 양날의 경우는 '劍'이라 하고, 외날의 형태는 '刀'라 칭한다. 보

로 공격하기 위해 창날 부위에 변화를 준 것으로 판단된다.

이는 협도곤을 설명할 때 "북방의 오랑캐를 막는 데 있어서 철기鐵騎가 일제히 돌격할 때에는 종종 상하거나 부러지므로 대봉大棒 및 도곤刀棍을 사용하는 것이니 이것은 적군에 따라 이기는 방법이다."[27]라는 설명과도 부합되는 내용이다. 이러한 기병을 상대하는 보병의 전투 방식은 광해군 4년에 편찬된 『연병지남練兵指南』의 「거기보대조절목車騎步大操節目」에서도 유사하게 나타난다.

이때의 대기병 전술부분을 살펴보면, 대나무의 가지를 제거하지 않고 거기에 작은 창날을 막은 후 독을 묻혀 사용하는 낭선수狼筅手는 창날을 앞쪽으로 세워 적 기병이 앞 열을 돌파하지 못하도록 밀집방어를 펼치고, 이후 돌파된 후에는 등나무로 만든 방패를 사용하는 등패수籘牌手가 적이 타고 있는 말의 다리를 베고, 협도곤과 유사한 무기를 사용하는 도곤수刀棍手는 말 머리 공격과 배를 찌르고, 파수鈀手는 적 기병의 목 혹은 말 목을 찔러 방어하는 움직임을 취하는 방식이었다.[28]

통 고대에는 칼집이 있는 경우를 '劍'이라 하였고, 칼집이 없는 경우를 '刀'라 부르기도 하였다.(『戎垣必備』) 그런데 조선후기에는 외날인 도와 양날의 검을 혼용하여 양날일 경우에도 '刀'라 부르는 경우도 있었으며, 반대로 외날의 '刀' 형태에도 劍이라 부르기도 했다.(『武藝圖譜通志』) 보통 양날의 검 형태는 고대에 주로 활용되었으며, 충격력을 받는 부분이 양쪽이 되어 외날의 도의 형태보다 내구력이 부족하였다. 특히 양날의 검은 찌르기 기법인 刺法이 발달하였고, 외날의 도의 경우는 베기 기법인 洗法이 발달하였다. 따라서 전투현장에서 무기의 내구성과 활용성 문제로 검보다는 도의 형태가 중요시 되었다. 이런 이유로 조선시대의 경우 양날 劍의 형태는 사인검이나 삼인검처럼 의례용으로 발전하였으며, 외날 도의 형태가 주로 전투현장에서 활용되었다.

27) 『武藝諸譜飜譯續集』夾刀棍, 夾刀棍 製. "至於防胡 則鐵騎齊突之際 長槍動見損折 故專用大棒及刀棍 是亦因敵制勝之法也."
28) 『練兵指南』「車騎步大操節目」, "筅手 拒馬架槍 牌手 持刀砍馬足 刀棍手 打馬頭或刺馬腹 鈀手 上戳賊喉 下戳馬眼 抉槍倒柄 如棍同用."

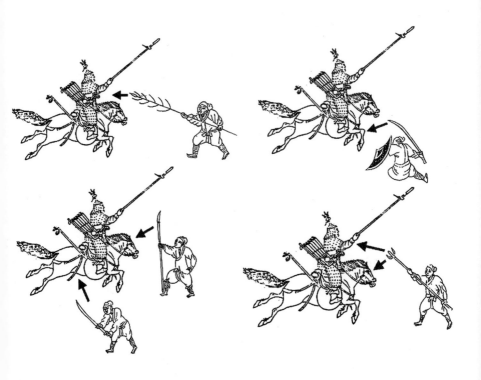

『연병지남練兵指南』 중 살수대의 기병 방어법

임진왜란을 거치면서 조선군의 주력방위전략은 보병전법으로 바뀌었다. 그러나 후금(청)의
세력이 성장하면서 다시금 기병방어전술이 필요하게 되었다. 이 그림은 『연병지남』에 실린
조선군의 대 기병 방어 전술의 모습이다. 낭선은 기병을 공격하고 등패수는 전투마의 다리,
협도수는 말의 눈, 환도수는 말의 배, 마지막으로 당파수는 말의 머리나 기병을 공격하는 방법을
구체적으로 익혔다.

이중 도곤수의 움직임을 보면 적 기병이 타고 있는 전투마의 머리를 공격하거나 전투마의 배를 찌르는 방식이었기에 단순한 봉의 형태보다는 보다 날카로운 창날을 부착한 협도곤의 형태가 보다 효과적이었다.

특히 『무예제보번역속집』의 협도곤의 마지막 부분에는 구창도鉤槍圖라고 하여 형태는 협도곤과는 유사하지만 작은 역가지 날이 왼편에는 한 개, 오른편에는 두 개를 붙인 독특한 무기가 함께 수록되어 있다. 역시 사용법은 협도곤과 동일하다고 설명하고 있으며, 좌우로 펼쳐진 역가지날을 이용하여 전투마 기병을 끌어 내리는 무기로 활용하였다.[29]

『무예제보번역속집』에 실린 협도곤의 연속자세를 살펴보면 이 무기의 핵심공격 기법과 무기의 특징을 살펴 볼 수 있다. 협도곤을 익히는 순서는 다음과 같다.

조천세-중평세 일자-약보세-중평일자-약보세-중평 일격일자

/ 도창세-가상세-중평일자-약보세-도창세-가상세-중평 일격일자

/ 반창세-비파세 일격일자

/ 반창세-비파세 일격일자

/ 한강차어세-선옹채약세-틈홍문세.[30]

---

29) 『武藝諸譜飜譯續集』에 협도곤의 부록으로 실린 鉤槍圖를 보면 다음과 같다.

30) 『武藝諸譜飜譯續集』夾刀棍, 夾刀棍譜, "初作 朝天勢 旋以中平勢 一刺 進一步 作躍步勢 以中平一刺 又進一步 作躍步以中平 一擊一刺 進一步 作躍步勢 旋作到槍勢 仍作架上勢 以中

위의 협도곤보를 보면 연결세의 마지막에는 '일격일자一擊一刺'라고 한번 치고 한번 찌르는 독특한 동작이 반복되고 있음을 확인할 수 있다. 이러한 공격기법은 오직 협도곤에서만 나타나는 특징을 곤방의 핵심기법인 타법打法에서 찌르기를 연속적으로 진행하기 위하여 일종의 찍는 법인 격법擊法으로 자세가 변화하였음을 알 수 있다. 또한 두 번 이상의 연결공격 후에는 반드시 찌르기로 마무리하여 협도곤이 날의 형태는 칼날인 '도刀'의 형태를 취하지만 사용법은 창과 유사했음을 잘 보여주고 있다.

이렇듯 대기병 방어무기로 자리잡은 협도곤은 이후 사도세자思悼世子가 대리청정하던 때인 영조英祖 35년(1759)에 이르러 협도挾刀라는 이름으로 『무예신보武藝新譜』라는 이름으로 체계화되었다.[31] 이때에 정립된 협도의 기법은 "협도挾刀에는 모두 18세가 있는데 용약재연세로 시작하여 수검가용세로 마친다."[32]라고 하여 새로운 형태로 자리 잡게 된다.

이때에 정립된 협도는 날의 길이가 일반적인 대도류 무기인 월

平一刺 又進二步 作躍步到槍架上 以中平一擊一刺 退一步 作反槍勢 仍退二步 二琵琶勢 一擊一刺 退一步 作反槍 仍退二步 二琵琶 一擊一刺 仍作寒江叉魚勢 轉作仙翁採藥勢 回身 作闖鴻門勢 畢."

31) 英祖 35년에 思悼世子의 명으로 훈련도감의 軍校 임수응이 중심이 되어 편찬한 『武藝新譜』는 책명이 『武技新式』이라는 명칭으로도 불렸다. 이는 思悼世子의 묘지문인 顯隆園 行狀에 기록된 것으로 『武新式』은 별칭으로 불렸을 가능성이 높다. 그리고 현재까지 『武藝新譜』는 발견되지 않고 있다. 단지 思悼世子(莊祖)의 문집인 『凌虛關漫稿』와 正祖代에 완성된 무예서인 『武藝圖譜通志』 등을 비롯한 몇몇 기록에서 『武藝新譜』에 실린 기예의 종목을 확인할 수 있다. 여기를 살펴보면 『武藝新譜』에는 正祖代에 완성된 『武藝圖譜通志』 중 步兵이 익히는 十八技를 담고 있는 것을 확인 할 수 있다.

32) 『凌虛關漫稿』 卷7, 說, 藝譜六技演成十八般設, "挾刀凡十八勢 始於龍躍在淵勢 終於堅劍賈勇勢."

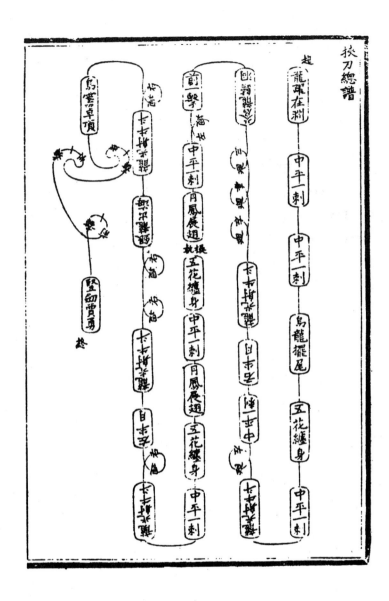

『무예도보통지』중 협도 총보
시작자세인 '용약재연세'부터 마지막 자세인 '수검고용'까지 총 18세로 구성되어 있다. 중간에 다른 자세로 이어지는 부분에는 반드시 찌르기로 마무리하며 다른 동작을 취한다.

도月刀보다 더 큰 형태로 변화하게 된다. 또한 명칭의 경우 협도곤夾刀棍과 협도挾刀라는 말이 혼용되어 사용되다가 이후 정조대正祖代에 군영의 무예기법의 통일화 작업의 연장선에서 협도挾刀로 통일되게 되었다. 다음의 사료를 통해 이를 확인할 수 있다.

여러 장신들이 의논하여 고쳐서 올린 單子의 내용에 '劍은 用劍이라 하고 短槍은 旗槍이라 하고 莨筅은 狼筅이라 하고 長槍은 竹長槍이라 하고 挾刀棍은 挾刀라 하고 便棍은 步鞭棍이라 한다. 牟劍의 俱法에 이르러서는 처음에 倭劍用勢라고 했다가 뒤에 皮劍交戰이라고 했는데, 피검은 곧 모검으로 명칭은 같은 기예이나, 곧 왜검으로 交戰하는 자세를 취한다. 모검은 마땅히 왜검과 교전 두 가지 이름으로 고쳐야 하지만, 군문의 기예는 이미 名目이 정해져 있으니, 이제 하나를 나누어 둘로 만들 수는 없다. 따라서 모검은 교전이라고 해야 한다.[33]

위의 사료는 정조正祖가 집권 초반에 군영의 무예를 통일하는 과정에서 언급한 내용들이다. 조선후기 중앙 군영이었던 오군영五軍營을 이끌고 있는 각 군영대장의 경우 혼인이나 정치적인 거래를 통하여 기득권층인 노론과 정치적 유대관계를 맺고 있어 정조에게 당시의 오군영의 군사력은 믿을 만한 존재가 되지 못했다.[34]

---

[33] 『正祖實錄』 卷6, 正祖 2年 9月 7日, 癸巳條. "諸將臣議 改單劍曰用劍 短槍曰旗槍 箕筅曰狼筅 長槍曰竹長槍 挾刀棍曰挾刀 鞭棍曰步鞭棍 至於牟劍俱法 初以倭劍用勢 後以皮劍交戰 皮劍 卽牟劍 名雖一技 卽倭劍交戰之勢也 牟劍 當改以倭劍 交戰兩名 而軍門技藝 旣有名目定數 今不可分一爲二 改牟劍曰交戰."

정조대 이전부터 토착화된 문벌文閥과 무벌武閥의 지속적인 정치적 결합은 정조대 초반 개혁의 한계성으로 받아들이기에 충분한 문제였다고 볼 수 있다. 정조는 이를 개혁하기 위하여 연속적인 병서兵書의 편찬과 군영의 통폐합 및 문무겸전文武兼全의 새로운 국정운영 철학을 설파하였는데, 그중 오군영 무예의 통일화는 군사들을 직접적으로 통제하기 위해 가장 먼저 이뤄진 통합작업이었다.[35]

이러한 군문軍門의 무예 명칭을 통일하는 작업과 함께 실질적인 무예의 자세를 통일하는 작업도 함께 이뤄졌는데, 이렇게 얻어진 결과물들이 정조 14년(1790)에 편찬된 『무예도보통지武藝圖譜通志』였다. 『무예도보통지』의 고이표考異表에는 훈련도감訓鍊都監, 금위영禁衛營, 용호영龍虎營, 어영청御營廳 등 중앙의 핵심군영에서 훈련되고 있는 당파, 쌍수도, 예도, 왜검, 교전, 제독검, 본국검, 쌍검, 월도 등 총 9가지의 무예 수련자세의 차이점을 지적하고 통일화시키는 작업을 적시해 놓고 있다.[36] [그림 4]는 『무예도보통지』에 수록된 대도류大刀類 무기 중 협도와 월도의 모습이다.

『무예도보통지』에 수록된 협도의 제원을 보면, "자루 길이는 7척尺, 칼날의 길이는 3척尺, 무게는 4근斤"[37]으로 『무예제보번역속집』의 협도곤과 자루 길이는 동일하지만, 칼날 길이인 5촌寸에 비

---

34) 張弼基, 「朝鮮後期 武班家門의 閥閱化와 그 性格」, 영남대학교 박사학위논문, 1999, 164~165쪽. 正祖는 집권 초반부터 軍務와 관련하여 "家兵의 폐단과 多門의 근심"이 가장 심각하다고 언급할 정도로 五軍營에 대한 신뢰가 없었다. 이후 지속적으로 兵曹判書의 권한을 강화하고, 五軍營 운영의 실질적인 개혁작업을 통해 안정적인 軍權을 확보하게 된다.
35) 崔炯國, 「正祖의 文武兼全論과 兵書 간행 - 認識과 意味를 中心으로 -」, 『역사민속학』 39집, 역사민속학회, 2012, 103~108쪽.
36) 『武藝圖譜通志』 考異表.
37) 『武藝圖譜通志』 挾刀條, "今制 柄長七尺 刃長三尺 重四斤."

해 무려 6배나 길어진 것을 확인할 수 있다. 이런 이유로 협도곤의 핵심 공격기법인 '일격일자一擊一刺'의 자세보다는 크게 베거나 찌르는 동작으로 변화한 것을 확인할 수 있다.

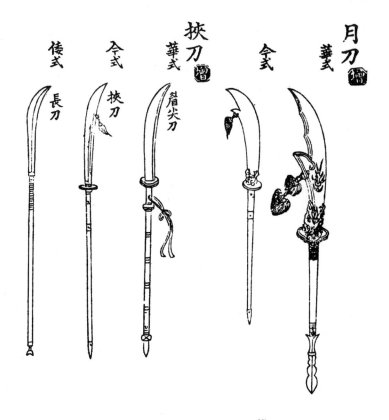

倭式 長刀

今式 挾刀

挾刀 華式 眉尖刀

金

月刀 華式

[그림 4] 『무예도보통지』에 실린 협도挾刀와 월도月刀의 모습[38]

---

[38] 본 그림은 『武藝圖譜通志』에 수록된 협도와 월도의 그림이다. 그림을 보면 華式 - 중국식, 倭式 - 일본식, 今式 - 조선식 등의 다양한 비교를 더 해 놓았다. 특이하게도 조선에서 사용하는 무기형태는 '朝式'이 아닌 '今式'이라는 표현으로 '오늘날 우리 군사들이 쓰는 무기'의 형태라는 실학적인 표현이 담겨 있기도 하다. 조선시대에 일본이나 중국 모두 조선을 침략했기에

4. 협도의 병기사적 특성과 무예사적 의미

17세기 이후 협도의 날이 길이지게 된 결정적인 이유는 군사기술의 전문화와 깊은 연관이 있다. 임란을 거치면서 조선의 전통적인 기병전술체계가 무력화됨에 따라 단병접전술의 경우의 보병 즉 살수殺手의 중요성이 갈수록 부각되었다.

따라서 광해군대 이후 전술의 변화는 대형 화포火砲와 총포수銃砲手 그리고 살수殺手의 협업을 중요시하는 방식으로 변화하게 된다.[39] 이에 따라 살수들이 사용하는 무기 역시 단순히 적 기병을 저지하는 것에 그치는 것이 아니라, 보다 다양한 방식의 단병접전술을 익히는 방식으로 전환되었기 때문이다.

특히 심하深河전투를 치르는 과정에서 조총수만으로 기병을 저지하는데에는 전술상 한계가 따른다는 사실을 직시하고 살수대의 전문화에 더욱 주력하게 된다.[40] 여기에 17세 후반 일본의 재침입설이 부각되어 민심이 흉흉해질 정도였기에 군영에서는 왜검법倭劍法의 보급과 함께 협도의 경우도 보병 살수대의 전문성을 살리는 방식으로 무기의 정비와 무예의 변화가 일어난 것으로 판단된다.[41]

이들 모두는 적국에 해당한다. 그러나 적국의 무예나 무기라고 할지라도 조선의 국방에 도움이 된다면 철저하게 배우고 익히게 하겠다는 의지가 담긴 표현이다. 이런 이유로『武藝圖譜通志』에는 조선의 전통적인 무예뿐만 아니라 왜검으로 대표되는 일본의 무예와 쌍수도나 제독검 등으로 대표되는 중국의 무예까지 모두 함께 모아 조선의 국방무예서로 편찬한 것이다.

39) 許大寧, 「임진왜란 전후 조선의 전술 변화와 군사훈련의 전문화」, 서울대학교 석사학위논문, 2012, 52~59쪽.

40) 최형국, 「17세기 대북방 전쟁과 조선군의 전술 변화 - 深河戰鬪를 중심으로」, 『군사연구』 133집, 육군군사연구소, 2012, 115~120쪽.

41) 최형국, 「朝鮮後期 倭劍交戰 변화 연구」, 『역사민속』 25호, 한국역사민속학회, 2007, 95~106쪽.

「정조대왕화성행행반차도正祖大王華城幸行班次圖」 중 훈련대장 이경무와 군뢰수

을묘년 정조의 수원 화성행차시 기록화로 만든 반차도의 모습이다. 그 중 훈련대장 이경무 앞에 조선
시대 군율을 담당하는 군사인 군뢰軍牢의 모습을 확인할 수 있다. 군뢰는 조선시대 헌병의 역할을
담당했으며 협도와 유사한 무기를 사용하였다. 앞에 배치된 관이전貫耳箭을 죄수의 귀를 뚫어 끌고
다니다가 군뢰를 이용하여 효수하였다. (한영우, 2000)

『무예제보번역속집』에 수록된 협도의 경우는 청룡언월도와는 다르게 이 시기를 거치면서 자세나 무기형태 등 많은 변화를 겪은 것이다. 다음의 [표 1]을 통해 이러한 변화 양상을 구체적으로 확인할 수 있을 것이다.

[표 1] 『무예제보번역속집』과 『무예도보통지』의 대도류大刀類 비교

연번	『武藝諸譜飜譯續集』 夾刀棍	『武藝圖譜通志』 挾刀[42]	『武藝諸譜飜譯續集』 靑龍偃月刀	『武藝圖譜通志』 月刀
재원	▶자루길이: 7尺 ▶무게: 3斤 8兩 ▶칼날의 길이 5寸 ▶(칼날)무게 4兩 (칼날이 짧을수록 좋다)	▶자루길이: 7尺 ▶칼날길이: 3尺 ▶전체무게: 4斤	▶자루길이: 5尺 ▶칼날넓이: 4寸 ▶칼날길이: 3寸*(尺) (중간2寸, 칼날1寸) * 척도 오기로 판단	▶자루길이: 6尺 4寸 ▶칼날길이: 2尺 8寸 ▶전체무게:3斤 14兩
1	朝天勢	(右手持柄)龍躍在淵勢 左拳 前打	(右手持柄)龍躍在淵勢 擧劍 右臂上	(左手持柄)龍躍在淵勢 右拳 前一打
2	中平勢 一刺	中平勢 一刺 中平一刺	新月上天勢 揮左手	新月上天勢 右拳前一打
3	躍步勢	烏龍擺尾勢 左揮尾	猛虎張爪勢 退三步	猛虎張爪勢(右三廻)
4	中平 一刺	五花纏身勢	鷙鳥斂翼勢	鷙鳥斂翼勢 向前
5	躍步勢	中平勢一刺	奔霆走空勢 進三步	金龍纏身勢 左揮
6	中平 一擊一刺	龍光射牛斗勢(左曳)	月夜斬蟬勢 三擊	五關斬將勢向右回擊掃左 一擊向右回擊掃左一擊
7	到槍勢	中平一刺	霜鶻奮拳勢 退三步	擧右足內掠

---

42) 『武藝圖譜通志』挾刀譜, "竪劍正立 右手持柄 左手左挾 初作龍躍在淵勢 一躍以左拳前打 旋作中平勢 右手右脚一刺 又進一足中平一刺 又作烏龍擺尾勢 左揮尾 以右手右脚 作五花纏身勢 旋作中平勢一刺 卽作龍光射牛斗勢 左曳退一廻 中平一刺 旋以右手右脚 作半月勢 又作龍光射牛斗勢 左曳三廻 退原地 作蒼龍歸洞勢 右手右脚左廻後一擊 仍左廻前一擊 中平一刺 旋作丹鳳展翅勢 左揮尾右揮刃 作蒼龍歸洞勢 右手右脚左廻後一擊 仍左廻前一擊中平一刺 旋作丹鳳展翅勢 左揮尾右揮刃 左右換執 左手左脚作五花纏身勢 仍作中平勢一刺 又作丹鳳展翅勢 左揮尾作五花纏身勢 又作中平勢一刺 仍作龍光射牛斗勢 左曳退一廻 左手左脚作左半月勢 又作龍光射牛斗勢 左曳二廻 卽作銀龍出海勢左手左脚弄一刺 又作龍光射牛斗勢右一廻到原地 仍作烏雲罩頂勢 左手左脚擧劍向前 左右換執 右手右脚左廻右一擊 左右換執左手左脚右廻右一擊 左右換執右手右脚左廻前一擊 仍以右手右脚作 竪劍賈勇勢 畢."

8	架上勢	右半月勢	五關斬將勢 向前三擊 翻身 後一擊	向前擊賊勢 前打
9	中平 一刺	龍光射牛斗勢(右曳)	奔霆走空勢 進三步	龍光射牛斗勢 (左曳)
10	躍步勢	蒼龍歸洞勢	介馬斬良勢 向前三擊 進一步 一刺	蒼龍歸洞勢 向後一擊
11	到槍勢	後一擊 前一擊 中平一刺	龍光射牛斗勢 退三步	月夜斬蟬勢 再叩
12	架上勢	丹鳳展翅勢 右揮刀	五關斬將勢 向前三擊	霜鶻奮翼勢 向前
13	中平 一擊一刺	蒼龍歸洞勢 後一擊 前一擊 中平一刺	紫電收光勢	奔霆走空翻身勢 前進
14	反槍勢	丹鳳展翅勢 右揮刀		介馬斬良勢 一刺
15	琵琶勢	五花纏身勢 中平勢一刺		進前殺賊勢 外掠左右洗 一擊
16	一擊一刺	丹鳳展翅勢 右揮尾		龍光射牛斗勢 (左廻)
17	反槍勢	五花纏身勢 中平勢一刺		劒按膝上勢 一喝 跳一步 前進
18	琵琶 一擊一刺	龍光射牛斗勢		長蛟出海勢 左一擊左手左脚一打
19	寒江叉魚勢	左半月勢		猛虎張爪勢 右一廻
20	仙翁採藥勢	龍光射牛斗勢		藏劒收光勢 左拳前一打
21	闖鴻門勢	銀龍出海勢 弄一刺		向前殺賊勢 前一打
22		龍光射牛斗勢		豎劒賈勇勢
23		烏雲罩頂勢		
24		左一擊		
25		換執 右一擊		
26		換執 前一擊		
27		豎劒賈勇勢		

　　[표 1]에서 『무예제보번역속집』의 청룡언월도靑龍偃月刀와 『무예도보통지』의 월도月刀를 비교해보면 동작에서 큰 차이를 보이고 있지 않다. 다만 『무예도보통지』의 월도月刀의 자세가 좀 더 정교

해지고 몇 번의 반복과정을 거치는 것을 확인할 수 있다. 그러나 『무예제보번역속집』의 협도곤夾刀棍과 『무예도보통지』의 협도夾刀는 비교가 불가능할 정도로 서로 다른 투로구조를 보여주고 있다.

이를 통해 협도의 특징이나 신체문화사적인 특징을 짚어 보면 다음과 같다.

첫째, 협도는 협도곤과 같이 '일자一刺'라는 창의 기본 기법인 찌르기가 중심을 이루고 있다. 이는 월도와 비교해 보면 명확하게 드러나는 것으로 월도는 자루가 긴 칼에서 발전한 무기로 크게 베거나 치는 기법을 중심에 두고 있는 반면 협도곤이나 협도는 찌르기 중심인 창에서 발전한 무기임을 유추할 수 있을 것이다.[43]

특히 협도의 경우는 독특하게 두 번 연속으로 찌르는 '일자一刺 중평일자中平一刺(이자二刺)'나 '농일자弄一刺' 등 단창 혹은 기창 등 짧은 창에서만 등장하는 연속 찌름법을 가지고 있다.[44]

따라서 18세기 이후 무기의 외형상으로는 자루가 길고 그 위에 긴 칼날이 달린 것처럼 보이는 월도와 협도가 큰 차이가 없어 보일 수는 있지만, 그 사용의 기법이 확연히 구분됨을 알 수 있다.[45] 이는 협도가 그 형태상의 차이는 있지만, 조선전기 장도長刀의 기법

---

43) 청룡언월도나 월도의 투로에서 찌르기인 '一刺'는 단 한번만 등장하는데, 전체 자세에서 협도곤은 7회, 협도는 9회씩 등장한다. 이러한 투로의 특징은 찌르기가 핵심 기법인 槍이나 양날 劍에서 주로 등장한다.

44) 『武藝圖譜通志』旗槍에서는 '左手左脚一刺 又作中平勢一刺'나 '左手右脚一刺 又作伏虎勢一刺' '右手右脚弄槍' 등이 두 번 연속으로 찌르는 대표적인 창의 움직임에 해당한다.

45) 일반인들이 월도와 협도를 구분하기는 쉽지 않다. 다만 월도의 경우는 칼날 위쪽에 발톱이라 불리는 '爪'부위가 날카롭게 쏟아 오른 형태이기에 이를 기준점으로 삼으면 구분이 가능하다. 단순히 검신의 폭만으로 구분하다 보면 오랜 세월 전장에서 사용하여 칼의 폭이 마모되어 좁아진 월도의 경우도 협도로 오인될 가능성이 있다.

竹長槍凡七勢始於泰山壓卵勢終於白猿拖刀

勢○○勢不並
計下同

旗槍凡十六勢始於龍躍在淵勢終於夜叉探海

勢○

銳刀凡二十八勢始於舉鼎勢終於金剛步雲勢○

倭劒凡八流自土由流至柳彼流○

交戰甲乙進退自負劒至投劒凡四十二合○

月刀凡十八勢始於龍躍在淵勢終於竪劒賈勇

勢○

挾刀凡十八勢始於龍躍在淵勢終於竪劒賈勇

凌虛關漫稿 卷七 版 圭

『능허관만고凌虛關漫稿』 중 협도

영조英祖의 둘째아들이자 정조의 생부인 사도세자思悼世子 이선李愃의 시문집에 실린 협도에 대한 내용이
다. 사도세자는 대리청정 중 보병들이 익힌 18가지의 무예를 정리하여 『무예신보武藝新譜』를 편찬하였
다. 현재 이 병서는 발굴되지 않고 있으며, 다만 그의 문집인 『능허관만고』에 대략의 사실이 적혀있다.

과 조선중기 협도곤夾刀棍의 기법을 그대로 수용하고 있다는 것을 의미한다.

거기에 앞서 서두에서 언급했듯이 살수대의 전문화에 따라 창의 기법에 베는 칼의 기법을 더해 보다 범용무기로 협도가 발전했음을 짐작할 수 있을 것이다. 특히 광해군대 완성된 협도곤夾刀棍의 투로형태와 상당한 차이가 있지만 '협도'라는 한글발음을 그대로 차용한 이유역시 협도곤의 사용법을 상당부분 담아내고 있기에 명칭 통일화 과정에서 이를 염두에 둔 것으로 판단된다.

둘째, 18세기 이후 진화된 협도 투로의 의도적 정교함과 좌우대칭성이다. 특히 자루가 긴 손잡이를 이용할 경우 나타나는 독특한 특징인 '음양수陰陽手'가 규칙적이면서도 대칭적으로 나타난다.[46]

예를 들면, 협도 투로의 앞쪽에 오른손 오른발로 오화전신세를 했다면,[47] 그 뒤에는 왼손 왼발로 오화전신세를 진행하여 좌우의 대칭을 맞춘 자세로 구성되어 있다.[48] 협도에 등장하는 대칭적 자세를 살펴보면 [표 2]와 같다.

[표 2]를 보면 협도의 상당수의 자세가 좌우 대칭형으로 만들어졌음을 확인할 수 있다. 특히 이러한 좌우 대칭은 단순히 몸을 좌우로 대칭시키는 것으로 끝나지 않고, 앞서 설명한 음양수陰陽手 기

---

46) 『武藝圖譜通志』에서는 음양수에 대해서 다음과 같이 설명하고 있다. "무릇 병장기를 손바닥이 아래로 향하도록 잡는 것을 음이라 하고, 손바닥이 위로 향하도록 잡는 것을 양이라 한다. 양으로 잡는 것은 병장기를 들어주는 역할을 하고, 음으로 잡는 것은 병장기로 치고 나가거나 죽이는 것이니 모두가 자연 이와 같이 된다."(『武藝圖譜通志』技藝質疑, "凡器械以 手向下執者謂之陰 向上執者謂之陽 陽以提起陰以 打去殺去 皆自然如此")
47) 『武藝圖譜通志』挾刀譜, "右手右脚 作五花纒身勢."
48) 『武藝圖譜通志』挾刀譜, "左手左脚 作五花纒身勢."

법을 활용하여 '환집換執'을 통해 무기사용의 완전한 좌우대칭을 이루도록 구성되었다.

[표 2] 『무예도보통지』 협도의 좌우 대칭적 자세

연번	前	後
1	右手右脚 作五花纏身勢	左手左脚 作五花纏身勢
2	中平勢 右手右脚 一刺	左手左脚 中平勢 一刺
3	烏龍擺尾勢 左揮尾	丹鳳展翅勢 左揮尾
4	龍光射牛斗勢 左曳	龍光射牛斗勢 右曳
5	右手右脚 作右半月勢	左手左脚 作左半月勢
6	右手右脚 左廻 左一擊	左手左脚 右廻 右一擊

『무예도보통지』에 수록된 무예24기 중 몇 개의 무예에서도 이러한 대칭적 움직임이 조금씩 나타나기도 하는데, 협도의 경우는 일정한 투로의 연결이 마치 짝을 이루듯 연속적으로 반복되고 있다.[49]

이러한 대칭적 특성은 투로의 구성시 신체활동의 균형을 맞추기 위한 근대적 신체인식의 표현으로 볼 수 있을 것이다. 봉건과 근대의 사상적 가장 큰 구분점은 공동체 속의 개인의 존재와 인식으로부터 출발한다. 다시 말해 근대적 사상의 기초는 공동체 속에

---

49) 이러한 협도의 독특한 좌우 대칭적 움직임은 이전에 편찬된 『武藝諸譜』나 『武藝諸譜飜譯續集』 등과 같은 선행 武藝書들에서 나타나지 않는다. 또한 『武藝圖譜通志』의 참고문헌으로 사용된 『少林槍法闡宗』이나 『少林刀法闡宗』 등을 비롯하여 明末淸初의 武藝를 보여주는 『手臂錄』에도 이러한 대칭성을 찾아보기 어렵다.

旋作中平勢右手右脚一
刺又進一足中平一刺

『무예도보통지』 중 협도

협도는 긴 자루에 창처럼 긴 칼날을 붙인 병기로 월도처럼 치거나 베는 기법보다는 찌르기가 발달한
투로 구조를 갖는다. 본 자세는 상대를 수평으로 찌르고 들어가는 중평 일자세이다.

서 '나'에 대한 인식의 확립과 '개인주의'를 통해서 발현된다는 것
이다.[50]

이러한 근대적 사상의 흐름이 신체문화에서는 좌우 대칭형 운
동을 비롯한 체계적인 신체학습법으로 나타나게 된다. 예를 들면,
조선후기 대도류 무기 중 월도月刀의 자세에서는 일반적으로 가장
많이 사용하는 손이나 단방향 회전 등으로 공격력을 증가시키는
형태로 투로가 구성되어 있다. 이는 개인의 좌우 대칭적 운동능력
개발보다는 실제 전투에 활용할 때 보다 빠르게 적을 제압할 수 있
는 형태로 투로 및 훈련내용이 정리된 것이다.

그러나 근대적 신체관에 의해 만들어진 근대 체조의 가장 큰
특징의 경우 정확한 좌우 대칭와 비례를 통해서 구성되었음을 알
수 있다.[51] 예를 들면, 왼쪽 어깨근육에 이완운동을 하면 반드시 오
른쪽 어깨근육의 이완운동을 하고, 오른 다리의 수축운동을 진행하
면 그 다음에는 반드시 왼쪽 다리의 수축운동을 하는 방식으로 좌
우대칭성을 강조하는 형태로 체조가 만들어진 것이다.[52]

---

50) 크리스 쉴링, 임인숙 역, 『몸의 사회학』, 나남출판, 1993, 257~267쪽; 근대성과 자아 정체성에
    관한 논제 중 전통사회의 신체에 대한 정체성은 오랫동안 뿌리내리고 있는 사회적 지위의 재
    생산에 사람들과 그들의 몸을 연결하는 의식을 통해서 자동적으로 주어지는 것이며, 근대사회
    에서의 자아 정체성은 개인 심사숙고의 대상이 되어 새로운 형태로 '몸 인식'을 가능케 하였다
    라고 설명하고 있다. 따라서 개인의 신체에 대한 균형적인 인식은 그러한 근대성의 기초가
    될 수 있을 것이다.
51) 근대 유럽 국가의 체육의 특징은 國家主義라는 개념이 강하게 투영되었다. 이는 국가에 대한
    충성심과 조국에 대한 애착을 바탕으로 하여 균형적인 신체활동을 통해 건강한 몸을 만들고
    이를 국가발전의 원동력으로 삼는다는 내용이다. 이러한 근대 체육의 특징은 링(Ling, P.H.,
    1776~1839)와 나흐테갈(Nachtegall, F., 1737~1843), 그리고 인(John, F.L., 1787~1852) 등이
    대표적이며, 이들은 장시간 노동에 의한 신체의 불균형 및 발육기 아동들의 노동 문제를 균형
    적인 체육교육을 통해 해결하고자 하였다. 당시 유럽의 여러나라 중 영국, 독일, 스웨덴, 덴마
    크 등은 균형적인 체조교육을 근간으로 하였다.(나영일 외2인, 『체육사』, 형설출판사, 1997,
    179~201쪽.)

이러한 좌우 대칭적 훈련성은 개인의 몸에 대한 균형적인 발달을 위한 근대적 신체관의 정립을 통해 나타난 현상으로 조선후기 정립된 협도挾刀의 투로와 훈련방식에서 그러한 신체문화의 근대성을 엿볼 수 있다는 것이다.

이러한 협도의 좌우 대칭적 움직임은 기존에 만들어진 청룡언월도青龍偃月刀와 월도月刀의 투로를 바탕으로 재구성되었음을 짐작케 한다. 실제로 협도에 등장하는 용약재연세龍躍在淵勢·용광사우두세龍光射牛斗勢·창룡귀동세蒼龍歸洞勢 등은 월도의 자세와 동일하며, 그 첫 자세인 '(우수지병右手持柄) 용약재연세龍躍在淵勢 좌권左拳 전타前打'는 월도月刀의 '(좌수지병左手持柄) 용약재연세龍躍在淵勢 우권右拳 전일타前一打'와 반대되는 자세로 대칭성을 유지하기 위해 만든 것으로 판단된다.

특히 용광사우두세龍光射牛斗勢의 경우에는 연속적으로 뒤쪽을 향해 회전하는 자세인데, 정확하게 왼쪽과 오른쪽을 번갈아 가며 대칭적으로 사용하고 있음을 알 수 있다. 여기에 협도의 경우는 앞에서 언급했듯이, 창槍에서 발달한 무기라는 특성을 살리기 위해 찌르기를 보강하여 투로를 구성한 것이다.

따라서 협도와 모양이 유사한 기존에 만들어진 월도의 연결 자세에 좌우의 균형적 쓰임새를 보강하여 살수殺手의 전문화를 위한

---

52) 일반적으로 인체는 왼손잡이 혹은 오른손잡이냐에 따라 근육의 발달형태나 양이 결정된다. 따라서 일반적인 사람의 경우 주로 사용하는 손과 발의 특징에 따라 좌우대칭의 몸이 아닌 치우친 몸의 형태로 살아가게 된다. 예를 들면, 왼손과 오른손의 악력의 차이는 집중적으로 사용하는 손에 의해 결정되는 것이다. 따라서 좌나 우로 치우친 몸을 균형적으로 맞추기 위해서는 의도적인 신체훈련을 통해 좌우 대칭성을 맞추는 것이다. 이러한 좌우 대칭적 훈련 안에 근대적 신체문화관이 투영된 것이다.

「왕세자두후평복진하도王世子痘候平復陳賀圖」

1879년(고종 16) 12월 28일, 왕세자[훗날 순종純宗]가 천연두에서 회복된 것을 축하하기 위해 제작된 궁중행사도이다. 전체 8폭의 병풍으로 제작되었다. 제1폭에는 수문장守門將 겸 초관哨官이었던 이상덕 李相德이 쓴 서문이, 제8폭에는 행사를 준비한 관원들의 좌목座目이 적혀 있다. 그중 궁궐의 정문을 지키는 수문군들이 들고 있는 무기들이 월도와 협도의 모습을 혼합한 무기를 들고 있다. 협도는 그 외형적 특성으로 인해 권위를 상징하는 의물로 활용되기도 하였다. (국립고궁박물관 소장)

기초신체훈련용 무예로 협도의 자세를 완성시킨 것으로 볼 수 있을 것이다.

이러한 협도의 군사들을 위한 기초신체훈련용 의미로 인해『만기요람萬機要覽』을 보면, 용호영龍虎營의 보군步軍을 사수射手, 포수砲手, 용검수用劍手(용검用劍, 쌍검雙劍, 제독검提督劍, 언월도偃月刀, 왜검倭劍, 교전본국검交戰本國劍, 예도합일기銳刀合一技), 창수槍手(목장창木長槍, 기창旗槍, 당파鐺鈀, 낭선狼筅, 등패합일기籐牌合一技), 권법수拳法手(권법拳法, 보편곤步鞭棍, 협도挾刀, 곤방棍棒, 죽장창竹長槍 합일기合一技) 등 5종의 병종兵種으로 구분하고 있는데, 협도를 가장 기초적인 훈련과목인 권법수로 분류하고 있다.[53]

결론적으로 협도는 조선전기부터 이어져 내려온 자루가 긴 칼이나 창 형태인 장도長刀와 협도곤夾刀棍의 특성을 그대로 살리면서 변화된 전장의 환경을 고려하여 칼의 성격을 더한 범용 무기로 발전하였으며, 조선후기 새롭게 인식된 근대적 신체관인 좌우 대칭형 움직임을 보여주고 있는 단병접전용 무예로 볼 수 있을 것이다.[54]

---

[53] 『萬機要覽』軍政篇2 龍虎營 試藝. : 조선후기 군사들이 가장 먼저 훈련해야 하는 종목은 맨손무예인 권법이었다. 특히 권법의 경우는『武藝圖譜通志』의 분류형태상 刺砍擊 삼법 중 마지막인 때리는 擊法으로 분류되는데, 보편곤과 곤방의 경우가 이에 해당한다. 그리고 협도의 경우는 砍法에 해당하지만 역시 기본훈련으로 판단하여 권법수로 분류되었고, 죽장창의 경우도 긴 장창이나 낭선과 짧은 당파나 기창에 비해 만들기가 쉬워 刺法인 창류 훈련 중에서 가장 기본에 해당하여 권법수로 분류한 것으로 판단된다.

[54] 임란을 거치며 자루가 긴 형태의 장도가 협도의 형태로 변화하는가하면, 반대로 칼날의 길이가 대폭 길어져 두 손으로 손잡 위쪽 칼날 쪽에 동호인의 형태가 추가된 雙手刀의 형태로 발전하는 모습이 확인된다. 다만 쌍수도의 경우는 지나치게 칼날이 길어 제어하기 어려워 임란이후에 조선 군영에서는 일반적인 환도의 제원인 腰刀로 변화하게 된다. (『武藝圖譜通志』雙手刀. (原)(雙手刀譜) 原負劍正立 以左手持刀柄 旋作見賊出劍勢進一步 以劍從頭上一揮 作持劍對賊勢 進一足作向左防賊勢 又進一足作向右防賊勢 轉身跳進一步 作向上賊勢 回身進一足 作向前擊賊勢一擊 又進一步 以向前擊賊勢 向左一擊 又進一步 以向前擊賊勢 向右一擊 轉身 作初退防賊勢 退至原地 回身進一步 爲進前殺賊勢 一擊 仍仍轉身 作持劍進坐勢 卽作拭劍伺賊勢 還退一步 作閃劍退坐勢 起立更進一足 以進前殺賊勢一擊 又進一足 爲向上防賊勢 卽進一足 爲進前殺賊勢一擊 仍作揮劍向賊勢 連進三步 更進一足 以進前殺賊勢一擊 又

특히 동시대에 조선에서는 협도挾刀, 중국에서는 미첨도眉尖刀, 일본에서는 장도長刀라는 이름으로 활용된 무기이기에 동양삼국을 아우르는 병기사적 특성도 가지고 있다고 판단된다.[55]

5. 협도는 조선 군사의 진화하는 몸 문화

'호모 파베르Homo Faber'라는 말처럼 인간은 도구의 사용을 통해 진화의 속도와 방향을 스스로 결정하였다. 그런데 도구는 그 자체로 외형적 변형을 거치는 것이 아니라 끊임없는 인류 신체의 변화를 만들어 왔다.

그중 무기는 전투를 위한 도구로 인류 역사이래 끊임없이 발전의 과정을 거쳤다. 전통시대에 활용한 무기와 그 무기를 운용하는 수련형태인 무예는 당대의 전투사적인 특성을 가장 잘 담아내고 있다. 이는 무기 역시 인간이 사용하는 전쟁용 도구의 일종으로 당대 전투의 변화양상이나 특성을 담아내야만 실제 전투에서 효용성이 발휘되기 때문이다.

進一足爲向上防賊勢 進一足以進前殺賊勢一擊 又進一步一刺 轉身 以刀三揮退作再退防賊勢 退至原地回身進一足爲向上防賊勢 又進一足爲向前擊賊勢一擊 轉身 爲持劒進坐勢爲拭劒伺 賊勢 回身 進一足以左手揮劒向前 以右手更把爲向左防賊勢 進一足爲向右防賊勢 轉身 進一步爲向上防賊勢 回身 進一步爲向前擊賊勢一擊 又進一步以向前擊賊勢 向左一擊又進一步以向前擊賊勢 向右一擊○轉身 作三退防賊勢 退至原地 回身 進一足以向前擊賊勢一擊 又進一步一擊 轉身 爲持劒進坐勢爲拭劒伺賊勢 回身 作藏劒賈勇勢 畢.)

55) 『武藝圖譜通志』挾刀 (增), 今制 柄長七尺 刃長三尺 重四斤 柄朱漆刃背注耗(案;舊譜所畫 挾刀鋒背斜偃 若武備志所畫屈刀筆刀較 今挾刀不同 故改畫 今之所用者並畫 武備志之眉尖刀 倭之長刀焉 以其大同而小異).

이러한 변화는 단순히 무기 자체에서 그치는 것이 아니라 군사들의 신체에도 상당한 영향을 끼치게 되었다. 따라서 무기와 무예의 변화는 당대의 가장 정교한 신체문화를 그대로 반영하고 있다고 해도 과언이 아닐 것이다. 본 장에서는 이러한 변화중 대도류大刀類 형태의 무기인 협도挾刀를 중심에 두고 살펴보았다. 이를 간단하게 정리해보면 다음과 같다.

먼저, 조선시대에 정착된 자루가 긴 대도류大刀類 형태의 무기는 고대의 곤방棍棒이나 창槍을 시작으로 하여 오랜 세월 전장의 환경에 맞게 진화하였다. 대표적으로 조선전기의 장도長刀는 당시 주적이었던 여진족의 기병을 상대하기 위한 보병의 단병접전용 무기로 활용되었다.

이후 임진왜란기에는 일본군의 보병을 상대하기 위하여 앞쪽에 짧은 칼날을 단 곤방棍棒이 명군으로부터 수입되어 전파되었다. 그러나 임란 후에는 북방세력인 청의 발호로 청나라의 철기병을 상대해야 하는 목적으로 협도곤挾刀棍의 형태로 칼날이 조금 길어지게 되었다. 이러한 변화는 함께 수록되어 있는 구창鉤槍의 형태적 특성과도 일치하는 내용이다.

조선후기 임진壬辰과 병자丙子의 양난을 거치고 조선군의 전술체제는 단순히 하나의 병종에 대항하는 형태가 아니라 거기보車騎步가 통합적으로 운용되는 형태로 변화하게 된다. 이때 보병인 살수대의 단병접전법을 강화하기 위하여 협도곤은 날의 길이가 대폭 길어지며 18세기에는 협도挾刀라는 이름으로 안착 되었다.

협도는 기본적으로 외형상으로는 동시대에 함께 존재했던 대도류 무기의 일종인 월도月刀와 상당히 유사한 외형적 특징을 가지고 있지만, 그 사용의 기법 즉 무예적 특성은 상당히 다르게 나타났다.

협도는 그 무예적 특징을 크게 두 가지로 설명하였는데, 첫째 협도는 협도곤과 같이 '일자―刺'라는 창의 기본 기법인 찌르기가 중심을 이루고 있다는 것이다. 따라서 연결된 기본 공방법인 '세勢'의 마지막 부분에는 찌르기가 핵심 기법으로 등장하게 된다. 이는 월도와 비교해 보면 명확하게 드러나는 것으로 월도는 자루가 긴 칼에서 발전한 무기로 크게 베거나 치는 기법을 중심에 두고 있는 반면 협도곤이나 협도는 찌르기 중심인 창에서 발전한 무기임을 유추할 수 있을 것이다. 둘째, 18세기 이후 진화된 협도 투로의 의도적 정교함과 좌우대칭성이다. 특히 자루가 긴 손잡이를 이용할 경우 나타나는 독특한 특징인 '음양수陰陽手'가 규칙적이면서도 대칭적으로 나타난다.

이러한 대칭적 특성은 투로의 구성시 신체활동의 균형을 맞추기 위한 근대적 신체인식의 표현으로 볼 수 있을 것이다. 좌우 대칭적 훈련성은 개인의 몸에 대한 균형적인 발달을 위한 근대적 신체관의 정립을 통해 나타난 현상으로 조선후기 정립된 협도挾刀의 투로와 훈련방식에서 그러한 신체문화의 근대성을 엿볼 수 있다는 것이다. 이는 협도의 자세의 분석을 통해 소위 조선에서 '근대적 몸'의 인식과 탄생을 말할 수 있는 작은 단서를 찾을 수도 있음을 의미한다.

결론적으로 협도라는 무기의 변화는 단순히 무기의 형태적 변화로 그치는 것이 아니라, 오랜 세월 전장의 환경변화를 통해 매우 의도적이면서도 대칭적인 신체문화의 변화를 이끌어 냈다. 조선전기부터 이어져 내려온 장도長刀와 협도곤夾刀棍의 특성을 그대로 살리면서 변화된 전장의 환경을 고려하여 칼의 성격을 더한 범용 무기로 발전하였으며, 조선후기 새롭게 인식된 근대적 신체관인 좌우 대칭형 움직임을 보여주고 있는 단병접전 무예로 볼 수 있을 것이다.

첨언하자면, 우리의 역사 인식에서 근대는 1876년 발생한 근대 조약이자 불평등 조약인 '조일수호조규朝日修好條規(강화도조약)'을 기반으로 한 개항을 기점으로 생각하는 경우가 많다. 그러나 이러한 인식의 틀은 외부적 요인에 의한 강제적 결과물로 피동적인 역사 인식의 산물로 비춰질 가능성이 높다.

따라서 단순히 사건으로 역사를 구분 짓기보다는 근대성의 특성을 살펴 우리의 역사 안에서 이를 좀 더 고민해 볼 필요가 있을 것이다. 본 글에서 제시하고 있는 전투에 활용한 무기의 변화와 그에 따른 신체문화사적인 특성에서도 근대성을 살필 수 있기에 보다 다각화된 관점으로 역사인식의 틀을 재해석해 볼 필요가 있을 것이다.

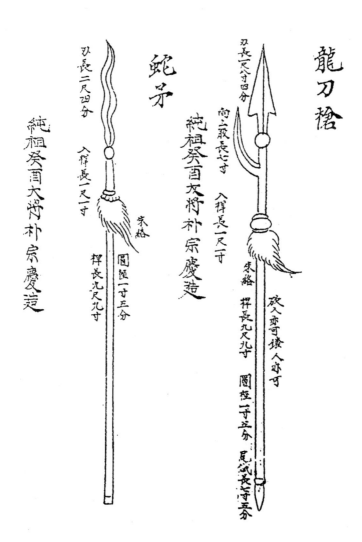

龍刀稍

刃長二尺六寸四分

向上刄長七寸　入稈長一尺寸

束稍

稈長九尺九寸　圓徑一寸五分　尾鐵長七寸五分

砍人亦可鑽人亦可

蛇茅

刄長二尺四分

入稈長一尺寸

純祖癸酉大將朴宗慶造

宗稍

稈長九尺九寸　圓徑一寸五分

純祖癸酉大將朴宗慶造

『훈국신조기계도설訓局新造器械圖說』 중 용도창과 사모

정조시대 이후 순조대 훈련대장 박종경이 신무기에 대한 제작방법을 담은 『훈국신조기계도설』을 펴냈다. 이때 보병들이 활용할 수 있는 다양한 무기들의 제작 방법과 재원에 대해 기록해 놓았다. 본 그림은 다양한 창류 병기 중 찌르기를 보강한 용도창과 사모의 모습이다. 각 시대에 따라 무기는 진화하거나 혹은 용도의 변화를 거쳐 발전하게 된다.

5장

馬上鞭棍
기병의 돌격전을 위한 최고의 무예

1. 마상편곤이 기병 필수무예로 정착된 이유는 무엇인가?

임진왜란 이전까지 조선군 전술의 핵심은 기병이었다.[1] 이는 조선을 건국한 태조太祖 이성계李成桂의 출신과도 깊은 연관이 있는데, 이성계는 북방의 여진족을 비롯한 여러 이민족과의 전투를 통해 많은 전과를 얻었으며 이 과정 속에서 얻은 군사세력을 바탕으로 조선을 건국하게 된 것이다. 그러나 조선을 건국한 후에도 북방 이민족의 위협은 끊이지 않아 조선초기의 주적主敵은 당연히 이들이었고

---

[1] 심승구, 「朝鮮時代의 武藝史 硏究: 毛毬를 중심으로」, 『軍史』 38호, 군사편찬연구소, 1999, 126쪽.

이에 대한 방어 및 공격을 중심으로 조선군의 편제가 이뤄졌다.[2]

이러한 이유로 조선초기 핵심 병서인 『진법陣法』에는 기병을 중심으로 한 전략·전술들이 주를 이뤘으며, 보병은 기병과 동일한 비중으로 편성하였지만 그 실질적 공격 및 방어의 핵심은 기병이었다.[3] 심지어 남쪽의 왜구를 방어하는 데에도 기병은 매우 효과적이어서, 화포를 이용한 방포법과 더불어 기병은 조선의 군사 공격 및 방어체제에 핵심이었다고 볼 수 있다.

그러나 임진왜란이라는 사상 초유의 전쟁이 발발하면서 조선초기 기병 위주의 전법은 여지없이 무너져 내렸으며, 이후 이에 대한 대비책으로 단병접전과 화기술을 포함한 포수砲手·사수射手·살수殺手를 비롯한 삼수병三手兵과 전거戰車 등 다양한 형태의 전법 변화가 일어났다. 이 과정에서 조선초기 기사騎射와 기창騎槍을 중심으로 이뤄졌던 기병의 마상무예 또한 많은 변화를 겪게 되었다.

특히 임진왜란 과정 중 발생한 벽제관碧蹄館 전투는 급기야 기병 무용론無用論까지 일게 하였지만,[4] 이후 직산稷山 전투를 비롯한 몇몇 전투에서 기병의 유용성을 다시 한번 확인하는 사례가 발생하여 기병은 기본적인 골격을 유지할 수 있었다.

더욱이 병자호란 당시 청淸 기병騎兵의 빠른 속도전에 밀려 남한산성에 포위된 인조仁祖가 삼전도三田渡의 굴욕을 겪으면서 조선군 기병의 역할은 다시 한번 역사의 전면에 부각된다.

---

2) 河且大, 「朝鮮初期 軍事政策과 兵法書의 發展」, 『軍史』 19호, 戰史編纂委員會, 1989, 101쪽.

3) 盧永九, 「朝鮮後期 兵書와 戰法의 연구」, 서울대학교 박사학위논문, 2002, 17쪽.

4) 『宣祖實錄』 卷 65, 宣祖 28年 7月 己卯. "成龍 曰 戚繼光陣法 大槪間花疊而動靜相隨 專爲防倭而設也 防倭則步兵勝於騎兵 前日碧蹄之戰 遼兵騎兵 故倭人以步兵急趨 遼兵見敗".

무예24기 중 기창騎槍
필자 『무예도보통지』에 수록된 무예24기 중 기창을 시연하고 있는 모습이다. 말 위에서 사용하는 창이기에 일반적인 단창보다 긴 형태로 조선전기 기병을 대표하는 근접무기이자 무예였다.

이 과정에서 조선후기 기병의 필수 무예로 인정된 마상편곤馬上鞭棍[5]은 이전의 기사騎射나 기창騎槍과는 다른 무예로 신속하게 적을 공격할 수 있는 타격무기로 인정받았다. 구체적으로 기병 근접전에서는 마상환도馬上還刀나 기창騎槍 그리고 마상월도馬上月刀 등이 함께 사용되었으나 이들의 경우는 적을 찌르거나 벤 후 회수하는 시간이 있어 조총이 전장에서 상용화되는 시점에서 빠른 돌격전에 사용하기에는 많은 문제점이 있었다.

그러나 마상편곤은 그 핵심 특성이 도리깨와 같은 회전식 타격무기이기 때문에 회수력 부분에서 칼이나 창보다 빠르게 적을 공격할 수 있었다.[6] 또한 모편母鞭과 자편子鞭을 합칠 경우 일반 장병기와 비슷한 길이로 사용할 수 있으며, 편곤鞭棍의 자편子鞭은 평상시 접어서 가지고 다닐 수 있기 때문에 휴대가 간편하여 조선후기 기병들에게는 필수 지참무기로 보급되었다.[7]

---

[5] 馬上武藝의 일종인 馬上鞭棍은 달리는 말 위에서 鞭棍을 사용하는 무예를 말한다. 鞭棍은 일종의 도리깨형태의 무기이며, 긴 母鞭과 짧은 子鞭으로 구성되어 모편을 잡고 자편을 휘둘러 적을 공격하는 대표적인 타격무기 및 무예이다. 보통 마상무예에서는 그 무기를 지칭하는 것이 무예를 설명하는 것으로 함께 사용된다.

[6] 기병들이 보편적으로 사용했던 무기인 還刀나 騎槍의 경우는 적을 찌른 후 다시 뽑아야 재사용이 가능하다. 따라서 화약무기의 재장전 속도를 감안하여 볼 때 馬上鞭棍의 타격방식은 적의 표면을 공격하는 무기이기에 회수력이 뛰어나다고 볼 수 있다. 특히 還刀나 槍의 경우는 甲胄를 입은 적에게 타격을 입히기 어려우나 馬上鞭棍은 갑주착용의 유무와 상관없이 공격할 수 있기 때문에 전장에서 보다 효과적으로 사용되었다.

[7] 현재 무예도보통지에 실린 武器에 대한 제원 중 길이 문제에 대하여 약간의 이견이 있다. 대표적으로 周尺과 營造尺으로 구분되는데, 營造尺의 경우에는 주로 兵器 및 船舶의 건조, 건축, 특히 성곽의 축조 등에서 많이 사용하였지만 환산단위에서 약 31cm에 해당돼 무예도보통지상의 무기제원으로 보기에는 한계점이 많다. 따라서 필자의 경우는 馬上鞭棍의 길이를 周尺으로 환산하여 연구하고자 한다. 이러한 무기의 도량형에 대한 부분은 추후 논문에서 다룰 예정이다. 조선 후기 병서인 『武藝圖譜通志』에 실린 馬上鞭棍의 제원을 살펴보면, '鞭長六尺五寸 子鞭長一尺六寸五分'으로 周尺으로 환산할 경우 편은 약 130cm이고 자편은 약 35cm이다. 일반적으로 마상에서 사용했던 자루가 긴 무기인 騎槍이나 月刀의 경우 전장 길이가 길어 마상에서 휴대하기 불편하였다. 그래서 비록 騎槍이나 月刀를 마상에서 사용할 지라도 馬上

조선후기 기병과 마상무예에 대해서는 현재까지 문헌중심의 연구가 주를 이뤘다.[8] 이는 이미 역사 속으로 사라져 버린 기병이 구사할 수 있는 전략과 전술에 대해 구체적으로 접근할 수가 없으며, 특히 마상무예의 경우는 고난도의 무예실력을 요하는 것이기에 문헌적인 연구로 귀착할 수밖에 없었다.

물론 무예사武藝史 또한 역사학歷史學의 지류이므로 문헌연구를 통해 일정한 흐름을 읽을 수 있지만, 이와 더불어 신체의 움직임과 실제 군사들의 움직임을 연구하는 부분이 함께 연구된다면 기존의 문헌연구 위주의 한계를 극복할 수도 있을 것이다.

따라서 본 글에서는 실기사적인 입장을 추가하여 마상편곤을 중심으로 조선후기 마상무예의 특성을 짚어 보고자 한다. 특히 조선후기 평양감영에서 발간한 『사법비전공하射法秘傳攻瑕』[9]의 마사법馬射法의 훈련법을 구분함과 동시 이를 바탕으로 마상편곤의 훈

鞭棍은 함께 안장에 휴대하도록 하였다.

8) 현재까지 조선시대 마상무예와 관련한 연구 중 심승구, 「朝鮮時代의 武藝史 硏究: 毛毬를 중심으로」, 『軍史』 38호, 군사편찬연구소, 1999. 논문이 대표적이며 이 논문에서는 마상무예 중 騎射 훈련과 관련한 毛毬를 중심으로 조선시대 무예사를 다뤘다. 또한 「조선시대 무과에 나타난 궁술과 그 특성」, 『학예지』 10집, 육사박물관, 2000에서는 무과시험에서 활용되었던 步射, 騎射를 살펴보아 조선시대 무예사 연구에 대한 많은 연구를 남겼다. 그리고 노영구의 경우는 「무예도보통지와 마상무예」, 『정조대의 예술과 과학』, 문헌과 해석사, 2000에서 조선후기 개인무예 병서인 무예도보통지에 실린 마상무예를 전반적으로 고찰하였다. 또한 임동권 외, 「한국의 마상무예」, 『마문화연구총서』 II, 한국마사회 마사박물관, 1997에서는 『武藝圖譜通志』에 실린 마상무예 전반을 다뤘다. 필자 또한 騎射의 실기사적인 측면을 주목하여 최형국, 「조선시대 騎射 시험방식의 변화와 그 실제」, 『中央史論』 24, 韓國中央史學會, 2006의 논문을 시작으로 하여 최형국, 『朝鮮後期 騎兵의 馬上武藝 硏究』, 중앙대학교 박사학위논문, 2011을 발표하였다. 이 외에도 騎兵에 대한 연구로는 노영구, 「18세기 騎兵 강화와 지방 武士層의 동향」, 『한국사학보』 13, 고려사학회, 2002 등이 있다.

9) 『射法秘傳攻瑕』의 경우는 활과 관련된 조선후기 유일한 사법 훈련서이다. 특히 이중 馬射法의 경우는 馬上武藝 실기사를 연구함에 있어 매우 중요한 자료로 평가되고 있다. 이 사료에 대한 설명은 후술한다.

마상편곤 격파
필자가 수원 화성에서 야간에 진행된 조선시대 야간군사훈련 '야조' 재연에서 마상편곤을 이용하여 격파하는 장면이다. 일반적인 무기보다 도리깨형으로 모편과 자편이 분리되어 있어 충격력이 배가되는 무기이다.

련법을 유추하여 보다 실기적인 훈련법까지 연구하고자 한다.

이러한 문제의식을 바탕으로 본 글에서는 무예사 연구의 연장선에서 문헌연구 뿐만 아니라, 그동안 등한시 되었던 실기사적 관점에서 조선 후기 마상무예의 핵심인 마상편곤을 살펴보고자 한다. 먼저, 전투 현장의 변화와 함께 마상편곤의 도입배경과 실기 훈련방법의 자세까지 면밀히 분석해 보고, 이후 이러한 내용을 바탕으로 조선후기 마상무예의 전술적 특징까지 확대하여 살펴보고자 한다.

특히 조선후기 개인무예 훈련서인 『무예도보통지』의 마상편곤을 중심으로 그 실제적인 자세 비교와 기병들의 무장상태를 통해 마상편곤의 특징과 전술적 가치를 실제 자세를 통해 분석하고자 한다. 이를 통해 조선후기 전장의 변화와 맞물려 기병들의 개인 전술이 어떠한 변화를 겪게 되는지를 알아보고자 한다.

2. 마상편곤의 도입배경과 정착

조선후기 임진왜란을 거치면서 조선 기병들이 수련했던 여러 가지 무예 중 가장 특징적인 것이 마상편곤이었다. 우리나라의 경우 기병들이 사용한 편곤鞭棍은 임진왜란을 거치면서 명明의원군들이 사용했던 무기를 유심히 관찰한 후 조선에 도입한 무기였다.

원래 편곤과 같이 공격하는 부분이 자유롭게 움직이는 무기를 중국에서는 다절곤多節棍이라고 하는 데 그 시작은 춘추전국春秋戰國시대까지 거슬러 올라간다. 춘추시대의 경서 중 『묵자墨子』에는 연정이라는 무기가 등장한다. 이 무기는 성을 지킬 때, 성벽을 향

해 공격해오는 적을 두 자루의 봉을 연결하여 타격하는 무기로 사용되었다.[10]

한편 편곤에 대한 기록 중 가장 의미 있는 첫 번째 기록은 임진왜란 이후 최고의 군영으로 부각된 훈련도감의 군사 중 편곤군鞭棍軍 3백 44인을 신설했다는 것이다.[11] 하지만 정확히 이들이 지상에서 편곤을 사용하는 보편곤步鞭棍인지 말을 타고 편곤을 사용하는 마상편곤인지는 확실치는 않다.

다만 병자호란 때에는 당시 금군禁軍이 고양高陽에서 청淸의 기병을 만나 일전을 치렀다가 이 편곤의 위력으로 인해 괴멸되다시피 하였다[12]는 기록을 볼 때 이때까지만 하더라도 마상편곤馬上鞭棍이 보급은 되었지만 조선기병들의 마상편곤 실력이 청 기병에 비해 부족했으리라 판단된다.[13]

특히 성호星湖 이익李瀷의 경우는 '말 탄 군사騎兵로서 쓸 것은 철련가鐵連枷[14] 보다 나은 것이 없다' 라고 하며 마상편곤이 기병에게 가장 적합한 무기라 평가하기도 하였다.[15] 이어서 이 무기가 농사짓는 집에서 곡식을 터는 기구와 비슷하며, 송宋 나라 장수인 적청狄靑이 곤륜崑崙 싸움에서 사용했다고 언급하며 그 연원을 밝히

---

10) Koichi Shinoda, 『武器と 防具 中國編(BUKI-TO-BOUGU』, Dulnnyouk Publishing CO, 2001.
11) 『仁祖實錄』 卷17, 仁祖 5年 9月 庚寅.
12) 당시 도검을 제외한 淸 騎兵의 무기로는 戟, 鞭, 斧 등 다양한 단병 무기를 사용하였다. 위의 내용을 볼 때 선발대의 경우 鞭棍으로 무장하여 돌격하였던 것으로 판단된다. 周緯, 『中國兵器史稿』, 百花文藝出版社, 2006, 185쪽.
13) 『武藝圖譜通志』, 馬上鞭棍 (案).
14) 여기서 말하는 '鐵連枷'는 곧 馬上鞭棍을 의미한다.
15) 『星湖僿說』 제6권 萬物門 克敵弓. '騎之用莫過 鐵連伽 比卽 田家打穀之器而稍別其制 宋狄靑用之於 崑崙之戰者也'.

기도 하였다. 이렇듯 양난을 거치면서 마상편곤은 말을 달리면서 편곤을 휘두르는 무예로 그 독특한 무기구조로 인하여 빠른 돌격력을 우선시 해야만 했던 기병들에게 효과적인 무예로 인식된다. 물론 이전에도 철퇴鐵槌나 철추를 비롯한 타격식 무기가 있었지만, 그 길이의 한계로 인하여 보편적으로 사용되지는 않았다.[16]

마상편곤의 실질적인 도입배경은 임진왜란의 과정과 이후 전란 극복 과정에서 조선군 전술의 변화와 깊은 연관이 있다. 임란 초 조선의 주력 방어 무기는 활과 화포을 주축으로 하는 보병용 장병기예와 기사騎射와 기창騎槍을 중심으로 운용되던 기병무예였다. 물론 조선초기의 기본 진법이었던 오위진법에서 사용되었던 방패防牌, 창수槍手, 장검수長劍手 등 몇 가지 단병접전용 기예가 있었으나 조선 개국 후 임란 전까지 큰 전란 없이 지내오면서 조금씩 사장되어 갔다.[17]

특히 조선전기의 경우 주적의 개념이 여진족을 비롯한 북방의 이민족이었기에 이에 대응하기 위해 보병보다는 기병부분에 더 많은 전략적 우위를 두고 있었다. 조선전기 여진족의 군사형태 및 기본 전략은 『병장설兵將說』에 비교적 자세히 기술되어 있다.

원래 女眞(軍)에는 步卒(보병)이 없이 오직 騎兵 1천 여 명이 있

---

16) 『高麗史』世家 卷37 忠定王.
17) 『武藝圖譜通志』「御製武藝圖譜通志序」, "오직 弓矢 한 가지에만 그쳤을 뿐 槍劍 등 다른 기예(무예)는 들어보지 못하였다"라고 할 정도로 조선 전기에는 활을 제외한 나머지 단병무예의 사용법은 군사훈련 현장에서 조금씩 사라졌다고 볼 수 있다. 특히 『宣祖實錄』卷53, 宣祖27年 7月 丁亥 條의 기사를 보면 宣祖의 경우는 우리나라는 예로부터 劍術이 전승되지 않았다고 할 정도로 조선전기의 검술을 비롯한 단병무예는 사장되었다고 볼 수 있다.

다. 이들은 작은 木牌를 조각하여 사람과 말에 붙이고 50명을
一隊로 불렀다. 이들 중 앞의 20명은 重甲에 의지하고 矛戈(창)
을 무기로 삼으며, 뒤의 30명은 頸甲을 입고 궁시로 무장하였다.
(1대의 병력은) 적과 만날 때 마다 반드시 두 명이 함께 말을 타
고 달려 적 진의 허실을 살피고, 이후 사면에서 동시에 말을 타고
공격하였다.[18]

이처럼 여진군女眞軍은 모두 기병으로 편성되어 선봉에는 창을
들고 돌격작전을 감행하고 후발대는 활로 무장하여 원거리에서 빠
르게 적을 제압하는 전술을 구사하였다.

이에 따라 조선군 또한 이를 방어하기 위하여 부대의 상당부분
을 기병으로 채워 북방의 적에 대한 경계를 늦추지 않았다. 그러나
임진왜란이 발발하고 나서 이러한 군사 체제 및 전략은 그 허점으
로 인하여 초기 패전에 절대적인 영향을 미치게 되었다.

당시 일본군의 핵심 전술은 아직 조선에 보급되지 않았던 조총
부대를 선두에 세우고 선제사격을 가한 뒤, 이후 창과 왜검을 든
살수殺手들이 달려 들어가 단병접전을 펼치는 것이었다. 일본군이
사용한 임란 당시 전술을 항왜병降倭兵에게 구체적으로 물었던 유
성룡柳成龍은 『서애집西厓集』에서 이렇게 언급하고 있다.

---

18) 『兵將設』「論將篇」初女直無步卒, 惟騎兵千餘, 刻小木牌, 係人馬, 爲號五十人爲一隊, 前二
十人, 重甲持矛戈, 後三十人, 輕甲操弓矢. 每遇敵, 必二人躍馬而出, 觀陳之虛實, 四面結隊二
馳擊.

『무예도보통지』 중 기창교전

조선전기부터 기병은 원사무기로 활을 이용하는 기사대騎射隊와 근거리에서 창을 이용하여 공격하는 기창대騎槍隊로 운영되었다. 무과시험에서도 이 두 가지가 가장 핵심적인 종목이었다. 특히 숙종대부터는 청나라의 세력이 커지면서 기창훈련 역시 교전하는 방식으로 무과시험이 변화되었다. 이후 속대전에 이러한 변화상이 드러난다. 말 안장에 마상편곤을 장착한 모습을 확인할 수 있다.

왜군은 군대를 나눌 때마다 반드시 다섯으로 만든다. 일진(一陣)이 적을 맞이하면 뒤에 이진(二陣)은 좌우의 날개를 벌려서 그들을 포위하며, 좌우 두 머리가 적을 대치하면 또 뒤의 두 진이 그 바깥으로 둘러 나와서 언제고 우리 군사로 하여금 그들의 포위망으로 몰아넣는다. …(중략)… (왜군은) 군사들을 셋으로 나누어 편성해서 三疊陣을 만들고 행렬을 이뤘는데 앞에 선 행렬은 旗幟를 가졌고, 가운데는 조총을 갖게 하고, 뒤의 행렬은 短兵을 가지게 한다. 적을 만나면 앞 행렬의 기치를 잡은 자들은 양쪽으로 나누어 벌려 포위한 형태를 만들고, 중앙 행렬의 조총을 가진 자들이 일시에 총을 발사하여 적진을 충돌하니 적군이 많이 조총

에 상하여 적진이 요동한다. …(중략)… 뒷 열의 槍劍을 가진 자
들이 뒤에서 추격하여 마음대로 그들(적 도망병)을 목 베어 죽인
다.[19]

이러한 일본군의 조총발사 후 단병접전을 펼치는 보병 위주의
전술은 조선군에게 결정적이 타격이 되었으며, 이후 원군의 입장으
로 조선에 건너온 명나라의 초기 선봉부대였던 조승훈祖承訓의 기
병 부대 까지 이러한 전술에 휘말려 제대로 된 전투조차 치르지 못
하고 본국으로 패퇴하고 말았다.[20]

이런 단병접전短兵接戰의 한계를 극복하기 위해 만들어진 것이
훈련도감의 포수砲手·사수射手·살수殺手로 확립된 삼수병체제였
다. 이중 포수砲手의 경우는 비교적 단 시간 내에 양성될 수 있었
고, 사수射手의 경우에는 전통적으로 궁시를 다루는 군사들이 많았
기 때문에, 이 두 가지 병종은 큰 무리 없이 채울 수 있었다.

그러나 살수殺手의 경우는 오랜 수련을 필요로 했기에 선조宣祖
가 직접 나서 검술을 전문적으로 연마하는 아동대兒童隊를 만들거
나, 항왜병降倭兵들의 검법을 조선군에게 보급하게 된다.[21] 이렇게

---

19) 『西厓集』 卷16, 雜著 「倭知用兵」.

20) 임진왜란 초전 일본의 단병접전에 대한 연구는 정해은, 「임진왜란기 조선이 접한 단병기와
『무예제보』의 편찬」, 『군사』 51호, 군사편찬연구소, 2004, 에 임란 당시 일본의 단병접전에
대항하기 위하여 명나라에서 입수한 『기효신서』의 여섯 가지 기예를 수록한 『무예제보』와 관
련하여 심도 있는 접근을 하였다. 또한 필자의 「조선후기 倭劍交戰 변화연구」, 『역사민속학』
25호, 역사민속학회, 2007에 비교적 자세히 기술되어 있다.

21) 『宣祖實錄』 卷53, 宣祖 27年 7月 乙未. 傳日 聞劍術不能習之云 出身堂上以下 年少武士 抄
出爲之 而後日親臨試才時 入格者重賞 不能者治罪矣 治罪事 言于訓鍊都監; 『宣祖實錄』 卷
53, 宣祖 27年 7月 乙巳. 倭俍來投 不可不厚撫 外方可送者 則斯速下送 其中可留者 留置京
中 除以軍職 或鑄劍銃 或敎劍術 或煮焰硝 苟能盡得其妙 敵國之技 卽我之技也 莫謂倭賊 而
厭其術慢於習 着實爲之 言于備邊司.

적극적인 단병접전의 전술 강화책과 더불어 신립의 탄금대彈琴臺 전투를 비롯한 벽제관碧蹄館 전투의 기병전술 패배는 곧 기병 확대 대신 살수殺手와 포수砲手의 강화로 이어졌다. 물론 전투라는 것이 어느 한쪽의 일방적인 승리가 보장되는 것이 아니며, 전술 또한 절대적인 것이 없다.

구체적인 예로, 단병접전에 능했던 명의 남병南兵들이 오히려 일본군들에게 고립되었을 때, 연일 일본군에 패배하기만 하던 궁시로 무장한 조선군의 구원을 받아 사지에서 구출된 것이나,[22] 직산稷山 전투에서 조선의 기병들이 일본군들과 단병접전을 벌여 오히려 크게 이긴 적도 있었기에 조선정부의 기병과 보병의 활용에 대한 전략적 판단에 많은 혼란을 가져오게 된다.

결정적으로 임란 이후 17세기 초에 발생한 여진족의 재침입 사건[23]을 시작으로 정묘호란과 병자호란 등을 거치면서 북방 이민족의 빠른 기병을 감당하기 위하여 조선군은 다시금 기병 강화 및 육성에 눈을 돌리게 된다. 특히 인조반정에서 공이 매우 컸던 이괄李适이 공신책봉에서 2등급으로 분류되면서 불거진 이괄의 난때 기병의 위력을 결정적으로 보여주는 사건이 일어났다.

당시 반란군의 선봉부대였던 7백 명의 기병부대는 빠른 기동력을 바탕으로 토벌군이 방어 작전을 펼치기도 전에 도성으로 진격하여 무혈입성하는 사상초유의 일이 벌어졌던 것이다. 이괄의 난이 진압된 후 조선정부는 이에 대한 방어책을 위하여 기병에 대한

---

22) 『宣祖實錄』卷45, 宣祖 26年 11月 壬午.
23) 『宣祖實錄』卷187, 宣祖 38年 5月 壬辰.

六畵
陽양
六뉵
陰음
之지
圖도

脉穴厥陰肝経
뫼혈궐음간경

鶻脉太陰肺之經
골믹태음폐지경

帶脉太陰脾之經
디믹태음비지경

尾脉太陽膀胱経
미믹태양방광경

胃堂小陰心経
흉당쇼음심넝

夜眼厥陰包賠経
야안쳘음포낙경

膝脉陽明太腸経
슬믹양명대댱경

勞堂少陽膽経
노당쇼양담넝

同勤太陽小腸經
동근태양쇼댱경

腎堂少陰腎之經
신당쇼음신지경

曲池陽明胃經
구디양명위경

蹄頭火陽三焦経
뎨두쇼양삼쵸경

『마경초집언해馬經抄集諺解』 중 「육양육음지도」

『마경언해馬經諺解』로도 불리며, 전투마의 치료와 보급을 위해 만들어진 마의서다. 말을 관리하는 하층민을 위하여 그들이 쉽게 읽을 수 있도록 언해諺解로 만들어 보급하였다. 전투마의 수급률을 높이기 위해 조선후기에도 다양한 양마장을 건설하였고, 해마다 점마관點馬官을 전국의 마장에 파견하여 집중 관리하였다. (국립중앙도서관 소장)

대대적인 증원과 전마戰馬확보를 위한 노력이 진행되었다.[24]

이러한 기병강화 정책과 발맞춰 기병들이 사용하는 무기에 대한 새로운 인식 또한 싹트게 되었다. 이괄의 난에서 선봉을 맡았던 기병들이 사용했던 마상편곤은 기병들뿐만이 아니라 위정자들 사이에서도 이미 그 위력이 최고임을 자각하고 있었다.

특히 인조仁祖의 경우는 충신이라고 믿었던 이괄에게 치명적인 공격을 당한 이후 군왕이 직접 편곤 훈련을 해야 한다고 강조하였으며, 이에 대해 완풍군完豊君 이서李曙는 "역적 이괄李适의 마군馬軍 7백 인이 모두 편곤鞭棍을 썼는데, 이 때문에 당할 수 없었습니다."라고 하며 기병의 마상편곤 훈련과 보급에 적극적이었다.[25]

이러한 (보步, 마상馬上)편곤鞭棍에 대한 관심은 무과시험 중 하나였던 관무재觀武才의 종목변화에서도 확인할 수 있다.

[표 1] 조선전기 觀武才의 시취 과목[26]

	步射	騎馬武藝			
	立射	騎射類(交戰)	騎槍類(交戰)	毛毬	擊毬
初試	小革 方革(貫革) 遠射	騎射 2次 二甲射(甲乙射) 三甲射	騎槍 二甲槍(甲乙槍) 三甲槍	射毛毬 (馳馬毛毬)	擊毬 (馳馬擊毬)
覆試	上同	上同	上同	上同	上同
비고	100步 5矢 5巡	各 1隊 4人 단체전 左右 40명 예비 各 10명	各 1隊 4人	1次 3發	11人 各 1次

---

24) 盧永九, 『朝鮮後期 兵書와 戰法의 연구』, 서울대학교 박사학위논문, 2002, 116쪽.
25) 『仁祖實錄』 卷4, 仁祖 2年 3月 癸亥.
26) 심승구, 「조선전기의 觀武才 연구」, 『향토서울』 제65호, 서울특별시, 2005, 134쪽 〈표 3〉 인용.

위와 같이 조선전기 관무재의 시취 과목은 [표 1]과 같이 요약할 수 있다. 그런데 관무재의 경우는 일반적인 무과시험이나 시취제에 포함되지 않았던 간편하면서도 실용적인 경기방식의 무예들을 시험과목으로 채택하였고, 특히 기병들이 활용할 수 있는 마상무예인 기창騎槍, 이갑사二甲射, 사모구射毛毬, 격구擊毬 등을 중심으로 하고 있어 기병들의 사기를 진작시킬 수 있는 시험으로 각광받았다.

또한 단순히 개인적인 무예실력을 평가하는 것 뿐 아니라 단체적인 성격의 집단무예시험이었기에 군사훈련의 핵심인 진법훈련의 연장으로도 볼 수 있어 기병진법 훈련의 효과적인 수단으로도 활용되기도 하였다.[27]

조선 전기의 시취과목은 조선후기로 접어들면서 인조대仁祖代에는 실전성을 겸비하기 위하여 관무재 과목에 철전鐵箭, 편전片箭, 기사騎射, 기추騎芻, 삼갑사三甲射, 편곤수鞭棍手, 쌍검수雙劍手, 검수劍手 등을 대폭 추가, 확대 하였다.[28]

이러한 변화 중 여기에 새로 추가된 편곤수鞭棍手 역시 무예의 실전성을 담보하기 위하여 추가된 것으로 마상편곤을 위한 기본적인 기법이 보편곤步鞭棍에 있기 때문에 이를 시험한 것으로 보인다.[29]

---

27) 심승구, 위의 글, 2005, 138~139쪽.
28) 『仁祖實錄』 卷 9, 仁祖 3年 4月 丁酉. 이후 顯宗대에는 단순히 편곤을 허공에 사용하기 보다는 실용적으로 짚인형(芻人)을 공격하는 鞭芻로 발전하였다. 이는 말을 타고 달리며 활을 쏘는 騎射와 비슷한 형태로 발전한 것으로 볼 수 있는 데, 騎射의 경우는 임란을 거치면서 실효성의 문제로 芻人에 직접 활을 쏘는 騎芻로 발전하게 된다. 이러한 조선시대 騎射의 변화에 대한 것은 필자의 「조선시대 騎射 시험방식의 변화와 그 실제」, 『中央史論』 24, 韓國中央史學會, 2006을 참조하기 바란다.
29) 仁祖代에는 (步)鞭棍과 馬上鞭棍에 대한 명칭상의 차이가 없었던 듯하다. 실례로 인조 6년

마상편곤에 대한 지대한 관심은 군영에서도 나타났는데, 인조 5년에는 훈련도감에 편곤만을 전문적으로 훈련하는 병과인 편곤군 鞭棍軍을 만들고 3백 44인을 새롭게 뽑아 편성하기도 하였다.[30] 또한 북벌의 상징이었던 어영청御營廳의 정병精兵훈련에서도 언월도偃月刀와 철추鐵槌, 편곤鞭棍 등의 기예보급을 위해 훈련도감에서 무예교사武藝敎師들을 파견하여 무예를 직접 전수하기도 하였다.[31]

이렇게 인조대에 편곤에 대한 지속적인 관심과 훈련이 이뤄지자 심지어 일본에서도 조선에서 수련하는 편곤의 원조격인 청淸의 편곤鞭棍에 대한 관심을 표출하기도 하였다.[32]

기병의 특수 무기로 재인식되었던 편곤에 대한 관심은 숙종대肅宗代에 이르러 더울 부각되었다. 조선은 북방세력의 변화기류를 감지하면서 기병부대 증설에 관한 논의를 이어가게 되었다.[33] 기병부대의 새로운 증설은 북방과 직접 맞닿아 있는 함경도에서 친기위親騎衛라는 이름으로 처음 시작되었으며, 이 해서海西지역을 방어하기 위한 기병부대인 서해별효위西海別驍衛가 창설되었다.[34]

특히 친기위의 경우는 유엽전柳葉箭, 편전片箭, 기추, 편추 등 네 가지를 시험 보아 뽑았는데 이중 기추騎芻와 편추鞭芻는 기병의 가

10월 丁酉條의 기사를 보면 시취과목에는 鞭棍·騎芻라 표기하고 정작 시험을 본 후 시상자에서는 '馬上鞭棍을 한 閑良 韓得吉은 禁軍 제수'라고 하여 馬上을 명확히 표기하고 있다. 아마도 이는 당시 마상무예의 경우 지상에서 충분히 수련을 한 후 이뤄지는 무예였기에 지상에서의 이름이 곧 마상에서의 이름으로도 사용되었으리라 추측된다.

30) 『仁祖實錄』 卷17, 仁祖 5年 9月 庚寅.
31) 『承政院日記』 19冊, 仁祖 5年 11月 辛卯.
32) 『仁祖實錄』 卷40, 仁祖 18年 6月 丁巳.
33) 『備邊司謄錄』 60冊, 肅宗 36년 11월 9일.
34) 姜錫和, 「朝鮮後期 咸鏡道의 親騎衛」, 『韓國學報』 89호, 일지사, 1997, 27~28쪽.

장 핵심무예인 원사무기와 근접돌격무기로 인정되어 중요한 시험 과목으로 그 평가를 실시하기에 이르렀다.[35] 또한 친기위로 뽑힌 군사들의 경우는 직접 병조에서 휴대할 궁시弓矢, 환도環刀, 편곤鞭棍 등 기본무기를 배급하여 최고의 무장상태를 유지할 수 있도록 하였다.

이후 영조대英祖代에 이르러 기병강화책은 임진왜란 때 단병접 전 무예로 치중된『기효신서紀效新書』대신에 조선초기의 전법서인 기병운용을 강조한『병장도설兵將圖說』을 재간행함과 맞물려 더욱 확대되어 나갔다.

영조의 경우도 편곤에 대해서 지대한 관심을 나타내며 비변사 의 계사啓辭에 따라 송도松都 마병들을 위해 특별히 편곤 200개를 나눠 주기도 하였고,[36] 같은 해 영호남에 도적이 들끓었을 때에도 마병馬兵과 함께 편곤鞭棍을 따로 수송해서 보내 도적소탕에 만전 을 기하기도 하였다.[37]

그리고 수원부水原府 마군馬軍을 위한 인원과 무기가 부족했을 때에도 가장 먼저 수급해야할 무기가 편곤이라고 하며 기병을 위 한 편곤의 보급에 깊은 관심을 나타내기도 하였다.[38] 또한 금군들 이 사용하는 편곤의 길이가 너무 짧아 효용성이 없다고 질책하거 나,[39] 임금의 거동 때나 습진때에만 편곤을 사용하는 것을 보고 상

---

35) 『備邊司謄錄』38冊, 肅宗 10년 8월 8일. 咸鏡道親騎衛抄擇節目別單.
36) 『備邊司謄錄』83冊, 英祖 4년 3월 29일.
37) 『備邊司謄錄』83冊, 英祖 4년 4월 5일.
38) 『備邊司謄錄』83冊, 英祖 4년 4월 27일.
39) 『英祖實錄』卷42, 英祖 12年 11月 癸巳.

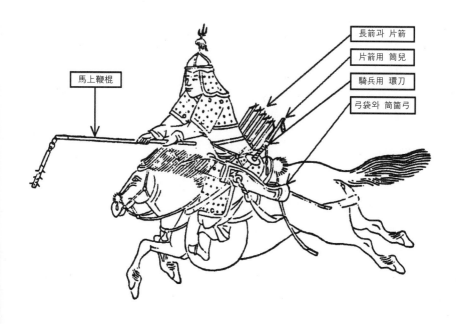

馬上鞭棍

長箭과 片箭

片箭用 筒兒

騎兵用 環刀

弓袋와 筒箇弓

조선후기 기병의 기본 무장상태

조선후기 기병의 기본 무장 상태를 보여주는 그림이다. 원거리를 공격할 수 있는 궁대(활집)과 시복(화살집)과 함께 짧은 환도를 함께 허리에 패용하였다. 궁대와 시복을 동개라고 부르는데, 여기에는 짧은 화살인 편전과 통아, 긴 화살인 동개시를 장착했다. 만약 마상월도나 쌍검을 활용할 경우 마상편곤은 말 안장에 찔러 놓고 사용했다.

鳥銃

續　倍給〇的長七尺廣二尺〔增〕三放
則一百步〇每一中給七分半貫

鞭芻

續　出馬後以右手各一執鞭每一擊後舉又以兩手向
前舉因向左右各一揮向後舉後輒左右一

揮〇橫走者不及漏水者同騎芻〇六芻
相距各二十八步左右相距自騎馬路三步

조총鳥銃과 편추鞭芻

『대전통편』의 무과 식년시 종목 설명 중 일부이다. 조선후기 정기 무과시험인 식년시에 새롭게 추가된 종목으로는 조총과 편추가 대표적이다. 임란이후 화약무기가 전장에 급속도로 보급되면서 조총을 쏘는 법도 무예로 인정되었다. 또한 마상편곤으로 추인芻人(짚인형)을 공격하는 방법을 편추라고 불렀는데, 기추騎芻의 방법처럼 좌우에 추인을 세워 놓고 지그재그로 공격하는 형태가 추가되었다.

시사賞試射때에도 편곤을 시험하는 것에 동의하기도 하였다.[40]

심지어 당시 왕세손이었던 훗날의 정조正祖와 함께 모화관慕華館에 행행하여 금군禁軍·훈국訓局·금위영禁衛營·어영청御營廳의 기사騎士들을 시험 보았는데, 오직 마상편곤 한 종목만 시험을 치러 기예에 능한 군사에게는 상을 주고, 이를 제대로 운용하지 못한 군사는 해당 부대의 대장에게 죄를 묻는 등 마상편곤을 기사들의 무예 전반을 검증하는 기예로 삼기도 하였다.[41] 이러한 편곤에 대한 지속적 관심은 영조대英祖代에 편찬된『속대전續大典』에 무과 시취과목으로 편추鞭芻가 추가되면서 완벽하게 자리매김했다고 볼 수 있다.[42]

정조대正祖代에도 마상편곤에 대한 관심이 계속 이어져 군영내의 습진훈련을 통일하기 위하여 새롭게 만든 진법서인『병학통兵學通』중 기병의 공격법 및 진법陣法에서 마상편곤은 기병의 핵심무기로 인정받게 된다.『병학통』에 소개된 마상편곤에 대한 운용 및 전술상의 특이점은 이후 4장에서 언급할 것이다.

당시 조선기병들의 기본 무장상태를『만기요람萬機要覽』을 통해 살펴보면 마상편곤이 어떠한 위치에 있었는지 쉽게 이해가 될 것이다.

40) 『英祖實錄』卷61, 英祖 21年 3月 癸未.
41) 『英祖實錄』卷108, 英祖 43年 5月 己卯.
42) 『續大典』兵典, 試取, 鞭芻 : 여기서 말하는 鞭芻는 종종 騎射의 시험 방법의 하나인 騎芻와 혼란되어 이해되는 경우도 있지만, 분명히 鞭芻는 말을 타고 달리며 鐵鞭을 휘두르는 무예라는 것을『續大典』을 통해 알 수 있다.

관에서 급여한 군용 장비품은 금군 매명에 대하여 戰笠 1점 · 筒
箇 1점 · 長箭 20보 · 片箭 15본 · 環刀 1점 · 馬鞭 1점 · 桶兒 1점
· 要鉤金 1점 · 校子弓 1점 · 甲冑 1점 · 鞭棍이 1점인데 훼손되
는 대로 매철 첫 달에 교환해 준다.[43]

위 사료를 살펴보면 기본적으로 공격무기로 사용되는 것은 교
자궁校子弓과 환도 그리고 편곤鞭棍이 대표적인데, 교자궁의 경우는
원거리에서 장전長箭이나 편전片箭을 쏘아 적을 공격하는 무기이며
단병접전 무기로는 환도와 편곤이 지급되었음을 확인할 수 있다.
여기서 환도보다 편곤이 그 길이 면에서 월등하게 긴 사실을
비춰 볼 때, 마상편곤은 당시 말 위에서 보다 효과적으로 사용할
수 있는 무기로 당시 기병의 핵심 주력무기였음을 추측할 수 있
다.[44] 이에 대한 이해를 돕기 위해 조선후기 병서인『융원필비戎垣

---

[43] 『萬機要覽』軍政篇, 龍虎營, 內三廳戒器點考. 龍虎營의 경우는 기병이 중심이 된 禁軍으로
국왕 친위군적 성격이 강하다. 이들의 무장상태를 확인해 보면 당시 기병의 무장상태를 가늠
할 수 있을 것이다. 여기에 기록된 군용 장비를 자세히 분석해 보면, 戰笠: 군용 모자의 일종,
筒箇: 활집과 화살집, 長箭: 화살의 일종, 片箭: 화살의 일종, 環刀: 근접 방어용 무기, 馬鞭:
말 채찍, 桶兒: 片箭 발사용 보조기구, 要鉤金: 기병용 갈고리, 校子弓: 활의 일종, 甲冑: 일옷
일습, 鞭棍: 기병용 쇠도리깨 등으로 구분할 수 있다. 이 중 戰笠과 甲冑는 몸을 방어하는
장비이고, 筒箇, 長箭, 片箭, 桶兒, 校子弓은 모두 활 관련 무기일습이며, 環刀, 鞭棍은 기병용
단병무기에 해당한다. 이중 환도의 경우는 호신 혹은 근접용 방어무기이며 鞭棍 근접용 공격
무기로 보는 것이 좋을 것이다. 마지막으로 要鉤金의 경우는 현재 유물이 남아 있지 않아 정
확한 실체가 규명되지는 않지만, 기병이 말 위에서 사용하는 갈고리 도구로 추측된다. 특히
『萬機要覽』軍政篇2, 龍虎營 軍器 條를 보면 筒兒, 要鉤金, 馬鞭 등을 각각 118개씩 동일하
게 주는 것으로 되어 있어 통아나 마편과 같은 보조기구일 가능성이 크다.
[44] 보통 무예에서 있어서 그 무기의 길이는 승패를 좌우할 정도로 중요한 요소이다. 環刀의 경우
는 보통 대략 60~80cm내외의 길이인 반면 마상편곤의 길이는 자루의 길이만 약 130cm이고
자편은 약 35cm이므로 전장 165cm의 긴무기에 속한다고 볼 수 있다. 따라서 기병의 경우는
돌격작전시 環刀보다는 鞭棍을 휘두르며 달려가는 것이 효과적이었다.

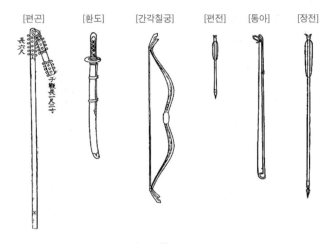

| [편곤] | [환도] | [간각칠궁] | [편전] | [통아] | [장전] |

[그림 1] 『융원필비』에 실린 무기류 도판[45]

『必備』에 실린 관련 도판을 살펴보면 [그림 1]과 같다.

이렇듯 조선후기 기병들의 핵심무예로 인정된 마상편곤은 임진왜란의 과정 속에서 쉼 없는 전술상의 변화를 거듭하며 단병접전 위주의 전법으로 변화된 조선 전술의 한계를 극복하는 과정에서 도입된 것이라고 볼 수 있다. 또한 마상편곤이 기병무예로 정착하는 과정에는 북방세력에 대한 견제를 위한 빠른 기병의 돌파력이 조선후기에도 여전히 필요했음을 보여주는 실질적인 예가 될 것이다.

---

45) 『戎垣必備』에 실린 무기류 도판 중 왼쪽부터 鞭棍, 還刀, 弓(여기에는 間角漆弓), 片箭, 筒兒, 長箭 순으로 재배열 하였다. 여기에 빠진 戰笠과 甲冑 및 馬鞭은 쉽게 이해가 될 것이며, 要鉤金의 경우는 무기라기보다는 기병이 사용하는 일종의 도구(갈고리)로 추측된다. 그리고 筒箇는 활과 화살집을 말하며, 이러한 무기를 몸에 패용하는 방식은 〈그림 2〉와 같이 주로 허리에 패용하였으며 鞭棍의 경우 평시에는 말 안장에 끼워 휴대하였다.

3. 마상편곤의 자세와 훈련방법

조선후기 기병의 필수무기로 정착된 마상편곤에 대한 가장 구체적인 자료는 정조正祖 14년에 완성된『무예도보통지武藝圖譜通志』이다.『무예도보통지』는 그 동안 많은 연구 성과물을 바탕으로 조선시대 만들어진 무예서중 가장 많이 알려진 무예서이다.

이 병서는 임란 과정에서 한교韓嶠에 의해 만들어진『무예제보』의 육기六技와 사도세자思悼世子의 대리청정 시절에 만들어진『무예신보武藝新譜』의 십팔기十八技에 마상무예 여섯 가지가 추가되어 전체 이십사기二十四技로 완성된 조선 군사무예의 결정판이다.[46]

정조正祖의 경우는 이 책을 편찬함에 있어 크게 두 가지의 의미를 담았는데, 그 첫째는 아버지 사도세자의 정통성 확립을 위한 추증사업의 일환으로『무예신보』의 십팔기十八技를 그대로 수록하였고,[47] 둘째는 당시 기병들이 활용할 마상무예에 대한 적극적인 보급과 각 군영의 표준무예체계 확립을 위해 이 책을 편찬하게 된다.[48] 특히 마상무예 육기六技가 더 추가된 것만으로도 충분히 당시

---

46) 새롭게 추가된 마상무예 6技는 騎槍, 馬上雙劍, 馬上月刀, 馬上鞭棍, 擊毬, 馬上才 인데, 이중 擊毬와 馬上才의 경우는 실질적인 武藝가 아니라는 주장도 함께 제기되고 있다. 그러나 격구나 마상재의 경우도 비록 실제 무예자세는 아니지만 무예를 익히기 위한 좋은 기예이며, 특히 마상재의 경우는 일반적인 마상무예보다도 훨씬 어려운 기예였기에 그 무예적 속성을 들어 마상무예 六技라고 부르는 것도 타당하리라 본다.

47) 현재까지『武藝新譜』(武器新式)는 발견되지 않고 있다. 단지 思悼世子(莊祖)의 문집인『凌虛關漫稿』와 정조대에 완성된 무예서인『武藝圖譜通志』등을 비롯한 몇몇 기록에서『武藝新譜』에 실린 기예의 종목을 확인할 수 있다. 여기를 살펴보면『武藝新譜』에는 정조대에 완성된『武藝圖譜通志』중 지상에서 익히는 十八技를 담고 있는 것을 확인 할 수 있다.

48) 배우성,「정조시대의 군사정책과『무예도보통지』편찬의 배경」,『진단학보』91호, 진단학회, 2001.

마상월도

『무예도보통지武藝圖譜通志』에 수록된 무예24기 중 마상월도의 모습이다. 그림은 말을 달리며 월도를 아래서 위로 걸쳐 올리듯 공격하는 '추산어풍세'이다. 이렇게 마상월도를 사용할 경우 마상편곤은 안장에 사선으로 끼워 휴대하였다.

기병이 익혀야 했던 마상무예가 얼마나 중요한 것이었는지 추측할 수 있을 것이다.

　『무예도보통지』에 실린 편곤은 크게 지상地上에서 익히는 (보步)편곤鞭棍과 마상에서 익히는 마상편곤 등 두 가지가 함께 실려 있다. 그런데 (보步)편곤鞭棍의 경우는 일반적인 투로의 형태가 아니라 곤방棍棒과 편곤鞭棍이 맞부딪혀 교전하는 형태로 실려 있으며, 마상편곤은 말 위에서 일정한 투로를 행하는 방식으로 구성되어 있다. 이를 표로 살펴보면 다음과 같다.

[표 2] 『무예도보통지』 (步)鞭棍과 馬上鞭棍 및 馬上月刀의 勢 비교

	(步)鞭棍	*馬上鞭棍	**馬上月刀	비고
1	龍躍在淵勢	霜鶻奮翼勢	新月上天勢	
2	霜鶻奮翼勢	靑龍騰躍勢	白虎焦休勢	
3	扁身中欄勢	春江掃雲勢	秋山御風勢	
4	月夜斬蟬勢	白虎焦休勢	靑龍騰躍勢	* 馬上鞭棍의 勢 중 '왼편으로 돌아보고 몸을 막고 (左顧防身)'과 '오른편을 돌아 보고 몸을 막고(右顧防身)는 勢의 명칭이 아니므로 제외하였다.
5	大當勢	秋山御風勢	春江掃雲勢	
6	右內大當	霹靂揮斧勢	秋山御風勢	
7	大當	飛電繞斗勢	靑龍騰躍勢	** 馬上鞭棍과의 비교를 위하여 馬上月刀의 勢를 함께 제시함.
8	左內大當		紫電收光勢	
9	左外大當			
10	下接勢			

[표 2]에서 보는 바와 같이 (보步)편곤鞭棍과 마상편곤馬上鞭棍은 자세명칭에서 유사성을 찾아 볼 수 없다. 오히려 같은 마상무예의 일종인 마상월도馬上月刀와 자세의 일치성이 나타난다고 볼 수 있다. 이는 마상무예 갖는 동질성 때문인데, 말 안장위에 걸터앉아 펼치는 무예적 속성으로 인해 공격의 방향이나 무기의 움직임이 한정 될 수밖에 없기 때문이다.[49)]

좀 더 구체적으로 마상편곤의 자세를 살펴보면 첫 번째 자세인

---

49) 武藝에서 가장 기본은 步法 즉 걸음걸이에 있다. 다시말해 각각의 무예의 특징은 그 무기의 특징 이전에 사람이 움직이는 步法에 따라 결정된다. 따라서 馬上武藝의 경우는 말 위에 앉아서 펼치는 것이기에 인류가 말 위에서 무기를 사용할 때부터의 움직임이 그대로 전해져 내려오는 일종의 化石化된 무예의 특징을 담고 있다고 볼 수 있다. 결국 고구려의 마상무예나 이후 후대에 전해진 조선의 마상무예나 무기상의 차이는 있을지언정 움직임에는 큰 차이가 없다는 것이다.

상골분익세霜鶻奮翼勢는 '서리매(흰매)가 날개를 떨치듯' 시작하는 자세로 왼손으로 말의 고삐를 잡고 오른손으로는 편곤을 잡아 높이 쳐 올리는 자세를 말한다. 이 자세는 일종의 시작하는 자세로 자신의 용맹함을 알리듯 편곤을 번쩍 쳐 올리는 자세로 볼 수 있다.

두 번째 자세인 청룡등약세靑龍騰躍勢는 '청룡이 뛰어 오르는 자세'로 고삐를 놓고 두 손으로 편곤을 잡아 이마를 지나도록 높이 쳐드는 자세(양수고거과액兩手高擧過額)를 말한다. 이 자세는 공격하기 직전의 자세로 상대의 위치에 따라 전후좌우를 모두 공격할 수 있는 자세로 볼 수 있다.

세 번째 자세인 춘강소운세春江掃雲勢는 '봄철 강물에 뜬 구름을 휩쓸고 지나가는 자세'를 말하며 자신의 왼쪽으로 편곤을 크게 휘둘러 방어하는 자세(좌고일휘방신左顧一揮防身)를 말한다. 이 자세는 마상월도馬上月刀의 사용법과도 유사하며 편곤을 말 왼편 뒤쪽으로 비스듬히 내린 후 아래서 위로 걸쳐 올리듯 두 손으로 쳐 올리는 자세로 볼 수 있다.

네 번째 자세는 백호포휴세白虎咆烋勢로 '흰 호랑이가 기세등등한 모습'을 말하며, 두 번째 자세인 청룡등약세와 거의 유사한 움직임(양수고거과액兩手高擧過額)이라 보면 될 것이다.

다섯 번째 자세는 추산어풍세秋山御風勢로 '가을 산이 바람을 막아내는 듯'한 자세로 세 번째 자세인 춘강소운세와 한 짝이 되는 자세를 말한다. 다시 말해 춘강소운세가 자신의 왼편 아래로 편곤을 내렸다가 들어 올리며 방어했다면 추산어풍세는 자신의 오른편 아래로 편곤을 내렸다가 들어 올리며 방어하는 자세(우고일휘방신右顧一揮防身)로 볼 수 있다.

여섯 번째 자세는 벽력휘부세霹靂揮斧勢로 '벼락이 쳐서 그 빛이 도끼에 빛나게 하는 자세'로 편곤을 위로 치켜들었다가 상체를 약간 앞으로 숙이며 왼편 앞쪽을 내려치는 자세(향좌일격向左一擊)를 말한다.

마지막 자세는 비전요두세飛電繞斗勢로 '날으는 번개가 말(두斗)을 둘러싸듯' 움직이는 자세로, 앞의 자세인 벽력휘부세와 한 짝이 되는 자세를 말한다. 다시 말해 벽력휘부세는 왼편 앞쪽을 내려치는 자세인 반면에 비전요두세는 똑같은 상황에서 오른편 앞쪽을 내려치는 자세(향우일격向右一擊)를 말한다.

그런데『무예도보통지』에 실린 일곱 가지 세勢와 두 가지 움직임을 포함하여 전체 9가지 세부자세로 구성된 마상편곤의 세는『무예도보통지』가 완성되기 이전에 이미 기병들이 수련했던 것으로 판단된다.[50) 이는『속대전續大典』「병전兵典」의 시취試取 편추鞭芻 조條를 살펴보면 확인할 수 있다.

말을 달려 나간 후에 오른손으로 鞭棍을 잡고 뒤를 향해서 들고, 또 두 손으로 앞을 향해서 들며, 이어서 좌우를 향해서 각각 한 번씩 휘두른다. 한 번씩 친 후에는 갑자기 좌우로 한번 휘두른다. ○ 馬路를 벗어나 옆길로 달리거나 정해진 시간 내에 치기를 마치고 원위치에 되돌아오지 못한 경우에는 騎芻의 경우와 같이 점수를 주지 아니한다. ○ 표적인 6개의 허수아비는 각각 28步 씩

---

50) 나영일, 「『무예도보통지』의 무예」, 『진단학보』 91호, 진단학회, 2001.

서로 떨어져 있고 좌우의 거리는 馬路로부터 3步 떨어져 있다.[51]

위의 사료를 『무예도보통지』의 실제 자세와 비교해 본다면, 먼저 '말을 달려 나간 후에 오른손으로 편곤을 잡고 뒤를 향해서 드는' 자세는 상골분익세霜鶻奮翼勢이며, 두 번째로 '두 손으로 앞을 향해드는 것'은 청룡등약세靑龍騰躍勢(양수고거과액兩手高擧過額)와 백호포휴세白虎恧休勢로 볼 수 있다.

세 번째로 '좌우를 향해서 각각 한 번씩 휘두른다.'의 경우는 왼쪽은 춘강소운세春江掃雲勢(좌고일휘방신左顧一揮防身)이며, 오른쪽은 추산어풍세秋山御風勢(우고일휘방신右顧一揮防身)로 볼 수 있다. 네 번째 '한번 씩 치는'은 벽력휘부세霹靂揮斧勢(향좌일격向左一擊)와 비전요두세飛電繞斗勢(향우일격向右一擊)이며, 마지막 '갑자기 좌우로 한번 휘두른다.'는 세 명칭에서는 빠진 좌左, 우고방신右顧防身이라고 볼 수 있다. 이를 살펴보기 쉽도록 표로 구분해 보면 다음과 같다.

[표 3] 『무예도보통지』 마상편곤 자세와 『續大典』 시취과목인 鞭芻자세 비교

구분 연번	『續大典』 鞭芻	『武藝圖譜通志』 馬上鞭棍
1	말을 달려 나간 후에 오른손으로 鐵鞭을 잡고 뒤를 향해서 드는 것	霜鶻奮翼勢
2	두 손으로 앞을 향해드는 것	靑龍騰躍勢, 白虎恧休勢 (兩手高擧過額)

---

[51] 『續大典』兵典, 試取, 鞭芻 條. 新增 ○ 出馬後以右手執 向後擧 又以兩手向前擧 因向左右各一揮 每一擊 後輒左右一揮 ○ 橫走者不及漏水者同騎芻 ○ 六芻相距各二十八步左右相距自馬路三步.

3	좌우를 향해서 각각 한 번씩 휘두른다	春江掃雲勢, 秋山御風勢 (左右顧一揮防身)
4	한번 씩 치는	霹靂揮斧勢, 飛電繞斗勢 (向左右一擊)
5	갑자기 좌우로 한번 휘두른다	左, 右顧防身

특히 시험방법 중 일종의 규칙에 해당하는 부분을 살펴보면 당시 마상편곤의 훈련방법을 추측할 수 있을 것이다. 먼저, 마상편곤을 훈련 할 때에는 말고삐를 완전히 놓고 훈련 하므로 말이 옆으로 달려 나가기도 하는데, 이를 통제하기 위해서 강한 몸 부조[52]를 사용했을 것이다.

특히 좌우 추인芻人의 간격이 3步로 약 3m 60cm 정도로 떨어져 있으며, 마상편곤 중 편鞭의 길이가 '편장육척오촌鞭長六尺五寸'으로 약 1m 30cm 이므로 상체를 좌우로 크게 비틀면서 마상편곤을 훈련했을 것이다. 또한 해당 시험을 통과하기 위해서는 일정한 시간 안에 말을 몰아 통과해야 했기에 말의 걸음 중 가장 빠른 구보驅步 혹은 습보襲步 중심의 마상무예 훈련을 했을 것이다.[53]

이러한 마상편곤의 훈련과 관련하여 비교할 수 있는 것이 기사騎射의 훈련법일 것이다. 기사騎射의 경우 또한 말고삐를 놓고 좌우

---

52) 보통 乘馬法에서 扶助라고 하면 말을 통제하기 위한 방법으로 고삐를 이용한 扶助가 대표적이다. 그러나 마상무예의 경우는 고삐를 완전히 놓고 무기를 사용하기에 고삐부조는 원래부터 사용 불가능한 것이다. 따라서 마상무예에서는 일반적인 부조방식(고삐, 채찍)이 아닌 자신의 체중을 이용하여 좌우로 방향을 바꾸는 신체부조 혹은 몸부조가 필수적이다.

53) 소선섭, 『승마와 마필』, 공주대학교출판부, 2003.

의 추인을 쏘는 방식으로 시험을 보았기에 마상편곤과 유사한 훈
련을 했을 가능성이 높다. 다만, 기사의 경우는 원사무기 이므로 편
곤보다는 조금 더 떨어진 거리에서 시험을 보았다.[54]

기사의 훈련법은 조선후기 평양감영에서 발간한『사법비전공하
射法秘傳攻瑕』[55]에 마사법馬射法과 관련하여 그 훈련법이 담겨 있기
에 이를 분석해 본다면 마상편곤의 훈련법을 유추할 수 있을 것이
다.『사법비전공하』기사훈련騎射訓練의 순서[56]를 발마發馬에서부터
수마收馬까지 요약해보면 다음과 같다.[57]

① 發馬 須隨着馬 力顚開如馬 : 말을 출발시킬 때에는 반드시
   말에 착 달라붙어서 말과 같이 힘을 쓰기 시작한다.

② 馳驅之法 宜踞坐 不宜跕坐 : 말을 타고 달려 나가는 법은 마땅
   히 걸터 앉아야 하며 발을 뻗쳐 앉으면 안 된다.

③ 馳馬 宜以身才業向于前 不宜直挺在上 : 말이 달릴 때에는 마땅
   히 몸을 앞으로 숙여야지 몸을 고추 세우는 것은 옳지 못하다.

④ 馬已馳圓方 可取箭從容 : 말이 이미 달려서 둥글게 빙빙 돌기
   시작하면 화살을 뽑아 조용히 활에 걸어야 한다.

---

54) 『世宗實錄』 권133, 嘉禮儀式, 武科殿試儀.
55) 얼마전까지만 해도 『射法秘傳攻瑕』는 평양감영에서 군사교육 목적으로 그 저본을 중국에서
   들여다 복간한 단행본으로 인식되었다. 그러나 육군사관학교 군사학학과 김기훈 교수에 의해
   관권에 대한 세밀한 분석이 이뤄져 중국의 병서인 『武經七書彙解』의 말권에 수록되어 있는
   것을 확인하였다. 이는 무과시험의 중요성을 이유로 조선에서도 단순히 군사훈련용으로서만
   그치는 것이 아니라 보편적으로 활용한 조선의 사법교범이라는 것을 추측할 수 있을 것이다.
   이종화, 『사법비전공하』, 국립민속박물관, 2008, 222~225쪽.
56) 『射法秘傳攻瑕』 馬射法.
57) 최형국, 앞의 논문, 2006, 54~55쪽.

⑤ 馬之扯手不宜離早恐馬 : 말을 타고 활을 쏠 때에 말고삐를
일찍 놓는 것이 옳지 못하다.
⑥ 射近前手須低於後手 : 근거리에서 활을 쏠 때에는 (쏘는 순간)
앞손이 뒷손보다 낮아야 한다.
⑦ 扯手宜短不宜長 : 말고삐는 마땅히 짧아야지 길어서는 안 된다.
⑧ 必以雙手近鬃 用力分而收之可 : 반드시 두 손을 말갈기 가까
이 하고 두 손에 힘을 고르게 주어 세워야 한다.

위의 내용을 마상편곤과 대입해서 훈련법을 살펴본다면, 먼저
마상편곤을 한손으로 뽑아 들고 몸을 안장에 밀착시켜 말을 출발
시킨 후, 말이 일정한 속도로 달리기 시작하면 몸을 앞으로 숙여
마상편곤을 사용했음을 추측할 수 있다.
특히 기사의 경우는 양손을 모두 사용하여 활을 쏴야 하므로
고삐를 완전히 배제하고 부조를 사용해야 하지만, 마상편곤의 경우
는 한 손을 사용하여 무기를 다룰 수 있기에 유사시 신속한 대응이
가능했기 때문에 이 무기가 근접전시에 필수 무기로 인정받았던
것이다.

4. 마상편곤을 통해 본 마상무예의 전술적 특성

조선시대 기병전술을 크게 구분할 때에는 전기와 후기로 구분
해서 살펴봐야 할 것이다. 이는 앞서 살펴본 것처럼 임진왜란이라
는 전대미문의 큰 전쟁을 거치면서 군사체제는 물론이고 사회, 정

치, 문화 전반에 걸쳐 엄청난 변화가 있었기 때문이다. 조선전기의 기본전술을 『진법陣法』을 통해 살펴보면 다음과 같다.

> 적군을 맞이했을 때 중군에서 북을 한번 치면, 각 군의 遊軍이 먼저 사방으로 나아가 상대편 적군을 정탐한 다음, 나팔로 자기 군에 보고하며, 그 군은 나팔로 중군에 보고한다. 중군에서 나팔을 불고 적색 휘를 올렸다가 내리면, 전충이 적군을 맞아 방어태세를 취하며, 흑색 휘를 앞으로 指하고 북이 울리면, 후충이 먼저 나가 적을 맞아 싸우며, 청색 휘와 백색 휘을 앞으로 指하고 북이 울리면, 좌군과 우군이 측면에서 협공하여 후충이 구원한다.[58]

위의 사료에 의하면 적을 만났을 경우 척후병을 통해 먼저 정탐을 한 후 중군의 지휘에 따라 기본 전술이 펼쳐지는데, 먼저 적색 휘의 움직임에 따라 보병인 창대槍隊와 장검대長劍隊가 방어태세를 취하고, 흑색 휘의 움직임에 따라 기창대騎槍隊가 적을 맞아 싸우며, 마지막으로 청색과 백색휘의 움직임에 따라 기사대騎射隊와 화통대火熥隊 및 궁수대弓手隊가 좌우에서 공격을 돕는 방식이다.[59] 또한 전투 시 적군이 패하여 달아나면, 북과 나팔이 울리면서 기병이 가장 먼저 추격하고, 이후 보병은 대열을 벌여 기병을 지원하는 방식이었다.

---

58) 『陣法』癸丑陣設, 應敵篇.
59) 조선전기의 군사신호체제에서 騎射隊는 청색 기를, 騎槍隊는 검은 기를, 火熥 및 弓手隊는 백색 기를, 步兵의 槍 및 長劍隊는 붉은 기를 잡는다 하였다. 『陣法』癸丑陣設.

여기에서 조선전기의 기병전술에서 사용되는 핵심 무기가 기창騎槍과 기사騎射였음을 확인할 수 있다. 이는 조선전기의 무과시험 과목에서도 살펴 볼 수 있는데, 말 위에서 시험 보는 것은 기사騎射, 기창騎槍, 격구擊毬 세 과목이었다.

이 중 격구의 경우는 실제 무예훈련은 아니지만, 그 본질적 속성이 마상무예를 위한 기초적인 기예였음으로 무과시험과목으로 채택된 것이었다.[60] 다시 말해 조선전기의 기병전술은 기창이 돌격 작전을 감행하고, 기사가 원거리에서 쫓아가며 좌우 측면을 지원하는 것을 기본 골격으로 하였다.

이에 반해 조선후기 기병의 기본 전술에는 앞장에서 살펴보았듯이 마상편곤이 핵심무예로 등장하게 된다. 이는 조선후기 정조대에『무예도보통지』와 한 짝이 되어 편찬된『병학통』에 가장 자세히 기술되어 있다.『병학통』은 조선후기 새롭게 만들어진 중앙 군영의 진법 훈련 통일성을 갖추고 이를 통해 각 군영이 유기적으로 움직일 수 있도록 만든 진법 훈련서 였다.[61]

『병학통』에 실린 진법을 가장 잘 운용하기 위해서는『무예도보통지』에 실린 개인 기예를 얼마나 잘 연마하느냐에 따라 진법의 위력이 결정된다. 이러한 내용은『무예도보통지』에 자세히 설명되어 있다.

---

60) 최형국,「조선시대 騎射 시험방식의 변화와 그 실제」,『中央史論』24호, 韓國中央史學會, 2006.
61) 현재『兵學通』에 대한 연구는 노영구에 의해 집중적으로 이뤄졌으며, 특히「『兵學通』에 나타난 기병 전술」,『정조대의 예술과 과학』, 문헌과 해석사, 2000을 중심으로 기병전술에 대한 기본 연구가 이뤄졌다.

「정조반차도正祖班次圖」 중 마병초관 및 오마작대도

정조의 능행길을 보호하기 위하여 마병(기병)이 다섯줄을 서서 행군하고 있는 장면이다. 길이 넓으면
오마작대五馬作隊를 취하고 길이 좁아지면 두 줄로 서는 원앙대鴛鴦隊의 행렬을 구성한다. 이 그림에서도
기병들이 탄 말 안장 뒤쪽에 고리달린 사선의 형태로 막대기처럼 그려진 것이 마상편곤이다.
(한영우, 2000)

대개 일찍이 논하기를『兵學通』은 營陣의 綱領이고『武藝圖譜通志』는 技擊하는 樞紐라고 하였는데, '通'이라는 것은 밝다는 것이요 해박하다는 뜻이니 '體'와 '用'이 서로 상응하고 本末이 서로 연결되어야 합니다. 兵을 논하는 자들이 이 두 '通'(『兵學通』,『武藝圖譜通志』)을 버리고 무엇을 쓰겠습니까? 이를 의술에 비유하면, 運氣를 미루어 증험하고 經脈을 진찰하는 것은 陣法에 해당되고, 草木과 金石은 무기에 해당되고, 약재를 삶고 굽고 조제하고 가는 것은 擊刺에 해당합니다.[62]

위의 내용을 마상편곤에 대입하면,『병학통』에 나타나는 기병전술 중 마상편곤을 중심으로 움직이는 병종의 위력은 곧『무예도보통지』의 마상편곤 내용을 연마한 정도에 따라 그 공격력에서 큰 차이가 난다는 것을 이해할 수 있다.

따라서『병학통』에 수록된 다양한 진법들 중 마병馬兵이 펼치는 진법을 살펴본다면 조선후기 마상편곤의 전술적 운용가치 및 특징을 살펴볼 수 있다. 특히『병학통』의 경우에는 단순히 글로써 진법을 설명한 것이 아니라, 1권에는 장조場操, 별진호령別陣號令, 분련分練, 야조夜操, 성조城操, 수조水操 등의 다양한 상황에 따른 진법에 대해 설명 하고 2권에는 이에 해당하는 진도陣圖를 하나씩 그려 넣어 각 군사들의 움직임을 한 눈에 살펴볼 수 있도록 정리하였다.

---

62)『武藝圖譜通志』卷首, 兵技總敍.

『병학통兵學通』중「전층우적절차도前層遇賊遮截圖」

부대 전원이 기병으로 구성된 용호영龍虎營이 행군하는 중에 갑자기 적을 만났을 때 기병부대가 어떻게 진법을 구사하는지를 보여주는 <전층우적차절도>. 이때에는 그림에서 상단에 위치하는 일겸(겸사복 1부대)과 이겸(겸사복 2부대)이 일렬로 적을 막아서고 그대로 앞 열이 되어 대오를 보호하게 된다. 이후 내금위와 우림위가 가운데와 뒤를 맡아 대장을 보호한다. 이때 기병 전원은 마상편곤을 뽑아 들고 돌격태세를 취한다. 구체적인 움직임을 보면 훈련 중 적병으로 변장한 가왜假倭가 나타나면 신호를 담당하는 당보군이 기를 흔들어 경보를 알린다. 이후 1, 2겸兼(겸사복)기를 세운다. 그러면 1겸과 2겸은 막아서서 바로 적의 돌진에 대비하는 전층前層이 되고, 1내內(내금위)와 2내는 별장의 좌우에 위치하여 중층中層이 된다. 1우右(우림위)와 2우는 후층後層이 되고 3내는 노영老營이 되어 진형을 구축하게 된다.

이 진법들 중 장조場操의 경우 가장 일반적인 군사훈련의 모습을 담은 것으로 평시에는 한강 근처의 노량진을 비롯한 너른 모래사장에서 대규모 군사훈련을 펼쳤던 것이다.

『병학통』의 진법들 중 마병만을 중심으로 만들어진 진법은 좌우마병각방진, 좌우마병합방진, 이마병추격마병, 이마병추격보군, 이보군추격마병, 마병봉둔진, 마병학익진, 마병삼초방영도, 마병봉둔진도, 마병학익진도, 기사봉둔진도, 기사학익진도 등이다. 이렇게 『병학통』에서 마병의 진형이 독립적으로 다뤄진 것은 당시 기병을 중시했던 상황을 반영한 일종의 증표로 볼 수 있다.[63]

특히 마상편곤과 관련하여 직접적인 연관이 있는 용호영龍虎營의 작전전개 부분을 살펴보면 보다 이해하기가 쉬울 것이다. 용호영은 영조31년에 궁궐의 숙위를 담당하던 금군청禁軍廳을 개칭한 것으로 원래 내금위內禁衛, 겸사복兼司僕, 우림위羽林衛 등을 묶어 내삼청內三廳으로 부르던 것을 변경한 금군禁軍이다. 특히 이들 중 겸사복의 경우 임금이 타는 어마御馬의 조련을 비롯하여 말과 관련된 특수한 금군으로 마상무예가 출중한 자들로 구성되었다.

물론 나머지 금군들도 기본적으로 무과시험을 통과하여 배치되었기에 마상무예는 기본적으로 익혀야만 했다. 그러하기에 용호영은 기병의 전술훈련과 관련된 부분을 가장 효과적으로 살펴 볼 수 있는 부대이기도 하다.

---

63) 정해은, 『한국전통병서의 이해』, 군사편찬연구소, 2004, 211쪽.

龍虎營은 작전을 펼칠 때 적이 100步 밖에 있으면 각각의 병사들

이 上馬(말에 올라 탐)하고 신호포 소리가 나면 一, 二羽旗⁶⁴⁾를

세우고, 點鼓 點旗⁶⁵⁾하면 後層이 나와 前層 앞에 일자로 벌여 선

다. 적이 100步 안에 이르면 명령에 따라 弓矢를 한꺼번에 발사

하고, 적이 50步에 이르면 북을 빠르게 치며 天鵝聲을 분다. 이때

(騎兵은) 鞭棍을 뽑아 들고 소리를 지르며 적을 추격한다. 적이

패하여 물러나면 징을 울리고 북이 멈추면 각 병사들은 제자리에

선다. 징소리가 세 번 울리면 즉시 몸을 돌리고 신호포 소리에

따라 해당 番旗를 세우고 안쪽을 향하여 깃발을 點하면 原地로

되돌아온다. 또다시 적이 오는 상황이 되면 신호포를 쏘고 一,

二兼旗⁶⁶⁾를 세운다. 북을 點하고 깃발을 點하면 前層이 일자로

늘어서고 적이 100步 안으로 들어오면 활을 쏘고 추격하고 물러

나기를 앞의 상황과 동일하게 한다. 또 다시 적이 오는 상황을

만들어 신호포를 쏘고 一, 二內旗⁶⁷⁾를 세우고 북을 點하고 깃발

을 點하면 中層이 前層 앞으로 나가 일자로 벌려서고 활을 쏘고

추격하기를 모두 전과 같이 한다.⁶⁸⁾

---

64) 龍虎營 中 羽林衛를 상징하는 깃발을 의미한다.
65) 일반적으로 조선시대 군사신호에서 '點'한다라는 의미는 깃발의 경우는 '깃발을 지면에 대지
않고 다시 일으켜 세움'을 뜻하고, 북의 경우는 북을 천천히 친다는 의미를 갖는다.
66) 龍虎營 中 兼司僕을 상징하는 깃발을 의미한다.
67) 龍虎營 中 內禁衛를 상징하는 깃발을 의미한다.
68) 『兵學通』場操, 間花疊退. **龍虎營** 作戰賊在百步之外各兵上馬 放砲立一二羽旗點鼓點旗 後層
出前層之前一字擺列 賊到百步之內聽今弓矢齊發 賊到五十步擂鼓吹天鵝聲 拔鞭棍吶喊追擊
賊敗鳴金鼓止各兵立 鳴金三下 卽回身放砲立該番旗向內點退回原地 又作賊來狀放砲 立一二
兼旗點鼓點旗前層一字擺列 賊在百步之內射矢追擊退兵俱如前 又作賊來狀放砲立一二內旗
點鼓點旗 中層出前層之前一字擺列射矢追擊俱如前.

마상환도 베기

필자가 전투마를 타고 달리며 환도를 이용하여 짚단을 베는 마상환도 베기 시범 중 한 장면이다.
이렇듯 마상환도는 칼의 길이가 짧아 아주 근접거리의 적을 공격하는 방식이고 마상편곤은 모편과
자편의 길이로 인해 환도보다 먼 거리를 공격할 수 있다.

위 사료를 보면 아군의 기병은 적이 100보 바깥에 있을 때 말
에 올라타 공격준비를 하고, 100보 이내로 적이 올 경우 원사무기
인 궁시를 일제히 발사하고, 50보 이내로 들어 올 경우 (마상馬上)
편곤鞭棍[69]을 뽑아 들고 소리를 지르며 돌격하는 전술을 구사하였
음을 살펴 볼 수 있다. 이때 주목할 것은 기병 또한 상마上馬한 상
태에서 활을 쏘고 이후 돌격용 마상편곤을 뽑아 들고 출전했을 가
능성이 높다는 점이다.

이는 앞서 설명한데로 조선후기 기병은 환도, 궁시, 편곤을 기
본 무기로 갖췄기 때문에 제자리에서 궁시를 발사하고 무기를 바
꿔 편곤으로 돌격전을 펼쳤을 가능성이 높은 것이다. 특히 기병이
활용한 궁시 중 편전片箭은 통아에 걸어 쏘는 것으로 원거리를 정
확하게 맞추는 것이 핵심이기에 하마下馬한 상태나 상마上馬 후 제
자리에서 편전을 쏘고 이후 편곤으로 무기를 교체하고 작전을 수
행했을 가능성이 높다.[70]

물론 기병의 빠른 돌파력은 기병의 존재이유이기도 하지만, 조

---

69) 『萬機要覽』軍政篇2, 龍虎營, 軍器 條를 보면 着筋鞭棍 669자루, 仁老里鞭棍 1,036자루, 鞭
棍 22자루 등 鞭棍으로 보이는 무기가 3종류가 등장한다. 현재로서는 관련 사료가 부족하고
유물이 남아 있지 않아 이들에 대한 구분이 명확하지 않다. 다만 착근편곤의 경우는 가후군
및 금군에게 주며, 인노리편곤은 100자루는 내삼청 수직소에 나머지는 戰陳練習에 사용한다
고 하였다. 이를 통해 볼 때 착근편곤의 경우는 두정이 박혀 살상력이 강화된 마상편곤이며,
인노리편곤은 훈련 때 사용하므로 살상력이 떨어지는 두정이 없는 것이라 추측되어진다. 그리
고 鞭棍은 (步)鞭棍일 가능성이 높다. 추가로 명칭상의 혼란이 있는 馬鞭의 경우는 단순한
말채찍이다.
70) 과거시험에서도 片箭은 騎射의 형태가 아닌 步射의 형태로 진행되었으며, 木箭나 鐵箭과는
다르게 거리로 합격하는 것이 아니라, 원거리의 표적에 정확히 적중하는 것이 핵심이었기에
기병이 사용한 片箭은 달리는 상태에서 쏘는 것이 아니라 下馬한 상태에서나 혹은 上馬 후
제자리에서 쏘았을 가능성이 높다. 이는 말을 달리며 쏘는 기사 방식에서는 화살 깃이 넓은
동개시가 더 효과적이기 때문이다.

선후기 기병의 경우 강력한 화포와 개인 화기의 발달로 기존의 빠른 돌파력 보다 더욱 빠른 돌파력이 반드시 필요하게 되었다.[71] 이는 화기의 재장전시간과 밀접한 연관이 있는데, 적이 초탄初彈을 발사한 후 재장전에 임하는 시간의 간격 안에 기병이 돌진하여 적진을 유린하는 전술을 주로 사용해야 하였기 때문이다.

보통 기병들이 말의 전속력인 습보襲步로 달릴 경우 시속 약 65km 정도의 속도를 낼 수 있었다. 조선후기의 기병들은 이때 발생하는 돌파력으로 적진을 무너뜨려야 하였는데, 당시 개인화기의 경우는 정확도가 떨어져 적 기병이 일제돌격을 감행할 경우 아예 다음 사격을 할 여유가 없어 기병의 빠른 돌파력은 마상편곤이라는 간편하면서도 강력한 무기의 도입으로 편곤을 사용하는 군사들이 더욱 강력한 병종으로 부각되게 되었다.[72]

이러한 기병의 마상편곤 돌격 장면은 『무예도보통지』의 마상편곤 그림에 자세히 설명되어 있다. [그림 2]에서 보듯이 조선후기 기병의 기본 무장상태는 자신의 오른편 허리춤에 환도環刀와 궁대弓袋(궁딩) 그리고 왼편 허리춤에 화살통인 시복에 장전長箭 및 편전片箭, 통아를 넣어 다니는 것을 확인할 수 있다. 특히 『무예도보통지』에 실린 여타의 마상무예 그림을 확인해 보면 마상편곤을 말안장에 끼워 넣고 다니는 것을 확인할 수 있다.[73]

---

71) 노영구, 「조선후기 城制 변화와 華城의 城郭史的 의미」, 『진단학보』 88, 진단학회, 1999, 298~299쪽.
72) 노영구, 위의 논문, 2000, 202쪽.
73) 일반적으로 馬上鞭棍을 제외한 나머지 『武藝圖譜通志』의 다른 馬上武藝 그림에서 그 형태의 유사함으로 인해 통아를 두 개 넣고 다는 것으로 오해하는 경우도 있으나, 馬上鞭棍 그림을 확인해 보면 그것이 통아가 아니라 鞭棍임을 확인할 수 있다. 마상편곤의 자세 그림을 보면 말안장 뒤쪽에 편곤이 없다.

[그림 2] 『무예도보통지』 마상편곤 중 상골분익세霜奮翼勢

이렇듯 조선후기 마상무예의 전술적의 특징은 빠른 돌파력을 감행하기 위해 여타의 무기들보다 타격성과 회수성이 뛰어나며, 휴대하기 간편한 무기인 마상편곤을 중심으로 변화되었다. 특히 기병만의 단독전투를 수행하기 위한 다양한 진법들이 개발된 것을 통해 볼 때 조선전기와 비교하여 보다 빠른 기동력을 바탕으로 한 기병전술이 일반화 되어간 것을 확인할 수 있다.

따라서 조선전기의 경우 길이가 긴 기창騎槍이 전면에 나가 적을 공격하는 전술과 마상무예가 중심이 되었다고 한다면 조선후기의 경우는 기창보다 휴대하기 간편하고 사용에 용이한 마상편곤이 기병들에게 더 효과적인 무기로 인식되어 각 군영에서 널리 보급되고 사용되어 졌던 것이다.

5. 마상편곤은 인마일체의 몸 문화

조선은 임진왜란을 거치면서 사회, 문화, 정치 등 거의 사회전반에 걸쳐 엄청난 변화를 겪어야 했다. 이는 군사체제에서도 예외가 아니듯 기존의 기병중심의 오위진법五衛陣法을 벗어나 일본군들에게 효과적으로 대처할 수 있는 단병접전의 기예가 가미된 포수砲手, 사수射手, 살수殺手라는 삼수병三手兵체제가 채택된 것이다.

그러나 이러한 군사체제 변화를 통해 7년 전쟁이라는 임진왜란은 넘어 갈 수 있었으나, 또 다시 북방세력에 대한 방어는 약화될 수밖에 없었다. 특히 병자호란 때에는 청 기병의 빠른 돌파력에 의해 조선의 국왕이 남한산성에 갇혀 고립무원의 상황에 처하였고, 마침내는 청 태종 앞에 무릎을 꿇고 머리를 조아리는 최악의 상태까지 갈 수 밖에 없었다.

이후 이괄의 난 때에는 반란군의 선봉부대가 마상편곤을 휘두르며 도성까지 빠르게 진군하여 인조仁祖는 또 다시 궁궐을 버리고 탈출할 수밖에 없었다. 이렇게 기병에 대한 빠른 돌파력이 임란을 겪으면서 완성된 보병 중심의 전법에 다시금 기병전법을 추가 혹은 확장하는 방식으로의 변화를 야기하게 된다.

이러한 변화의 중심에 조선후기 기병의 필수 지참 무기로 인정받았던 마상편곤이 자리 잡고 있다. 다시 말해 마상편곤의 도입과 확대를 통해 조선후기 기병전술의 전체 양상을 읽어 낼 수 있다는 것이다.

이러한 변화는 무과시험의 일종인 관무재의 시취과목의 변화에서도 살펴 볼 수 있는데, 조선전기에는 마상무예의 경우 기사騎射와 기창騎槍이 주를 이루는 반면 조선후기에는 좀 더 실용적인 형태의 기추騎芻를 비롯하여 지상에서 수련하는 편곤鞭棍과 쌍검雙劍 등 마상에서도 쉽게 사용할 수 있는 무예들이 시취과목들로 채택되기도 하였다.

특히 관무재는 개인적인 무예시험뿐만 아니라 단체전적인 집단 무예시험이 가미되어 기병들의 군사훈련의 일환인 진법훈련의 연장선으로도 확인할 수 있어 편곤의 위상을 짐작할 수 있었다.

또한 『속대전』에 실린 마상편곤의 시취試取 내용을 살펴보면 정조시대 때 편찬된 『무예도보통지』에 실린 마상편곤의 자세와 동일함을 알 수 있다. 이는 마상편곤이 정조시대 때 급작스럽게 만들어진 훈련법이 아니라 오랜 시간을 거쳐 마상편곤이 정착되어 왔던 것임을 알 수 있는 사료이기도 하다.

특히 『무예도보통지』에 실린 마상편곤의 자세를 실기사적 입장에서 하나씩 확인해 보며 그 자세를 분석하여 어떤 방식으로 기병들이 마상편곤을 훈련했었는가와 더불어 그 특징을 분석하였는데, 전체적으로 적에게 깊숙이 접근하여 근거리에서 빠르게 적을 타격하는 기법이 핵심자세임을 알 수 있었다.

또한 조선후기 평양감영에서 발간한 『사법비전공하』의 마사법馬射法과 관련하여 마상편곤의 훈련법을 유추 해 볼 때 마상馬上에서 오히려 두 손을 동시에 사용하는 궁시弓矢보다 오히려 더 효과

「동장대시열도東將臺試閱圖」
한글로 만들어진 『뎡리의궤』에는 정조가 수원화성의 동장대(연무대)에서 장용영 군사들을 시열한
장면을 묘사한 동장대시열도東將臺試閱圖가 들어있다. 그 중 동장대 건물 아래에 세 개의 원형진을 구축
하고 있는 기병들이 모두 어깨에 마상편곤을 둘러메고 군사훈련을 진행하고 있는 모습을 확인할
수 있다. (프랑스국립중앙도서관 소장)

적으로 적을 제압할 수 있는 무기였음을 확인할 수 있었다.

그리고 조선후기 간행된 『병학통』의 진법들 중 기병들로 구성된 용호영龍虎營의 진법과 전투시 기병의 전술을 살펴보면 마상편곤이 조선후기 기병들이 핵심 돌격무기로 인정받았음을 확인할 수 있었다. 또한 기존 진법서陣法書에는 보이지 않았던 기병 단독의 진법들이 『병학통』에 다양하게 수록된 것을 살펴볼 때 기병이 조선후기에도 여전히 전략의 중요부분을 담당하고 있었음을 추측할 수 있을 것이다.

마지막으로 사용무기와 무예에 대해 시기적으로 분석해보자면, 조선전기에는 주로 기창騎槍이 선제 돌격전술에서 핵심무예로 인식되었지만, 조선후기에는 기창騎槍보다 빠른 회수력과 휴대의 간편성 때문에 마상편곤이 기병돌격 무예의 핵심으로 인정받게 되었다.

이것은 조선후기 기병의 기본 무장상태를 봤을 때도 확연히 드러나는데, 당시 기병의 기본 무장에 기본 방어 무기인 환도環刀와 원거리 공격무기인 궁시弓矢 그리고 돌격무기로 활용된 마상편곤을 갖추도록 명확하게 명문화하기도 했었기 때문이다.

앞서 언급하였듯이 이 글은 조선후기 기병들이 활용한 마상편곤을 통해 당시 기본적인 기병전술의 특징을 살펴보고 왜 마상편곤이 그 당시 전술의 핵심이 되었는지 살펴본 논문이다. 특히 단순히 문헌적인 연구 뿐 만 아니라 『무예도보통지』에 실린 실제 기예들에 대한 분석과 이를 통한 실기사적인 접근을 추가하였다. 그래서 일정 부분 보완해야할 점이 많다.

이러한 실기사적인 부분은 오히려 체육학을 비롯한 실기학문에서 다뤄야할 부분이 많다고 하는 의견도 있지만, 사학의 관점으로 그것을 바라보고 통합적인 관점으로 무예사를 연구한다면 그 또한 충분히 가치 있는 연구라 판단된다. 또한 마상편곤이라는 지극히 작은 무기를 통해 조선후기 기병전술 전체를 살펴본다는 것에 사실상 많은 한계가 있다.

비록 작은 무기의 도입과 발전을 확인해 보며 전체를 읽어나가는 것 또한 미시사적인 접근의 하나로 생각되며 앞으로 이러한 소재의 내용들이 많이 연구되어 좀 더 다각적인 역사연구가 이뤄졌으면 한다.

그런데 본 연구를 진행함에 있어 아직까지 이러한 미시사적인 연구가 희박할 뿐만 아니라 비교 검토 문헌이 부족하여 논리를 전개하는데 상당한 어려움을 겪었다. 앞으로 더 다양한 자료의 발굴 및 통합연구가 진행되어 이러한 부분을 채울 수 있기를 기대한다.

武藝
우리 고유의 몸 문화와 왜곡된 '전통 만들기'

전통무예의 정의

전통무예는 우선 전통傳統과 무예武藝라는 단어의 조합으로 이루어진 복합개념이다. 따라서 전통과 무예를 별개로 하여 인식해야만 전통무예의 본원적 특성을 이해 할 수 있을 것이다. 우선 전통傳統, tradition라는 용어를 문자적으로 해체하여 살펴보면, '전傳'에는 전하다, 보내다, 말하다 라는 뜻으로 '무엇무엇'을 전傳한다, 혹은 보낸다 라는 의미이다. 여기에서 전한다, 보낸다라는 의미는 어떤 행위나 생각 그리고 물건을 누구누구에게 전한다라고 하여 행위의 주체가 있으며, 어떠한 시간적·공간적 연속성을 그 배경에 두고 있다.

다음으로 '통統'은 '큰 줄기', '핏줄', '본 가닥의 실', '혈통' 등의 뜻으로 풀이되는데 어떠한 것의 근본 혹은 뿌리라는 의미를 가지고 있다. 여기에서 '근본 혹은 뿌리'의 핵심적인 의미는 연결된 생각이나 내용이다.

앞서 살펴 본 '전'과 '통'이라는 문자를 합친 '전통'의 문자적 의미는 '일정한 시간적 흐름을 바탕으로 서로 연결된 생각이나 내용을 누군가에게 전해 주는 것'이다. 이러한 전통의 의미를 사전적으로는 "어떤 집단이나 공동체에 예로부터 이어져 내려오는, 관습·양식樣式·의식意識·태도 등의 일정한 계통이나 흐름"이라 정의하고 있다.

이러한 전통은 많은 내용을 포함하고 있다. 우선 가장 기본적인 뜻은 '단순히 물려받은 것' 또는 '유산'이라고 표현하며, 과거에서부터 현재로 전래되거나 물려받은 모든 것을 뜻한다. 전통의 결정적인 판단기준은 인간의 행동에 의해 창조되었다는 사실, 즉 인간의 사상과 상상력의 소산으로 한 세대에서 다른 세대로 전래·전승된다는 것이다.

따라서 전통이라는 개념은 한 인간이 다른 인간에게로 전래·전승되는 유형·무형이기에 시시각각 그 내용이 변화하는 것으로 볼 수 있다. 이것은 단순한 변화뿐만 아니라, 그것의 창조적 계승과 발전까지도 전통에 포함될 수 있다는 것을 의미한다. 다시 말해 전통을 하나의 문화현상으로 이해해야 한다는 것이다.

다음으로 무예武藝, martial art라는 문자를 살펴보자. 굳세다, 강건하다 라는 의미를 가지고 있는 '무武'란 글자는 육체적 혹은 정신적 우위를 나타내고 있다. 즉 '무'란 자기 자신, 혹은 다른 사람에게 강함을 의미한다. '武'라는 문자는 務(힘쓸 무)와 이중어이며 자체를 파자해서 해석하면, 정치적인 논리가 강하지만 武(무)는 戈(창 과)와 止(그칠 지)의 합으로 무력을 통제하는 의미를 내포한다.

그리고 '예藝'는 심다, 기예, 궁극이라는 의미를 가진 글자이므로 무예에서의 '예'는 그 기술技術을 의미한다고 볼 수 있다. 이러한 '무'와 '예'를 합한 '무예'의 본원적 의미는 무력武力을 통제할 수 있는 기술 정도로 풀이할 수 있을 것이다. 앞서 말한 '전통'과 '무예'를 합성한 전통무예傳統武藝는 우리 민족의 고유한 사상과 역사적을 바탕으로 우리 나라에서 이어 내려온 전투기술이라 할 수 있다.

『무예도보통지』의 군사무예를 복원한 경당의 임동규는 무예를 사회과학적인 틀로 분석하여 "인간이 개체로서 또는 집단으로서, 특히 하나의 정치단위로서 내외적인 문화권을 유지, 방어해 온 직접적 수단으로서의 전투행위의 총괄이다"라고 정의 내리기도 한다.

이러한 전통무예에 대한 세부적 정의를 최복규 박사는 내포內包와 외연外延의 개념으로 구분하고 있다. 내포는 (1)한국의 역사 속에서 (2)한국인에 의해 능동적으로 행해졌거나, (3)새로이 창출된, (4)정형화되고 체계화된 무예라는 4가지의 뜻을 가지고 있으며, 외연은 (1)한국의 무예 중 비교적 이론체계가 갖추어진 것, (2)외부로부터 수입되어 수정, 보완 등을 거쳐 새로운 체계로 구성된 것, (3)무예의 양상이 확대되면서 스포츠화된 형태로 변용된 것의 3가지의 의미로 구분된다.

그러나 이러한 구분보다는 조금 더 현실적인 구분 방법으로 광의廣義와 협의俠義의 개념으로 전통무예를 정의하는 것이 좋을 듯하다. 먼저, 광의의 개념으로는 현대가 글로벌시대임을 감안하여 타국에서 한국의 무예를 바라보았을 때, 그것이 한국이 종주국이며 한국적이다 라고 느끼는 우리나라의 모든 무예를 전통무예라 정의할 수 있다.

둘째, 협의의 개념으로는 그 원류가 한국에서 시작되었으며 한국인에 의해 3대 이상 전승되었거나, 아니면 그 확실한 문헌이 존재해야 하며 그 문헌에 맞는 복원이 이뤄진 것이며, 가장 핵심적인 내용으로 처음 그 본원적 형태로의 회귀력이 있어야 한다는 것이다. 이러한 개념 정립에 의하면 광의적 개념의 전통무예traditional martial arts는 한국무예韓國武藝, Korean martial arts라고 명칭을 변경하여 부르는 것이 옳을 것이다.

이러한 구분에 따라 우리나라의 국기國技인 태권도를 예를 들어 설명하자면, 광의적 개념으로는 태권도는 한국이 종국국이며, 타국에서 한국적이다라는 평가 받기에 우리나라의 전통무예(한국무예)라 할 수 있지만, 협의적 개념으로는 전통무예가 아니다 라고 말할 수 있다.

왜냐하면 태권도는 그 모태가 일본 가라테에서 출발했기 때문이다.(양진방, 1986) 다시 말해 태권도는 그 원류적 형태에 대하여 회귀력이 아닌 탈피력이 있어야만 제 위치를 찾을 수 있는 무예라는 것이다. 여기서 말하는 탈피력은 원류(일본 가라테)에 대한 정신적·기술적 차이 혹은 다름을 추구하는 것이며, 회귀력은 이와 반대되는 의미이다.

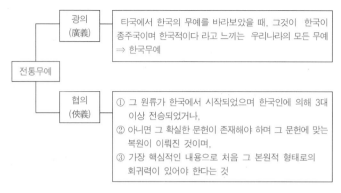

전통무예에 대한 정의

武藝, 武術, 武道의 차이와 '무예'라는 단어의 역사

현재 무예라는 용어는 무술武術, 무도武道와 함께 혼용되어 사용되고 있다. 전통시대에 무예, 무술의 의미는 본원적으로 무기를 다루는 기술이라고 한정된다. 그러나 무기를 다루는 기술을 익히기 위하여 맨몸(공수)을 수련하는 것 또한 무예, 무술이라 볼 수 있다. 조금 어렵게 말하면 무적 기술체제를 무예 혹은 무술이라 말할 수 있다.

그리고 우리나라에서는 무술보다는 가능하면 무예라고 사용하는 것이 옳은 표현이다. 그 이유는 우리나라의 역사에서 찾을 수 있다. 전통시대에 문文과 무武는 국가를 이루고 통치하는데 가장 중요한 역할을 담당했다. 그래서 그것의 표현을 문예文藝, 무예武藝라 하였다. 또한 국가경영에 있어서 잡雜도 중요했다. 그러나 문과 무와는 다르게 통역이나 의학 등을 말하는 '잡'은 잡기雜技, 잡술雜

術이라 표현하였다.

조선의 역사를 말할 때, 흔히 말하기를 문존무비文尊武卑 혹은 숭문천무崇文賤武라 표현한다. 쉽게 말해 문文은 존경받고 무武는 천시 받았다는 의미이다. 그런데 이러한 표현의 한계를 정확히 짚어야 한다. 조선이란 국가는 분명 '무'보다는 '문'을 더 중요시 하였다. 그러나 잡雜보다는 분명히 더 높은 위치에 武를 두고 있었다.

예를 들면, 조선의 지배권력은 양반兩班이라는 특수한 신분에 의해 유지되었는데, 이는 문반文班과 무반武班을 아우르는 말이었다. 따라서 중요 관직시험인 과거시험의 대과大科는 문무과를 말하는 것이었고, 양반이 아닌 그 이하 계층인 중인들은 잡과雜科라는 이름으로 이과吏科·역과譯科·의과醫科·음양과陰陽科 등으로 시험을 치르게 되어 있었다. 이런 이유로 사람의 병을 치료하는 과목인 의과醫科는 의술醫術이라 하였고, 통역하는 과목인 역과譯科는 역술譯術이라 하였다.

이처럼 조선의 국왕들까지 무인이나 무예에 대해 결코 폄하하거나 비천한 것으로 여기지 않았다. 그럼 우리들은 왜 '숭문천무'라고 하며 무를 천시했다고 생각하게 된 것일까?

그것은 일제강점기를 거치면서 조선이라는 국가를 그 뿌리째 파괴하고 싶었던 일제에 의해 기획된 일종의 '만들어진 전통'이 아닌 '만들어진 악습' 가운데 하나로 볼 수 있다. 일제가 조선을 집어삼키고자 가장 먼저 착수한 작업은 바로 조선이라는 국가는 미개하고 무를 천시하는 국가이며, 문반들은 당쟁만 일삼는 민족으로 낙인찍는 것이었다. 이는 식민사학을 이루는 주요 쟁점이었다.

이런 이유로 무라야마 지준村山智順을 비롯한 조선총독부 소속 일본의 관학자들은 『조선의 귀신』(1929)을 시작으로 『조선의 풍수』(1931), 『조선의 무격』(1932), 『조선의 점복과 예언』(1933) 등 민간신앙을 집중적으로 연구하여 마치 조선 사람들이 무지몽매한 집단임을 학문적으로 증명하려는 행태를 보이기까지 하였다.

식민사학은 조선의 역사를 비하하며 동시에 '일본은 서구 문물을 빨리 받아들여 과학화된 국가이며, 무인들을 존중하고 국방력을 키워온 국가이고, 천황 아래 일심동체가 되어 국가 사안을 처리하는 국가'로 인식시키려는 의도를 담고 있었다. 이것은 일제의 침략 만행을 정당화하고, 조선을 강제 병합시킨 것이 조선의 문명화를 위해 반드시 필요한 것이라는 식민지배 논리를 합리화하기 위한 정치적인 계략이었다.

이후 해방을 맞이했지만 식민사학의 잔재가 뼛속 깊이 자리 잡은 상황에서 여전히 일제 관학자들에 의해 정립된 이러한 사상의 틀이 유지될 수밖에 없었다. 여기에 근현대사에서 군홧발의 역사를 온몸으로 체험하면서 무인들에 대한 생각은 여전히 그 한계를 넘지 못하는 것이다.

이렇듯 전통시대에 무예는 잡기, 잡술이 아닌 문예와 무예로 표상되는 전통문화의 양대 산맥을 구축한 핵심적인 표현이었다. 따라서 무술이라는 표현보다는 무예라는 표현이 올바른 것이다. 이런 이유로 조선시대 국가에서 공식적으로 편찬한 무예서인 『무예제보武藝諸譜』(1598), 『무예제보번역속집武藝諸譜飜譯續集』(1610), 『무예도보통지武藝圖譜通志』(1790) 등에서도 '무예'라는 표현이 자연스럽게 사용될 수 있었던 것이다.

다음으로 살펴볼 단어는 '武道(무도)'라는 표현인데, '도'라는 표현은 명확히 일본의 근대라는 시대적 상황에서 새롭게 만들어진 개념이다. 여기서 '도'가 표현하는 것은 메이지유신 이후의 평화의 마음, 평등의 마음, 폭력이 아닌 건강 지향으로 개념으로 '도'라는 것이 사용된다. 19세기 일본은 개화기를 맞으면서 메이지유신을 단행한다. 그리고 이때 '도'라는 새로운 개념을 모든 것에 사용하기 시작한다.

왜냐하면 메이지유신 이전 군사적 성격이 강한 막부의 냄새를 제거하고 새로이 태어난 국가의 모든 내용을 신문물적 내용과 형식으로 채우려 했기 때문이다. 여기서 '무도武道'라는 말이 새로이 탄생하게 된 것이다. 이후 유술이 유도柔道가 되었고, 검술이 검도劍道로 변형되었다. 역시 차를 마시는 방법역시 '다도茶道'가 된 것이다. 메이지유신 이전의 자료에는 이러한 내용에 '도'라는 표현이 쉽게 보이지 않는다. 즉, 엄밀하게 말하면 '도'라는 것은 일본에서 만들어 졌으며, 그 의미성 또한 일본의 역사적 배경을 가지고 탄생한 새로운 개념인 것이다.

이러한 이유로 해방이후 만들어진 우리나라의 무예들의 명칭은 거의 전부 '도'를 붙이고 다닌다. 태권도, 합기도, 수박도 등이 대표적이다. 가끔 혹자들은 '무'를 이루는 과정으로 무술→무예→무도의 순으로 발전한다 라고도 말하는데, 이것은 앞서 설명한 것으로 본다면 다소 어폐가 있을 것이다. 분명, 우리에게는 신체를 활용하여 이 땅의 소중한 생명을 지켜냈던 '무예武藝'라는 이름이 있다. 무예는 선조들이 '예藝'로써 칭송하던 우리의 소중한 몸문화 유산인 것이다.

무예의 '만들어진 전통'과 '국수주의' 그리고 대안

우리의 머릿속에 전통시대에 수련된 무예라고 하면 지리산과 백두산 그리고 지세가 좋다는 계룡산에서 오랜 산중수련을 이야기 하거나 역사적으로 단군은 기본이요, 고구려 어느 장군의 비기를 물려받았거나, 조선시대 어느 가문의 숨겨진 비급이 남몰래 전해져 내려온다는 온갖 잡설들이 난무한 나름 신비한 공간으로 인식된다.

또한 학계에는 고구려 무덤벽화나 풍속화 속에 나타나는 그림을 억지로 꿰맞춰 특정한 무예의 역사 만들기에 앞장서고 있고, 심지어 최근에는 그럴 듯하게 사제 간의 족보를 만들어 남의 나라의 무예가 우리 전통의 무예라고 둔갑술을 펼치기도 한다. 거기에 온갖 언론과 인맥이 동원되어 그것을 진실인양 홍보하는 상황이다 보니 그 믿음은 거짓을 넘어 종교적 신념처럼 보이기까지 한다.

그러나 아주 쉽게 생각해 보자. 조금은 발칙한 상상이지만, 과연 몇 백년 전의 몸짓이 아무런 변화없이 그대로 사람과 사람 사이에서 전승될 수 있는가? 만약 그 전승과정에서 의도적으로 혹은 능력부족으로 그 원류의 모습이 붕괴되었다면 그 움직임은 과연 전통이라 부를 수 있는가?

예를 들면 이렇다. 삼백년 전 조선시대에 무예에 모든 이치를 깨닫고 새로운 무예를 창시한 사람이 제자들을 잘 가르쳐 삼대 즉, 백년 동안 그 움직임의 묘수가 잘 이어지다가 갑자기 전염병으로 직계제자들은 모두 죽음을 맞게 되었다. 이후 담장 너머로 배워오던 누군가가 이를 흉내내어 또 다른 전승과정을 만들면 그것은 원래의 무예와 어떻게 전통성이 구분되는가?

그리고 근래에 많이 발생하는 일이기도 하지만, 전혀 다른 무예를 배웠던 누군가가 마치 무공비급을 손에 넣듯이 사료를 찾거나, 자신이 기존에 배운 무예를 살짝 접목해서 자신의 사승관계를 조작하여 그것이 진정한 전통무예라 말한다면 그것은 또 어찌 봐야 하는가? 거기에 그 다음 제자들은 그것을 아무런 왜곡없는 진정한 사실인양 종교적 믿음의 형태까지 발산하며 추앙한다면 그것은 또 어떻게 이해하여야 하는가?

심지어 최근에는 어떤 책을 보고 완벽하게 당시의 무예를 복원 완료했다고 하며 자신들의 단체만이 진정한 새로운 원류라고 언론에 대대적으로 홍보하는 단체까지 있으니 통탄을 금치 못할 일이다. 어찌 무예 복원에 완료가 있을 수 있겠는가. 그저 당대의 몸문화를 끊임없는 수련과 공부를 통해서 오늘에 맞게 재구성하고 완벽한 모습을 찾기 위한 끊임없는 과정만이 있을 뿐이다. 그래서 무예 역시 역사학을 이해하듯 인문학적 관점으로 들여다봐야 하는 것이다.

좀 더 원론적으로 이야기하면, '전통'이라고 하면 무조건 의미 있는 것이고, 반드시 지켜져야만 하는 문화재와 같은 것인가? 이런 의문이 자꾸 드는 이유는 필자 역시 무예를 수련한지 20여년이 지났지만, 그 사이 끊임없이 주변에서 들려오는 무예계의 풍문이 만만치 않기 때문이다.

아마도 소위 '전통무예'라는 이름으로 파생되는 많은 상업적 가치가 이러한 '역사 만들기' 혹은 지독한 '국수주의'를 만들어 내는 원천일 것이다. 역사를 계속 거슬러 올라가 유명한 누군가와 접합 지점을 만들어내면 그것을 통해 대중들을 좀 더 쉽게 현혹시킬 수 있다는 환상 때문일 것이다.

　문제는 지금 이 순간에도 이러한 헛된 역사 만들기에 심취한 누군가에게 현혹되어 온전히 자신의 몸과 마음을 마치 사이비 종교에 빼앗기듯이 망가지고 있는 사람들이 있다는 것이다. 부디 백두산, 계룡산은 그만 접어두고, 어설픈 족보조작도 멈춰야만 한다.

　차라리 서울의 인사동에서 십여 년 넘게 차별화된 겨루기를 공개적으로 진행하고 있는 결련택견의 방식이나 무기를 사용하는 단체라면 제대로 된 공개 시범으로 대중들에게 검증을 받아 보는 것도 하나의 방법일 것이다. 그것도 아니라면 요즘 인기를 얻고 있는 스포츠인 MMA나 이종격투기 대회에 나가 당당히 실력을 겨뤄 그곳에서 인정받으면 된다.

　본 연구에서도 밝히듯이 무예는 그 어떤 환상과도 멀리 떨어져야만 확실하게 보이는 가장 인간적이면서도 '몸'적인 문화의 일부이다. 아무리 수련을 해도 영화에서나 등장하는 강력한 장풍이 몸에서 뿜어져 나가지도 않으며, 눈에 보이지도 않는 순간에 수십 번의 칼날이 허공을 가르는 일은 결코 일어나지 않는다. 오로지 몸에 충실하고 삶에 버거워하지 않는 한계 내에서 내 몸과 가족 공동체 그리고 국가를 지키는 것이 무예인 것이다. 그것이 무예의 본질이고 끝이다.

　단순한 기술의 시대는 저물어 가고 있다. 세상 사람들은 3차혁명을 넘어 4차혁명을 이야기하는 시대다. 그 시대의 화두에는 '사람'이 있다. 무엇보다도 온전하게 '사람'을 '사람'답게 만들고 그 안에서 '사람'의 자유를 찾는 것이 진정한 혁명의 본질이다. 점점 더 빨라져 '기가(G)'의 시대가 열리고, 아마도 멀지 않아 더 빠른 무엇인가가 우리를 감쌀 시대가 올 것이다.

점점 더 빨라지고 복잡해지는 세상 속에서 점점 더 소외되어가는 사람의 핵심인 '몸'을 수련하는 것이 무예이고, 그 무예를 더 지혜롭게 풀어갈 수 있도록 만들어주는 것이 바로 '인문학 공부'다. '몸' 수련과 '마음' 수련은 따로 있는 것이 아니라, 그 안에서 조화롭게 함께 풀어 가는 것이 진정 건강한 미래를 개척해가는 또 하나의 방법일 것이다.

무예가 신체의 근육을 키우는 반복적인 훈련이라면, 인문학 공부는 생각의 근육을 키우는 반복적 훈련이다. 신체의 근육은 아주 작은 실핏줄들이 다발을 이뤄가며 점점 더 조밀하고 강해지는 것이다. 인문학 공부 역시 작은 지식들이 다발을 이뤄가며 점점 더 지혜로워지고 생각의 풍요로움이 만들어지는 것이다. 인문학이 더해진 무예는 단순한 투기鬪技를 넘어 지혜로운 인간의 몸짓으로 발전할 수 있다. 수련은 배신하지 않고, 몸은 거짓을 말하지 않는다.

　참고
　문헌

1. 原典

『經國大典』
『高麗史』
『紀效新書』
『亂中雜錄』
『凌虛關漫稿』
『大典通編』
『歷代兵要』
『練兵實紀』
『凌虛關漫稿』
『林園經濟志』
『馬經抄集諺解』
『萬機要覽』
『孟子』
『明皐全集』
『武經七書彙解』
『武科總要』
『武備要覽』
『武藝圖譜通志』
『武藝諸譜』
『武藝諸譜飜譯續集』
『民堡議』
『兵將圖設』
『兵將設』
『兵政』
『兵學指南』
『兵學指南演義』
『兵學通』
『備邊司謄錄』

『射法祕傳攻瑕』

『西厓集』

『西征日記』

『星湖僿說』

『續大典』

『續兵將圖說』

『守城冊子』

『承政院日記』

『神器祕訣』

『雅亭遺稿』

『御營廳中旬謄錄』

『研經齋全集外集』

『演機新編』

『練兵指南』

『五衛陣法』

『戎書撮要』

『戎垣必備』

『壯勇營大節目』

『朝鮮王朝實錄』

『陣法』

『懲毖錄』

『楓石全集』

『弘齋全書』

2. 단행권 및 논문

안자산, 『朝鮮武士英雄傳』, 明星出版社, 1919.

소선섭, 『승마와 마필』, 공주대학교출판부, 2003.

나영일 외 2인, 『체육사』, 형설출판사, 1997.

노영구, 『조선후기의 전술-병학통 연구를 중심으로』, 그을, 2016.

_____(역), 『연병지남-북방의 기병을 막을 조선의 비책』, 아카넷, 2017.

이종봉, 『韓國中世度量衡制研究』, 혜안, 2001.

허선도, 『韓國火藥發達史(上)』, 육사 박물관, 1969.

민경길, 『조선과 중국의 궁술』, 이담, 2010.

정갑표, 『弓道』, 성일문화사, 1975.

정해은, 『한국전통병서의 이해』, 군사편찬연구소, 2004.

최형국, 『조선무사』, 인물과 사상사, 2009.

_____, 『조선후기 기병전술과 마상무예』, 혜안, 2013.

_____, 『조선군 기병전술 변화와 동아시아』, 민속원, 2015.

_____, 『정조의 무예사상과 장용영』, 경인문화사, 2015.

_____, 『조선의 무인은 어떻게 싸웠을까』, 인물과 사상사, 2016.

_____, 『병서, 조선을 말하다』, 인물과 사상사, 2018.

周 緯, 『中國兵器史稿』, 百花文藝出版社, 2006.

『조선시대 대사례와 향사례』, 국립민속박물관, 2009.

『조선의 궁술』, 국립민속박물관, 2009.

『사법비전공하』, 국립민속박물관, 2008.

강석화, 「朝鮮後期 咸鏡道의 親騎衛」, 『韓國學報』 89호, 일지사, 1997.

강신엽, 「朝鮮時代 大射禮의 施行과 그 運營 -『大射禮義軌』를 중심으로」, 『조선시대사학보』 16집, 조선시대사학회, 2001.

곽낙현, 임태희, 「전통무예서의 권법 분석」, 『東洋古典硏究』 54, 동양고전학회, 2014.

김문식, 「서유구의 생애와 학문」, 『풍석 서유구 탄생 250주년 기념 학술대회-풍석 학술대회 발표자 료집』, 임원경제연구소, 2014.

김 산, 「壬辰倭亂 이후 朝鮮의 拳法에 대한 硏究」, 전북대학교 석사학위논문, 2002.

김선풍, 「韓國 씨름의 歷史와 祭儀」, 『중앙민속학』 5, 중앙대학교 한국문화유산연구소, 1993.

김종교, 「한국 씨름의 체육사적 의미에 관한 연구」, 건국대학교 석사학위논문, 1999.

김현일, 「≪무예도보통지≫에 나타난 권법에 관한 고찰」, 용인대학교 석사학위논문, 2005.

나영일 외3인, 『조선 중기 무예서 연구』, 서울대학교출판부, 2006.

나영일, 「『武藝圖譜通志』의 武藝」, 『진단학보』 91호, 진단학회, 2001.

_____, 「武人 朴齊家」, 『동양고전연구』 23집, 동양고전학회, 2005.

_____, 「조선시대의 手搏과 拳法에 대하여」, 『무도연구소지』 8, 용인대 무도연구소, 1997.

노영구, 「『병학통』에 나타난 기병 전술」, 『정조대의 예술과 과학』, 문헌과 해석사, 2000

_____, 「16~17세기 鳥銃의 도입과 조선의 軍事的 변화」, 『한국문화』 제58집, 규장각한국학연구 소, 2012.

_____, 「宣祖代 紀效新書의 보급과 陣法 논의」, 『軍史』 34호, 군사편찬연구소, 1998.

_____, 「壬辰倭亂 이후 戰法의 추이와 武藝書의 간행」, 『한국문화』 27집, 2001.

_____, 「조선후기 短兵 戰術의 추이와 『武藝圖譜通志』의 성격」, 『진단학보』 91호, 진단학회, 2001.

_____, 「조선후기 城制 변화와 華城의 城郭史的 의미」, 『진단학보』 88, 진단학회, 1999.

_____, 『朝鮮後期 兵書와 戰法의 연구』, 서울대학교 박사학위 논문, 2002,

민상근, 「씨름의 원류와 문화적 특성에 관한 연구」, 충북대학교 석사학위논문, 2010.

박기동, 『朝鮮後期 武藝史 硏究』, 성균관대학교 박사학위논문, 1994.

배우성, 「정조시대 군사정책과 『무예도보통지』 편찬의 배경」, 『진단학보』 91호, 진단학회, 2001.

신병주, 「영조대 대사례의 실시와 『대사례의궤』」, 『한국학보』 28권, 일지사, 2002.

신영주, 「『이운지』를 통해 본 조선 후기 사대부가의 생활 모습」, 『한문학보』 13집, 우리한문학회, 2005.

심경호, 「『임원경제지』의 문명사적 가치」, 『쌀삶문명연구』 2권, 쌀·삶문명연구원, 2009.

심승구, 「壬辰倭亂 中 武藝書의 편찬과 의미」, 『한국체육대학교 논문집』 26집, 한국체육대학교, 2003.

_____, 「조선시대 무과에 나타난 궁술과 그 특성」, 『학예지』 10집, 육사박물관, 2000.

_____, 「朝鮮時代의 武藝史 硏究 : 毛毬를 중심으로」, 『군사』 38, 군사편찬연구소, 1999.

_____, 「조선전기의 觀武才 연구」, 『향토서울』 제65호, 서울특별시, 2005.

_____, 「한국 무예사에서 본 『武藝諸譜』」, 『한국무예의 역사·문화적 조명』, 국립민속박물관, 2004.

_____, 「韓國 武藝의 歷史와 特性 : 徒手武藝를 中心으로」, 『군사』 43호, 군사편찬연구소, 2001.

안대회, 「林園經濟志를 통해 본 徐有榘의 利用厚生學」, 『韓國實學硏究』, 민창문화사, 2006.

양진방, 「해방 이후 한국 태권도의 발전과정과 그 역사적 의의」, 서울대학교 석사학위논문, 1985.

염정섭, 「『林園經濟志』의 구성과 내용」, 『농업사연구』 제8권, 한국농업사학회, 2009.

유현희, 「三國時代 刀.劍에 對한 硏究」, 숙명여자대학교 석사학위논문, 1987.

이왕무, 「17~18세기초 鳥銃製造조총제조에 관한 연구」, 경기대학교 석사학위논문, 1997.

이종화, 「사법비전공하」, 국립민속박물관, 2008.

장필기, 『朝鮮後期 武班家門의 閥閱化와 그 性格』, 영남대학교 박사학위논문, 1999.

정해은, 「임진왜란기 조선이 접한 短兵器와 『武藝諸譜』의 간행」, 『軍史』 51호, 군사편찬연구소, 2004.

조창록, 「『임원경제지』의 찬술 배경과 類書로서의 특징」, 『진단학보』 제108호, 진단학회, 2009.

_____, 「조선시대 대사례와 향사례–활쏘기의 의식과 실제」, 『한국무예사료총서 ⅩⅥ』, 국립민속박물관, 2009.

최복규, 「≪무예도보통지≫ 권법에 관한 연구 : ≪기효신서≫와의 관련성을 중심으로」, 『한국체육학회지』 41, 2002.

최형국, 「조선시대 騎射 시험방식의 변화와 그 실제」, 『中央史論』 24호, 韓國中央史學會, 2006.

_____, 「朝鮮後期 倭劍交戰 변화」, 『역사민속학』 25호, 역사민속학회, 2007.

_____, 「朝鮮後期 軍事 信號體系 硏究 –『兵學指南演義』를 中心으로」, 『학예지』 15집, 육군박물관, 2008.

_____, 「朝鮮後期 騎兵 馬上武藝의 戰術的 特性 –馬上鞭棍을 中心으로–」, 『군사』 70호, 군사편찬연구소, 2009.

_____, 「朝鮮時代 騎兵의 戰術的 운용과 馬上武藝의 변화」, 『역사와 실학』 38집, 역사실학회, 2009.

_____, 「朝鮮 正祖代 壯勇營 創設과 馬上武藝의 戰術的 特性」, 『학예지』 17집, 육군박물관, 2010.

_____, 「조선후기 陣法 鴛鴦陣의 군사무예 특성」, 『軍史』 78호, 군사편찬연구소, 2011.

_____, 『朝鮮後期 騎兵의 馬上武藝 硏究』, 중앙대학교 박사학위 논문, 2011.

_____, 「19세기 화약무기 발달과 騎兵의 변화」, 『軍史』 82호, 군사편찬연구소, 2012.

_____, 「正祖의 文武兼全論과 兵書 간행–認識과 意味를 中心으로–」, 『역사민속학』 39집, 한국역사민속학회, 2012.

_____, 「17세기 대북방 전쟁과 조선군의 전술 변화–深河戰鬪를 중심으로」, 『군사연구』 133집, 육군 군사연구소, 2012.

_____, 「朝鮮前期 武科에서의 擊毬 도입배경과 그 실제」, 『역사민속학』 42집, 한국역사민속학회, 2013.

_____, 「正祖代 華城 방어체제에 따른 壯勇營의 군사조련과 무예훈련」, 『中央史論』 38호, 중앙사

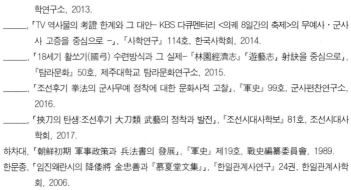

학연구소, 2013.

_____, 「TV 역사물의 考證 한계와 그 대안- KBS 다큐멘터리 <의궤 8일간의 축제>의 무예사·군사사 고증을 중심으로 -」, 『사학연구』 114호, 한국사학회, 2014.

_____, 「18세기 활쏘기(國弓) 수련방식과 그 실제-『林園經濟志』「遊藝志」 射訣을 중심으로」, 『탐라문화』 50호, 제주대학교 탐라문화연구소, 2015.

_____, 「조선후기 拳法의 군사무예 정착에 대한 문화사적 고찰」, 『軍史』 99호, 군사편찬연구소, 2016.

_____, 「挾刀의 탄생:조선후기 大刀類 武藝의 정착과 발전」, 『조선시대사학보』 81호, 조선시대사학회, 2017.

하차대, 「朝鮮初期 軍事政策과 兵法書의 發展」, 『軍史』 제19호, 戰史編纂委員會, 1989.

한문종, 「임진왜란시의 降倭將 金忠善과 『慕夏堂文集』」, 『한일관계사연구』 24권, 한일관계사학회, 2006.

허대영, 「임진왜란 전후 조선의 전술 변화와 군사훈련의 전문화」, 서울대학교 석사학위논문, 2012.

찾아
보기

조선후기 무예사 연구

초판1쇄 발행 2019년 2월 28일

지은이 최형국
펴낸이 홍종화

편집·디자인 오경희·조정화·오성현·신나래
　　　　　　김윤희·박선주·조윤주·최지혜
관리 박정대

펴낸곳 민속원
창업 홍기원 **편집주간** 박호원
출판등록 제1990-000045호
주소 서울 마포구 토정로 25길 41(대흥동 337-25)
전화 02) 804-3320, 805-3320, 806-3320(代)
팩스 02) 802-3346
이메일 minsok1@chollian.net, minsokwon@naver.com
홈페이지 www.minsokwon.com

ISBN 978-89-285-1268-3　　93380

※ 책 값은 뒤표지에 있습니다.
※ 잘못된 책은 바꾸어 드립니다.

※ 도판 자료 게재를 허락해주신 분들께 감사드립니다. 이 책에 실린 도판 중 저작권 협의를 거치지 못한
　 것이 있습니다. 추후 저작권이 확인되는 자료에 대해서는 적절한 승인 절차를 거칠 예정입니다.